Ulrike Stefanie Heutger

Gewalt
in ausgewählten Erzählungen Heinrich von Kleists.

Ihre Funktion und Darstellung

Ulrike Stefanie Heutger

GEWALT IN AUSGEWÄHLTEN ERZÄHLUNGEN HEINRICH VON KLEISTS

Ihre Funktion und Darstellung

ibidem-Verlag
Stuttgart

Bibliografische Information Der Deutschen Bibliothek

Die Deutsche Bibliothek verzeichnet diese Publikation in der Deutschen
Nationalbibliografie; detaillierte bibliografische Daten sind im Internet
über <http://dnb.ddb.de> abrufbar.

∞

Gedruckt auf alterungsbeständigem, säurefreien Papier
Printed on acid-free paper

ISBN: 3-89821-289-0

© *ibidem*-Verlag
Stuttgart 2003
Alle Rechte vorbehalten

Printed in Germany

Meiner Familie gewidmet

Inhaltsverzeichnis

1 Einleitung

... des Ärmsten Schädel war ganz zerschmettert, und hing, da er sich das Pistol in den Mund gesetzt hatte, zum Teil an den Wänden umher." (II, 43)[1]

Es ist der Gegensatz, mit dem Kleist seine Leser verwirrt und schockiert: In schönen, wohlgeformten Worten beschreibt der Dichter Horrorszenarien, die schon der scheinbar unbeeindruckten Erzählerstimme wegen erschrecken; ‚kaltblütig', ‚roh', ‚grausam', ‚brutal' sind Versuche, die eigenen Empfindungen während der Lektüre der Kleist'schen Erzählungen mit Worten zu umschreiben. Doch ist jener Widerspruch zwischen Ausdruck und Inhalt einzelner Formulierungen nicht der einzige Ansatzpunkt, auf dem die vielfache Empörung und Ablehnung bei Zeitgenossen des Dichters wie auch – zumeist in der gemäßigten Form der Verwunderung – im Verständnis des heutigen Lesers lastet; vielmehr ist es das

---

[1] Die Zitate aus Kleists Erzählungen sind im fortlaufenden Text ausschließlich durch Seitenangaben und – die jeweilige Quelle kennzeichnende – römische Ziffern belegt und erfolgen in Klammern.
Die Seitenangaben zu I-III beziehen sich auf die Ausgaben von Reclam; die der Seitenzahl vorausgehende römische Ziffer auf den jeweiligen Band wie folgt:
(I) Heinrich von Kleist; Michael Kohlhaas. Aus einer alten Chronik. Um Anmerkungen ergänzte Ausgabe, Stuttgart 1993. Der Text der Edition folgt: Heinrich von Kleist: Sämtliche Werke und Briefe, hrsg. von Helmut Sembdner. Vierte, revidierte Auflage, München: Hanser, 1965.
(II) Heinrich von Kleist; Die Verlobung in St. Domingo, Das Bettelweib von Locarno, Der Findling. Erzählungen. Um Anmerkungen ergänzte Ausgabe, Stuttgart 1996. Die Texte der Edition folgen: Heinrich von Kleist: Sämtliche Werke und Briefe, hrsg. von Helmut Sembdner. Fünfte, vermehrte und revidierte Auflage, München: Hanser, 1970.
(III) Heinrich von Kleist; Der Zweikampf, Die heilige Cäcilie, Sämtliche Anekdoten, Über das Marionettentheater und andere Prosa. Um Anmerkungen ergänzte Ausgabe, Stuttgart 1998. Die Texte der Edition folgen: Heinrich von Kleist: Sämtliche Werke und Briefe, hrsg. von Helmut Sembdner. Fünfte, vermehrte und revidierte Auflage, München: Hanser, 1970.

Die Seitenangaben zu Kleists Erzählung Das Erdbeben in Chili beziehen sich auf die Ausgabe von Klett; gekennzeichnet durch die der Seitenzahl vorangehende römische Ziffer
(IV) Klaus Göbel und Wolfgang Schemme (Hrsg.); Heinrich von Kleist: Das Erdbeben in Chili mit Materialien zusammengestellt von Horst Flaschka. Lesehefte für den Literaturunterricht. Stuttgart 1980. Der Text der Edition folgt: Heinrich von Kleist, Sämtliche Werke Bd. II. Fünfte, vermehrte und revidierte Auflage, München: Hanser, 1970.

Die Seitenangaben zu Kleists Erzählung Die Marquise von O.... beziehen sich auf die Ausgabe von dtv; gekennzeichnet durch die der Seitenzahl vorangehende römische Ziffer
(V) Heinrich von Kleist; Die Marquise von O.... . Erzählung. Hrsg. von Joseph Kiermeier-Debre, München 1998. Der Text der Edition folgt der Erstausgabe von 1808.

Hinweis zur Orthographie: Ausschließlich bei Zitaten aus Schriften Kleists erfolgt die unveränderte Übernahme von Rechtschreibung und Interpunktion aus dem angegebenen Quellentext; sämtliche Zitate aus der Sekundärliteratur sowie die Studie an sich folgen den Regeln der neuen deutschen Rechtschreibung.

ständige Auf und Ab innerhalb des Handlungsverlaufs des jeweiligen Werks und der jeweils letzte Entschluss des Dichters, welchen Weg die Handlung am Ende der Erzählung nehmen soll. Glückszustände wechseln mit Katastrophen, so wie umgekehrt den schlimmsten Ereignissen die hoffnungsvollsten Momente entspringen. Nie ist klar, ob die Geschichte ein gutes oder ein böses Ende nimmt, denn ausgerechnet in jenem Moment, in dem sich der Leser sicher wähnt, die Beschaffenheit der Situation einzelner Figuren als stabil einschätzen zu können, überrascht Kleist mit einem neuen Umschlag, eingeleitet mit einer Konstruktion wie: „Aber wer beschreibt das Entsetzen, (...)als (...)plötzlich(...)" (II, 31). Nachdem er seinen Figuren alle denkbaren Höhen und Tiefen zugemutet hat, enttäuscht er die schließlich die bis zuletzt am Leben erhaltene Hoffnung jener ebenso wie die des Lesers, indem er die Erzählung zumeist mit Ausweglosigkeit, Tod, Verderben oder einem Ausbruch brutalster Gewalt enden lässt.

Kaum einschätzbarer als die Situationen im Handlungsverlauf sind die Charaktere der handelnden Figuren. Über die Gestalt Michael Kohlhaas etwa heißt es bereits im ersten Satz, er sei „einer der rechtschaffensten zugleich und entsetzlichsten Menschen seiner Zeit" (I, 3). Immer wieder finden sich auch in den übrigen Erzählungen Kleists solche und ähnliche Profile scheinbar gespaltener Persönlichkeiten: Ausgerechnet ein Kirchenherr hetzt die anlässlich eines Dankgottesdienstes in großer Zahl versammelte Gemeinde zur blutrünstigen Massenmetzelei gegen zwei junge Menschen auf, die aufgrund ihrer den gesellschaftlichen Konventionen widersprechenden Liebe gesetzesbrüchig werden müssen. An anderer Stelle erschießt der eben aus größter Gefahr Erlöste seine Retterin und kurz darauf sich selbst. In einem weiteren Beispiel wird ein wohlmeinender und erfolgreicher Geschäftsmann zum unersättlichen Mörder, der gar die kirchliche Absolution ausschlägt, um seine Rache in der Hölle fortsetzen zu können.

Bestätigt sich zudem die Vermutung, dass dies gerade nicht ‚bloß' das nach außen gekehrte, zuvor unter der Oberfläche verborgen gebliebene, wahre Wesen der Charaktere, sondern vielmehr, und damit von weitaus größerer Brisanz, das Ergebnis eines im Handlungsverlauf grundlegenden und unvorhersehbaren Umschlags in ein gegensätzliches Extrem ist, wäre dies zugleich ein Hinweis auf die Macht der herauszuarbeitenden gewaltauslösenden Faktoren.

Längst wird an dieser Stelle sichtbar, dass die bereits für sich stehend als grausam empfundenen Gräueltaten im Kontrast – sowohl auf der Ebene der Ausdrucksform als auch die jenen jeweils vorangegangenen Verhaltensweisen betreffend – eine zusätzliche Steigerung in ihrer Wirksamkeit – welche sich in ihrer Veräußerung auf einer Palette zwischen Gefühlen der Verwunderung bis hin zu solchen angewiderter Abkehr bewegt – und ein umso dringlicheres Fragen nach dem Warum erfahren. – Zugleich zeigt sich gerade hierin, dass das bloße Auflisten der einzelnen Gewalttaten nicht ausreichen kann, um eben jene Ursache zu finden, der solcherlei Entwicklungen in das gegensätzliche Extrem zuzuschreiben sind. Vielmehr ist eine Analyse der „unerhörten Begebenheit" (Goethe) vor dem Hintergrund des Handlungsverlaufs – ihrem Kontext – unabdinglich, um im Text selbst eine Antwort auf die sich aufdrängende Frage nach sowohl den jeweiligen Auslösern der Gewalt als auch Absicht, Rechtfertigung und Sinn derartiger Darstellungen finden zu können.

Tritt man zuletzt noch einen weiteren Schritt zurück – hinaus aus der Ebene des Textes – so lassen sich schlussendlich auch in Kleists Leben Anhaltspunkte finden, die relevant für die Motivation zu einer derartigen Darstellung sind. So findet sich etwa, belegt durch die Briefe des Dichters und Notizen seiner Zeitgenossen, dass ähnlich wie sein Werk auch das Leben Kleists von Gegensätzen geprägt und beherrscht ist. Seine unentwegte Suche nach dem Glück hat ihn zunächst zur Aneignung von Bildung angespornt, in der er jenes auch zunächst gefunden zu haben glaubte. Welt und Leben bezeichnet er vielfach als gut und schön. Später jedoch ist aus Kleists Worten Enttäuschung zu lesen; seine vorherige Überzeugung, sein Glück in der Bildung finden zu können, zerbricht ebenso wie seine Weltanschauung. Mit einem Male kann er nichts mehr im Leben etwas Gutes oder einen Sinn abgewinnen; analog zu seiner Erkenntnis, niemand könne auf der Erde glücklich sein, hält er auch das Glück für nicht im Diesseits auffindbar.

Gelegentlich kann daher auch die Miteinbeziehung belegter Ansichten und Lebensumstände des Dichters für weiteren Aufschluss in der Frage nach dem Sinn der dargestellten Gewalt sorgen, soll jedoch in dieser Untersuchung ausschließlich ergänzend am Rande stehen: Der Schwerpunkt liegt in der werkimmanenten Analyse; der Klärung der Problemstellung im konkreten Sinnzusammenhang.

Dies liegt zum einen darin begründet, dass sich die Gewalt vom Ende her als während der Handlung entstanden, gesteigert und zuletzt an die Oberfläche gekehrt erweist, zum anderen in der Absicht, die jeweilige Novelle als Einheit zu betrachten, die selbst das Material dazu bietet, die während der Rezeption jener aufgeworfenen Fragestellungen und Theorien daran zu überprüfen[2].

Auf der Empfindung des Lesers soll im Rahmen dieser Untersuchung besonderes Gewicht liegen[3]; zum einen, weil das Unfassbare der dargestellten Gewalt aus ihrer Wirkung hervorgeht, welche durch den Kontext – etwa durch die vorangegangene Aufzeigung der gegebenen Möglichkeit, mit welcher der Ausbruch der Gewalt verhindert hätte werden können – eine zusätzliche Intensivierung erfährt; zumal jedoch deshalb, weil Kleist selbst nicht selten, wie sich im Folgenden zeigen wird, unverkennbar eigens für den Leser Spuren auslegt, in der Absicht, jenen zu Interpretationen anzustacheln, um ihn, einem Detektiv gleich, das Rätselhafte deuten und aufklären zu lassen. Hierbei lässt der Dichter jenen jedoch brutal auflaufen, denn seine Spuren führen ins Nichts; die durch scheinbar verlässliche Anhaltspunkte bereits bestätigt geglaubte Vermutung bezüglich des weiteren Handlungsverlaufs stellt sich als fatale Fehleinschätzung heraus, an Stelle deren Verwirklichung durch eine plötzliche Wendung eine neue, unerwartete Situation tritt. Hierdurch wird zwar die Spannung aufrechterhalten bzw. erhöht, zugleich muss der Leser jedoch erkennen, dass er sich ein weiteres Mal im Vertrauen sowohl auf scheinbar bekannte Fährten als auch auf sein eigenes Weltwissen in die Irre hat führen lassen[4].

---

[2] Zur umstrittenen Einheit des literarischen Werks vgl. Heinz Ludwig Arnold/ Heinrich Detering (Hrsg.); Grundzüge der Literaturwissenschaft, München 1997. Zwar sieht die werkimmanente Interpretation gerade in „Stimmigkeit und innere[m](...) Zusammenhang (...)[den] Kunstcharakter" (ebd., S. 168) der Literatur, jedoch erinnert Adorno nicht zu Unrecht daran, dass alle Werke „ebensowohl ein Insichgebildetes, von eigener Logik und Konsequenz, wie Momente im Zusammenhang von Geist und Gesellschaft" (ebd., S. 382) sind. Demnach kann die Betrachtung und Miteinbeziehung des jeweiligen Zeitgeistes sowie der Lebensumstände des Autoren durchaus nicht selten einen tieferen Einblick in dessen Motivation zum Schreiben und die damit verfolgte Absicht verschaffen; und dennoch ist es der Text, das literarische Werk, welches nach wie vor Grundlage, Material und Gegenstand sowohl des interpretativen Verstehensprozesses als auch der wissenschaftlichen Untersuchung bleibt.
[3] Die Unverzichtbarkeit von Beachtung und Miteinbeziehung der möglichen Ansichten, Erkenntnisse und des Verstehens- bzw. deutenden Auslegungsprozesses des auf den Text reagierenden Lesers; der subjektiven Interpretation literarischer Werke, findet sich unter anderem begründet in „Einsteins Warnung vor einer an den Naturwissenschaften orientierten Kunstanalyse (...): ‚Es wäre dies eine Abbildung mit inadäquaten Mitteln, so als ob man eine Beethoven-Symphonie als Luftdruckkurve abbildete.'" (Heinz Ludwig Arnold/ Heinrich Detering (Hrsg.); Grundzüge der Literaturwissenschaft, a.a.O., S. 366) Die dagegen ausschließlich mit den Sinnen erfassbare ästhetische Wirkung auf den Rezipienten stellt daher – wie in jeder Form von Kunst – ein wichtiges Element in der Untersuchung literarischer Werke dar.
[4] Sowohl die Umschlägigkeit und deren Ursachen als auch das Auslegen in die Irre führender Fährten einbeziehend bemerkt Gönner hierzu treffend: „Alle Ansätze, aus denen sich ein konsistentes Sinnkontinuum und ein überdauernder Dialog entwickeln könnten, schlagen entweder

Da dieses Verwirrspiel an sich zeitlos ist, soll es genügen, die Wirkung jenes auf einen nicht näher bestimmten Leser zu analysieren; das Urteil der Zeitgenossen Kleists hingegen spielt daher in der Betrachtung selbst eine untergeordnete Rolle.

Unter allen Erzählungen Heinrich von Kleists präsentiert sich – noch dazu ausgerechnet, wie Gönner bemerkt, als „unvermittelte Antwort auf Versuche (...), ein privates Lebensglück zu wagen"[5] – die physische Gewalt in den drei Werken *Die Verlobung in St. Domingo*, *Der Findling* und *Das Erdbeben in Chili* am detailliertesten, wodurch ihr Maß an Eindringlichkeit eine derartige Steigerung erfährt, dass sich – neben den betroffenen Figuren der Handlung – auch der Rezipient in und aufgrund seiner Erwartungshaltung und seinem ästhetischen und ethischen Empfinden von derartigen Grenzüberschreitungen geradezu angegriffen und verletzt fühlen kann[6]. In ihrer Wörtlichkeit und Brutalität überlassen die Texte kaum mehr etwas der Phantasie des Lesers, der sich den allzu scharf gezeichneten Schreckensbildern[7] von blutigen Gemetzeln und spritzenden Innereien nicht

---

unvermittelt in ihr Gegenteil um oder werden im nächsten Moment vernichtet. Im Kontext vertrauter Motivzusammenhänge sehen sich die Leser mit einer Strategie sinnwidriger Zerstörung konfrontiert(...). Die Rolle von Willkür, Affekt und Zufall ist so dominant, dass jeder Versuch, einen Sinn zusammenzuhalten, einer Gewalterfahrung gleichkommen wird." (Gerhard Gönner; Von „zerspaltenen Herzen" und der „gebrechlichen Einrichtung der Welt": Versuch einer Phänomenologie der Gewalt bei Kleist, Stuttgart 1989, S. 185) Dass diese Eigenart zwar in sämtlichen der hier untersuchten Erzählungen zu finden ist; im Erdbeben in Chili jedoch geradezu thematisiert zu sein scheint, wird später an entsprechender Stelle aufgezeigt.
[5] Gerhard Gönner, a.a.O., S. 87. Bereits einen ersten Einblick auf die näheren Zusammenhänge hinsichtlich der oben erwähnten Zweigesichtigkeit der Figuren gewährend verweist Dittberner auf einen Gegensatz ähnlicher Art; „den wahren mephistophelischen Pakt jener Zeit (und von da an der Moderne)(...): die Entfesselung des inneren Ungeheuers. Nicht die Bösen rasen bei Kleist, sondern die Reinen, die Furien des guten Prinzips." (Hugo Dittberner; Der Sensationsdichter. Zu Kleist, in: Heinz Ludwig Arnold (Hrsg.); Text + Kritik. Zeitschrift für Literatur. Sonderband, München 1993, S. 5-25, hier S. 19) Wie später gezeigt wird, sind es ausgerechnet die Verfechter von Aufopferung und Treue, von Sicherheit und Redlichkeit und von Moral, die sich jeweils gegen Ende der Erzählungen als „unbegreiflich grässliche(...) Mörder" (II, 42), unersättliche Rächer bzw. „fanatische(...) Mordknecht[e]" (IV, 21) hervortun.
[6] Analog hierzu schreibt Gerhard Gönner (a.a.O.): „Nur blankes Entsetzen kann im Leser zurückbleiben, wenn menschliche Konflikte mit blutigen Szenen von solcher Grausamkeit enden, als wären sie einem höllischen Szenarium entnommen." (ebd., S. 187) Dass es jedoch mehr ist, was der Dichter in dem Leser zu wecken beabsichtigt, als jenes „blanke(...) Entsetzen" bzw. wozu er dieses nutzt, damit befassen sich gezielt die Schlussbetrachtungen.
[7] Die detaillierte, ungeschönte Nacktheit und schonungslose, jede Aussparung meidende Wörtlichkeit, in denen sich die Grausamkeiten in diesen ausgewählten Novellen präsentieren, gleichen von ihrer Art der Darstellung einer Fotografie in der Nebeneinanderstellung mit einer Zeichnung. Während in einer Zeichnung über die gesamte Zeit des Arbeitsprozesses hinweg gezielt zwischen harten und weichen Linien unterschieden; zwischen skizzenhaft und detailgetreu,

entziehen kann: will er die Erzählung zu Ende lesen, muss er sich entgegen seinem inneren Sträuben und ohne die Möglichkeit eines Augen verschließenden Verdrängens auf das Gewaltgeschehen einlassen, als stünde er selbst mittendrin[8].

Zur Untersuchung von Darstellung und Funktion der Gewalt in den Erzählungen Heinrich von Kleists sollen daher diese drei Werke wegen ihrer Augenfälligkeit exemplarisch als Gegenstand dienen. Im Anschluss an die knappe Zusammenfassung des jeweiligen Handlungsgeschehens sollen die Texte voneinander isoliert behandelt werden, da sich jeweils das Ereignis der am Ende stehenden Gewalttat eindeutig ableitbar aus der Handlung heraus entwickelt und deren Wirkung auf den Leser ebenso wie deren Ursachen, Rechtfertigung und Nachvollziehbarkeit demnach ausschließlich durch die Untersuchung deren Verlaufs aufgedeckt werden können. Hierbei relevante Informationen aus Kleists Briefen und Lebensumständen werden ausschließlich ergänzend hinzugezogen.

Erst in den Schlussbetrachtungen dagegen soll sich zum einen die – das jeweils Herausgearbeitete rekapitulierend nebeneinanderstellende – Betrachtung aller drei Erzählungen gleichzeitig zuwenden, zum anderen soll erst hier alles an Kenntnissen von Gedanken, Absichten und Lebensumständen Kleists zur Klärung der Funktion der Gewalt in seinen Werken einfließen (im Sinne einer Deutung der Intention des Autors).

---

zwischen abstrakt und realistisch gewählt werden kann, entscheidet sich Kleist für jene die Realität abbildende, aufdeckende und entblößende Fotographie.

[8] Andererseits hält Hugo Dittberner (a.a.O.) gerade dies; einen solchen Schock als „Zentrum alles Unheimlichen" (ebd., S. 9), für jene die Anziehungskraft auf den Leser verübende Gewalt: „Und der Leser kann nicht anders als: wie auch immer beklommen, angewidert, fasziniert – erst einmal zu verharren und Zeuge zu sein, unwillkürlich einen Schritt näher zu treten, um die Sensation zu erleben" (ebd.).

2 Definition von Gewalt

Um das Phänomen der Gewalt in den Novellen Kleists näher betrachten und interpretativ behandeln zu können, ist zunächst eine Begriffsklärung vonnöten. Was ist überhaupt Gewalt? Was empfinden wir als Gewalt und was kann als solche bezeichnet werden? Kann man Gewalt überhaupt von subjektivem Empfinden abgrenzen? Und wenn ja, was lässt sich folglich allgemein als Gewalt bestimmen?

Unter dem Begriff „Gewalt" versteht man im heutigen Sprachgebrauch die

Anwendung von physischem oder psychischem Zwang. Im Strafrecht führt die Anwendung von Gewalt im Zusammenhang mit verschiedenen Straftaten zu einem höheren Strafmaß, z.B. bei Nötigung, Erpressung, Vergewaltigung und Raub. Gewalt ist ein zwangsweises Einwirken auf den Willen des Opfers. Die Gewalteinwirkung kann den Willen des Opfers völlig ausschalten, z.B. wenn der Täter sein Opfer niederschlägt. Die Gewalteinwirkung kann aber auch nur mittelbar zu dem vom Täter gewollten Verhalten führen, wie z.B. beim Bedrohen eines Dritten mit einer Waffe.
Die neuere Rechtsprechung hat den Gewaltbegriff erheblich ausgeweitet; so wird insbesondere das Blockieren von Verkehrswegen (Sitzstreik) von den Gerichten als Gewaltanwendung verstanden, obwohl sich die betroffenen Demonstranten gerade hierbei auf die Gewaltlosigkeit ihrer Aktionen berufen.

In einem weiteren Sinn meint Gewalt die (legitime) Ausübung von Herrschaft, z.B. in Form staatlicher oder elterlicher Gewalt.

Mit den Ursachen von Gewalt im zuerst genannten Sinn beschäftigt sich neben der Soziologie insbesondere die Psychologie.[9]

Die im Lexikon befindliche Definition bezieht sich also nicht allein auf physische, sondern auch auf psychische Gewaltausübung[10]. Was hierbei unerwähnt bleibt, ist die bestehende Wechselwirkung untereinander, nämlich die möglichen Auswirkungen physischer Gewalt auf die Psyche – Angstzustände, Depressionen etc. – wie auch umgekehrt jene psychischer Gewalteinwirkung auf den Körper, etwa in Form von Krankheit.

---

[9] Microsoft Encarta Enzyklopädie 2001, © 1993-2000 Microsoft Corporation. „Gewalt".
[10] In ähnlicher Weise präsentiert sich ebenfalls der Bereich der Gewalt, den Gerhard Gönner (a.a.O.) für seine Betrachtungen absteckt, indem auch er sich von der über lange Zeit hinweg gängigen Auffassung distanziert, Gewalt müsse die Merkmale von äußerer Krafteinwirkung und körperlicher Verletzung aufweisen. Orientiert an der wissenschaftlichen Diskussion zum Gewaltbegriff rückt er stattdessen „das Bewusstsein des ‚Opfers' ins Blickfeld" (ebd., S. 10),

Wie bereits in der Einleitung vermerkt, ist es zwar die ungeschönte Darstellung physischer Gewalt, die Kleists Novellen kennzeichnet und auf Verwunderung bis hin zu Ablehnung beim Rezipienten stößt; allerdings ist jene, wie sich im Folgenden zeigen wird, nicht selten das Ergebnis einer ganzen Reihe vorangegangener Verletzungen auf *beiden* Ebenen – sowohl der psychischen als auch der physischen. Dem Rechnung tragend, soll auch die vorliegende Betrachtung – mit dem Ziel der Klärung von Entstehung und Funktion der physischen Gewalt – nahe am Text arbeitend alle hierfür relevanten Erscheinungsformen jeweils auftretender Gewalt im Auge behalten und auf deren Bedeutung für die jeweilige Entwicklung hin untersuchen.

---

infolgedessen Gewalt als all das betrachtet werden kann, „was die Betroffenen gegen ihre freie Option in eine bestimmte Haltung oder Situation zwingt." (ebd.)

3 Die Verlobung in St. Domingo

3.1 Zusammenfassung

Hintergrund und äußerer Umstand der Erzählung sind die Rachekämpfe der Schwarzen[11] gegen die Weißen auf der Insel St. Domingo, dem heutigen Haiti, zu Anfang des 19. Jahrhunderts. Im Zentrum der Handlung steht die Familie des Negers Congo Hoango. Während dieser selbsttätig Jagd auf die ehemals privilegierte Bevölkerungsschicht macht, fungieren dessen zweite Frau Babekan und deren fünfzehnjährige Tochter Toni als Köder für die Zuflucht suchenden Verfolgten. Das Haus als Falle nutzend, halten sie diese darin unter Einsatz körperlicher Reize und Vorgaukelung von Sicherheit bis zur Rückkehr des Familienoberhauptes fest, um diesem die grausige Genugtuung zu verschaffen, einen weiteren verhassten Feind eigenhändig in den Tod schicken zu dürfen.

Einmal jedoch geschieht es, dass das Mädchen sich in einen der todgeweihten ‚Gäste‘, Gustav von der Ried, verliebt. Nach der körperlichen Vereinigung verloben sich die beiden. Zunächst durch das Geschehene allzu verstört, um dem Geliebten die Wahrheit zu gestehen, bleibt Toni später jede Gelegenheit hierzu versagt; zumal die Erkenntnis, dass Babekan nicht hinter ihr, sondern hinter der Tyrannei Hoangos steht, sie dazu zwingt, ihre bisherige Rolle der Mutter gegenüber aufrecht zu erhalten.

Um den Geliebten zu retten, sendet sie Nanky, den unehelichen Sohn Hoangos, unter falschem Vorwand aus, die in einem Versteck entfernte Familie Gustavs zum Hause zu führen. Mit deren Hilfe und einem geschickten Manöver gelingt es Toni, den nachts überraschend eingetroffenen Hoango mitsamt seinen Kämpfern zu überwältigen und ihn wie auch Babekan durch Fesseln handlungsunfähig zu machen. Der noch immer ahnungslose Gustav, den Toni, ihn schlafend lassend, zur Wahrung des Scheins bei Ankunft Hoangos an sein Bett gefesselt hat, wird inzwischen von seiner Familie losgebunden. Sich von dieser gerettet, von dem Mädchen dagegen

---

[11] Im Zusammenhang mit der Hautfarbe bediene ich mich ausschließlich aufgrund der besseren Unterscheidbarkeit zwischen Dunkelhäutigen, Hellhäutigen und den dazwischen liegenden ‚Gemischt-Rassigen‘ der Kleist'schen Ausdrucksformen „Neger“, „Schwarze“, „Weiße“, „Mulatten“, „Mestizen“ und denen ähnliche wie ‚Mischlinge‘ u.ä., auch wenn diese im heutigen Sprachgebrauch häufig als diskriminierend empfunden werden. Unter dem Begriff „Mestize“ ist ähnlich wie bei dem des „Mulatten“ ein Mischling zu verstehen. Auch wenn laut Ruhrberg kein erwiesener Unterschied im Wortgebrauch zwischen „Mulatte“ und „Mestize“ besteht (vgl. Anmerkungen von Christine Ruhrberg in: Heinrich von Kleist; Die Verlobung in St. Domingo, Das Bettelweib von Locarno, Der Findling, a.a.O., S. 69-74, hier S. 70), ist vermutlich ein/eine Mestize der Nachkomme von je einem mulattischen und einem weißen Elternteil, wohingegen ein Mulatte/ eine Mulattin das Kind je eines schwarzen und eines weißen Elternteils und die Hautfarbe entsprechend einen Ton dunkler als die eines/r Mestizen ist.

verraten glaubend zögert der aufgewühlte Befreite nicht, die eintretende Toni blind vor Wut zu erschießen. Nach Aufklärung Gustavs über dessen Irrtum kann seine Familie nur tatenlos zusehen, wie auch er sich durch Schuss in den Mund das Leben nimmt. Unbeschadet lässt man die Familie ziehen, den beiden Leichen ein gemeinsames Grab setzen und in die Schweiz zurückkehren.

3.2 Die Darstellung von Gewalt im Text
3.2.1 Der Hass auf die Weißen

> Zu Port au Prince, auf dem französischen Anteil der Insel St. Domingo, lebte, zu Anfange dieses Jahrhunderts, als die Schwarzen die Weißen ermordeten, auf der Pflanzung des Herrn Guillaume von Villeneuve, ein fürchterlicher alter Neger, namens Congo Hoango. (II, 3)

Bereits im ersten Satz wird deutlich, vor welchem Hintergrund die Erzählung angesiedelt ist – es herrscht Krieg, und wie ein düsterer Schatten legt sich die Atmosphäre latenter Gewalt über die Handlung.

Zugleich erreicht Kleist mit dieser Einbettung seiner Erzählung ein hohes Maß an Authentizität, welches den Leser zu Spekulationen anregt, ob sich die Handlung der Novelle nicht tatsächlich in dieser Art zugetragen haben könnte. Ein knapper Abriss der Eroberungsgeschichte Haitis an dieser Stelle soll einen Überblick über die wichtigsten Ereignisse, die im Vorfeld der Erzählung liegen, bieten.[12]

Nach der Entdeckung 1492 durch Kolumbus zunächst von Spanien erobert, wurde die Insel ab dem 17. Jahrhundert auch – allerdings ausschließlich im Westen – von Franzosen besiedelt. Bereits seit dem 16. Jahrhundert haben die spanischen, später auch die französischen Kolonialherren afrikanische Sklaven auf die Insel deportiert. Die daraus entstandene Ordnung gliederte sich in drei Klassen: Die weiße Oberschicht, eine privilegierte Mittelschicht von Mischlingen, bezeichnet als Mulatten und die Unterschicht schwarzer Sklaven.

Verschiedene Ereignisse der Politik wie die amerikanischen Unabhängigkeitskriege und die Französische Revolution verursachten auch auf Haiti Kämpfe der Unterdrückten sowohl zur Beseitigung der Sklaverei als auch zur Erreichung der Unabhängigkeit Spaniens und Frankreichs. Als zunächst ausschließlich die Mulatten eine Gleichberechtigung neben der Oberschicht erfahren sollten, erreichten die

Aufstände der schwarzen Bevölkerung den Entschluss des Nationalkonvents über die Freilassung aller Sklaven.

Nachdem es jedoch einem schwarzen General – Francois Dominique Toussaint Louverture – gelang, das ehemals spanische Gebiet zu erobern, gewann eine von Napoleon zur Verhinderung des Verlusts dieser reichen Kolonie entsandte Invasionsarmee ganz Haiti zurück, Louverture wurde in Frankreich inhaftiert.

Die alsbald erneut eingeführte Sklaverei hatte 1803 einen siegreichen Aufstand der Schwarzen gemeinsam mit den Mulatten, geführt von Jean Jacques Dessalines, zur Folge. Dessalines ordnete daraufhin die Ermordung aller Weißen auf der Insel an.

In diesen Zeitraum fällt die Handlung der Erzählung, einerseits beeinflusst durch die äußeren Umstände, andererseits darauf reagierend, aber auch ihren Sinn konstitutiv daraus beziehend – ein anderer Rahmen um dasselbe Geschehen ist kaum denkbar.

Über eine der Hauptfiguren, Congo Hoango, zunächst ausschließlich als „fürchterliche[n](...) alte[n](...) Neger" kennen gelernt, erfährt der Leser bereits im nachfolgenden Satz, dieselbe Gestalt – in ihrer Vergangenheit als verlässlich, treu und redlich bekannt – habe einst ihrem Herrn das Leben gerettet. Aus Dankbarkeit desselben sei Hoango hierauf „mit unendlichen Wohltaten überhäuft" (II, 3) und mit lebenslanger Sonderbehandlung entlohnt worden: Zusätzlich zum Geschenk der Freiheit überträgt ihm der Herr nicht allein die Aufsicht über das gesamte Besitztum; er stellt seinem Retter gar – als Ersatz für dessen verstorbene Frau – eine jener entfernt verwandte mulattische Arbeiterin aus seiner Pflanzung, Babekan, zur Seite. Mit erreichtem Alter von sechzig Jahren schließlich wird Hoango mit einem beträchtlichen Lohn in den Ruhestand entlassen, nicht ohne im Testament seines Herrn mit einer Zuweisung des Erbes bedacht worden zu sein.

Nach einer – für einen Sklaven – derart außergewöhnlichen, auf den ersten Blick nahezu traumhaft anmutenden Behandlung überrascht es den Leser schließlich umso mehr, dass gerade Hoango einer der ersten ist, der „bei dem allgemeinen Taumel der Rache" (II, 3) zum Gewehr greift und seinem Herrn – als Heimzahlung der einstigen Verschleppung aus dem Vaterland – „die Kugel durch den Kopf jagt(...)" (ebd.).

---

[12] Die folgenden Informationen zum geschichtlichen Hergang sind orientiert an den Anmerkungen von Christine Ruhrberg, a.a.O., S. 69f.

So kommt der Leser nicht einmal über die erste Seite dieses Textes hinaus, ohne bereits von einer Gewalttat sowie dem völligen Umschlag eines Charakters in sein Gegenteil erfahren zu haben – erst rettet der treue Sklave das Leben seines Herrn, um es, obwohl jahrelang nicht als Sklave behandelt worden zu sein, von den Unruhen angestachelt, selbst zu beenden. Wie lässt sich die Motivation hierfür nachvollziehen? Hat sich Hoango denn tatsächlich auch seit der Rettungsaktion noch als unwillentlich der Heimat Entrissener fühlen müssen, wo ihm doch seitdem hier ‚der Himmel auf Erden' geboten worden war?

Sieht man sich die Vorkommnisse genauer an, lassen sich durchaus Gründe für die Entstehung des Hasses Hoangos finden, die eine solche Reaktion verständlicher machen. Orientiert an der obigen Begriffsdefinition von Gewalt als „Anwendung von physischem oder psychischem Zwang" bzw. „zwangsweises Einwirken auf den Willen des Opfers" lässt sich also bereits die Verschleppung der Sklaven aus deren Heimat als eine Form von Gewalt ansehen. Ist es demnach die dadurch verursachte Gegengewalt, die selbst durch all die Güte des weißen Herrn nicht hat kompensiert werden können? War diese einstige Anwendung von Gewalt Auslöser eines über Jahre hinweg – von Groll über Zorn bis hin zum mordbereiten Hass – wachsenden Emotions- und Frustrationsstaus[13], der nun zum Ausbruch gekommen ist?

Schließlich findet sich auch noch ein weiterer möglicher Anlass, diesmal ohne direkte, sichtliche bzw. ab-sichtliche Anwendung von Gewalt, der sich über die gesamte Zeit der Dienstjahre erstreckt. Die Rede ist – es erscheint wie ein Paradoxon – von der Sonderbehandlung Hoangos. Zwar hat diese es Hoango gut gehen lassen,

---

[13] Vgl. Wolfgang Doering; Glück und Gewalt bei Heinrich von Kleist: Die Frustrations-Aggressions-Hypothese als literaturpsychologischer Ansatz, Diss. Los Angeles, University of California, 1995, Ann Arbor, Michigan 1995. Doering ist der Ansicht, dass Gewalt das Ergebnis eines über längere Zeit anwachsenden Frustrationsstaus ist, der sich, sobald das Maß voll ist, in Aggression entlädt. Er schreibt hierzu: „Problematisch ist die Verwischung der Grenzen zu den benachbarten Begriffsfeldern ‚Gewalt', ‚Macht' und ‚Herrschaft' (...). Forschners Begriffsunterscheidung lautet: ‚Als ‚aggressiv' lässt sich jede Art aktiven und reaktiven Verhaltens von Lebewesen beschreiben, das auf Störung, Verletzung, Verdrängung und Vernichtung des Lebens, Strebens, Befindens (und Selbstbewusstseins) anderer Lebewesen (bzw. Personen) gerichtet ist. Gewalttätigkeit bzw. Drohung mit Gewalt ist so gesehen nur eine (wenngleich paradigmatische) Form von aggressivem Verhalten gegenüber Mitgliedern der eigenen Art oder solchen anderer Arten."' (ebd., S. 44f.; zitiert nach: Maximilian Forschner; Gewalt und politische Gesellschaft, in: Alfred Schöpf (Hrsg.); Aggression und Gewalt: Anthropologisch-Sozialwissenschaftliche Beiträge, Würzburg: Königshausen & Neumann, 1985, S. 13-36) Des Weiteren definiert Doering Aggression als Reaktion auf Frustrationserlebnisse: Empfindungen, die ausgelöst würden, fühlte man sich beispielsweise angegriffen, eingeengt oder unbeachtet.

und sie war durchaus gut gemeint bzw. aus gutem Willen heraus entstanden; gerade *weil* diese jedoch eine für Sklaven so *außer*-gewöhnliche Umgangsweise ist, „dokumentiert(...) [sie] in dieser Ausnahme umso nachdrücklicher eine Haltung, für die Sklaverei eine natürliche Existenzweise der Schwarzen darstellt"[14] und hebt umso mehr die dagegen üblichen Missstände hervor: Misshandlungen, Schläge, menschenunwürdige Arbeitsbedingungen sind Alltag für die Sklaven, wie auch das an späterer Stelle behandelte Gespräch zwischen Babekan und Gustav belegt.

Und sogar über ihr Liebesleben wurde den Sklaven bestimmt: So hat der Herr, nicht Hoango selbst, die Arbeiterin Babekan als dessen neue Frau auserwählt. Hierzu schreibt Ruhrberg: „Die weißen Herren verfügten über den Körper, ja sogar die Sexualität der Sklaven – dies lässt die ‚unendlichen Wohltaten' (...)[(II,3)], mit denen Herr von Villeneuve Congo Hoango ,überhäuft' habe, in einem ironischen Licht erscheinen und dessen Rache verständlich werden." (Anmerkungen von Christine Ruhrberg, a.a.O., S. 70).

Es ist also ausgerechnet die Form der Dankbarkeitsbezeugung, mit der Villeneuve Hoangos Hass auf sich als weißen Kolonialherrn gezogen hat. Wenn es überhaupt eine Form gegeben hätte, durch die ein Weißer den Erweis seiner Dankbarkeit aus Sicht der Sklaven adäquat bzw. akzeptabel hätte gestalten können, so wäre es wohl die der Ermöglichung der Rückkehr in deren Heimat gewesen, was zwar erneut einer Sonderbehandlung gleich käme, aber zumindest diejenige Gewaltanwendung, die einleitend zu Beginn der Versklavung gestanden hat – die Deportation – , im weitesten Sinne rückgängig gemacht hätte.

Nachdem auch die Familie des Herrn sowie – zur Tilgung jeglichen Anspruchs verbliebener Erben – dessen Pflanzung Hoangos Rachsucht zum Opfer gefallen ist, setzt dieser seinen Terror außerhalb der Plantage fort, „mit den Negern, die er versammelt und bewaffnet hatte, in der Nachbarschaft umher[ziehend], um seinen Mitbrüdern in dem Kampfe gegen die Weißen beizustehen" (II, 4).

Babekan und Toni sowie die „auf unehelichem Wege mit einer Negerin erzeugt[en]" (II, 6) Söhne Nanky und Seppy lässt Hoango hierbei nicht allein leichtfertig ohne weiteren Schutz zurück; er liefert sie zudem großer Gefahr aus.[15] Um bloß keinen

---

[14] Gerhard Gönner, a.a.O., S. 229
[15] Zu der im Krieg üblichen Funktionalisierung von Frauen und Kindern als Waffe und Werkzeug vgl. Wolf Kittler; Die Geburt des Partisanen aus dem Geist der Poesie: Heinrich von Kleist und die Strategie der Befreiungskriege. Hrsg. Gerhard Neumann. Freiburg im Breisgau, 1987 und Jacques

einzigen Weißen mit dem Leben davon kommen zu lassen, setzt er seine Frau und deren Tochter mit einer ausgeklügelten List als Köder ein:

> (...) und weil das Hauptgebäude der Pflanzung, das er jetzt bewohnte, einsam an der Landstraße lag und sich häufig, während seiner Abwesenheit, weiße oder kreolische Flüchtlinge einfanden, welche darin Nahrung oder ein Unterkommen suchten, so unterrichtete er die Weiber, diese weißen Hunde, wie er sie nannte, mit Unterstützungen und Gefälligkeiten bis zu seiner Wiederkehr hinzuhalten. Babekan, welche in Folge einer grausamen Strafe, die sie in ihrer Jugend erhalten hatte, an der Schwindsucht litt, pflegte in solchen Fällen die junge Toni, die, wegen ihrer ins Gelblichen gehenden Gesichtsfarbe, zu dieser gräßlichen List besonders brauchbar war, mit ihren besten Kleidern auszuputzen; sie ermunterte dieselbe, den Fremden keine Liebkosung zu versagen, bis auf die letzte, die ihr bei Todesstrafe verboten war: und wenn Congo Hoango mit seinem Negertrupp von den Streifereien, die er in der Gegend gemacht hatte, wiederkehrte, war unmittelbarer Tod das Los der Armen, die sich durch diese Künste hatten täuschen lassen. (II,4)

In diesen beiden Sätzen erfährt der Leser nicht allein genug über das tückische Spiel, um sich dessen Praktizierung bildlich vorstellen zu können; eine ganze Fülle weiterer Informationen drängt sich hier auf wenig Platz aneinander. So zeigt sich etwa neben der Motivation Babekans für ihren Hass auf die Weißen – die „grausame(...) Strafe" und deren lebenslange Folgen – eben auch diejenige Art von Behandlung, wie sie Sklaven gegenüber üblich gewesen sein muss. Für Babekan bietet sich also das Mitwirken an Hoangos Plan offenbar als die ersehnte Möglichkeit an, sich persönlich Genugtuung zu verschaffen.

Fast nebenbei wird der Leser dagegen von der gesetzlichen Unterbindung der Liebe zwischen Schwarz und Weiß unterricht: Auf Geschlechtsverkehr mit einem Mitglied der weißen Bevölkerung steht den Dunkelhäutigen die Todesstrafe.

Brun; Das Grenzverletzungsmotiv in Kleists Erzählungen, in: Hans Joachim Kreutzer (Hrsg.); Kleist-Jahrbuch 1981/82, Berlin 1983, S. 195-209. Im Anschluss an ein das Verhalten der Schwarzen während der Aufstände in den historischen Begebenheiten beklagendes Zitat schreibt Kittler: „Dieser, wieder einmal gegen eine französische Armee geführte Krieg bot ein gutes Exempel für die Theorie des Partisanen. Das Meiste kennt man aus dem ‚Michael Kohlhaas' und der ‚Hermannsschlacht': Botendienste, zu denen man auch Frauen und Kinder ‚von 12 bis 15 Jahren' brauchen kann, (...) Geiselnahmen, (...) nächtliche Märsche, (...), Verstecke an Seen, Teichen und in Wäldern, (...) Meuchelmorde im Dunkel stiller Mädchenkammern (...) und schließlich die geheime Triebfeder der Natur, den Zauber schöner Frauen, den man in doppelter Weise nutzen kann. (...) Einmal im eigenen Lager als Lockspeise für den Feind (...), und zum anderen im gegnerischen Lager als absolut zuverlässige Vorposten, die den Feind bis in seine intimsten Schlupfwinkel verfolgen. Und hier enthüllt sich erst in aller Schärfe die staatspolitische Funktion der Jungfernschaft." (Wolf Kittler, a.a.O., S. 322) Brun bringt dies treffend auf den Punkt: „Im totalen Krieg ist auch das Teuerste, das es zu schützen gilt, ein Mittel zum Zweck." (Jacques Brun, a.a.O., S. 204)

Auch kommt der brisante Standpunkt des Paares Toni gegenüber zur Darstellung: Die Eltern – die leibliche Mutter in demselben Maße wie Hoango – benutzen und betrachten das Mädchen als willkommenes Werkzeug zur Durchsetzung ihres Racheplans. Hiermit reduzieren sie Toni nicht allein auf eine Funktion, sondern machen zudem – Zuhältern gleich – eine Hure aus ihr. Wenn man nun noch im Auge behält, dass sie Toni damit beauftragen, mit denjenigen, die sie selbst am meisten hassen, intime Zärtlichkeiten auszutauschen, könnte man gar meinen, das Mädchen als fühlende Person sei ihnen überhaupt nichts wert. Die Gefahr, der sie Toni zuletzt noch aussetzen, nämlich das nach all den Liebkosungen ins Rollen gebrachte Verlangen der Fremden nach mehr nicht mehr in Zaum halten und aufhalten zu können, scheinen die beiden im „Taumel der Rache" (II, 3) geflissentlich zu übersehen. Nimmt man dies als Bestätigung der eben aufgestellten These, kann man den Faden noch weiter spinnen, dass nämlich die eigenen (verletzten) Gefühle Vorrang gegenüber der familiären Bindung haben bzw. die sie einzig interessierenden sind. Wenn dem tatsächlich so ist, unterscheidet sie dann noch so viel von den weißen Sklavenhaltern, denen die Sklaven ebenfalls ausschließlich als Werkzeug gedient haben, denen der Sklave als Mensch nichts wert gewesen ist und dessen Leben sie bestimmt haben? Und selbst wenn Toni freiwillig an dem bösen Spiel teilnehmen, sich und ihren Körper gerne dafür hergeben sollte, erfährt die zur Zuhälterei missbrauchte elterliche Gewalt keine Besserung.

Des Weiteren wird über die Haltung Tonis zu dem Krieg bisher nichts ausgesagt: Macht sie das Spiel aus Loyalität zu Mutter und Stiefvater mit oder vielleicht, um die Schwindsucht ihrer Mutter zu rächen? Oder aber ist sie selbst, ohne eine äußerlich liegende Motivation (als solche wäre die Schwindsucht der Mutter, Erzählungen der Eltern bzw. eine darauf gerichtete Erziehung zu verstehen) hasserfüllt wegen eines persönlichen Erlebnisses mit einem Weißen? Oder entspricht vielmehr eine dritte Möglichkeit ihrer Position – denkt sie eventuell gar nicht weiter über ihre Hurerei nach; macht gedankenlos, was man ihr befiehlt, in naivem Vertrauen darauf, dass das, was ihre Eltern ihr raten, schon das Richtige und Rechte sei?

Diese Fragen sollen bei der weiteren Untersuchung im Blick behalten und deren Zutreffen anhand des weiteren Handlungsgeschehens überprüft werden.

3.2.2 Licht und Finsternis oder Die Hell-Dunkel-Inszenierung zur Blendung Gustavs

Mit einem geschichtlichen Einschub, der die Bewegung aller noch überlebenden Weißen in den letzten – weil von dem Heer General Dessalines' noch unerreicht – unversehrt und unbelagert gebliebenen Stützpunkt französischer Macht, Port au Prince, beschreibt, schafft Kleist den Übergang von Vorgeschichte und allgemeiner Darstellung der List zum konkreten Geschehen.

So schildert der Erzähler, wie eines Nachts, als Hoango erneut unterwegs ist, seine Rache fortzusetzen, ein Weißer, Schutz vor Sturm und Regen suchend, an dessen Tür klopft. Bevor der misstrauische Fremde Babekan jedoch seinen Namen nennen will, „streckte er, durch die Dunkelheit der Nacht, seine Hand aus, um die Hand der Alten zu ergreifen, und fragte: ‚seid Ihr eine Negerin?'"(II, 5). Babekan antwortet mit listigem Spott, den Argwohn des am Haken Zappelnden zu mindern,

> nun, Ihr seid gewiß ein Weißer, daß Ihr dieser stockfinsteren Nacht lieber ins Antlitz schaut, als einer Negerin! Kommt herein, setzte sie hinzu, und fürchtet nichts; hier wohnt eine Mulattin, und die einzige, die sich außer mir noch im Hause befindet, ist meine Tochter, eine Mestize! (ebd.)

Babekan scheint sich mit den Ängsten der Bevölkerungsschicht, welcher der Fremde angehört, genauestens auszukennen, denn sie weiß auch, dass es, um den Fremden zu beruhigen, völlig ausreichend ist, diesem zu versichern, in dem Hause, in dem er Einlass begehrt, ausschließlich Mischlinge antreffen zu können. Aus dem Erfolg, den die Alte mit diesem Vorgehen hat, ergibt sich ein schlüssiger Einblick in die Anschauungen der Weißen in Bezug auf die Hautfarben in der aktuellen Situation: Den Negern, also rein Schwarzen, ist – aus Perspektive der Verfolgten – überhaupt nicht zu trauen, von ihnen geht ausschließlich Todesgefahr aus. Alle Angehörigen der weißen Bevölkerung dagegen sind als Verbündete und Vertraute anzusehen, von ihnen ist keine Gefahr, Lüge oder böse List zu befürchten. Die Mischlinge wiederum nehmen eine Sonderposition ein: Von ihnen geht nicht zwingend Gefahr aus, sie sollten ‚Kinder der Liebe' zwischen Weißen und Schwarzen sein, ihnen ist somit eher zu trauen, aber eine Restunsicherheit bleibt auch hier – die schwarzen Anteile lassen sich nicht verleugnen, sie trüben das ‚reine' Weiß und erzeugen ein gewisses Maß an Undurchschaubarkeit.

Die Situation erfordert also eine Orientierung an der Hautfarbe, Freund und Feind sind bereits an ihrem Äußeren unterscheidbar; die Hautfarbe wird zum zeichenhaften Erkennungsmerkmal[16] zwischen ‚Gut' und ‚Böse'.

Unter dem Vorwand, den Haustürschlüssel suchen zu müssen, lässt sie den Fremden draußen warten, um eilends die Tochter herzurichten. Dass diese durchaus nicht ohne Sorge ist, kann man aus ihren Fragen lesen: „ist er auch allein, Mutter? Und haben wir, wenn wir ihn einlassen, nichts zu befürchten?" (II, 6); Babekan räumt deren Bedenken jedoch schnell zur Seite mit der Versicherung, der Fremde sei unbewaffnet, allein und zittere selbst vor Angst. Frisch frisiert und mit den besten Kleidern, Hut und Laterne ausgestattet, geht das Mädchen hinaus, um den Fremden zu holen.

Als sie erkennt, dass dieser – erschrocken über den Anblick eines das Eingangstor verschließenden Negerkindes und dessen Auskunft, ein Schwarzer bewohne dieses Haus – „im Begriff [ist], den Jungen niederzuwerfen, ihm den Schlüssel (...) zu entreißen und das weite Feld zu suchen" (ebd.), reagiert Toni blitzschnell und zieht den Flüchtigen flüsternd, als wolle sie ihn aus der Gefahr retten, zur Tür hin. Gleich einer Schauspielerin, die sich in Szene setzt, achtet sie sowohl bei Platzierung der Laterne wie auch in ihrer Wortwahl genauestens darauf, dem Fremden gegenüber so strahlend und hell wie möglich zu er*scheinen*. So antwortet sie auf dessen erneute Frage, wer das Haus bewohne, mit den Worten: „‚Niemand, bei dem *Licht* der *Sonne* (...)[,] als meine Mutter und ich!'" (II, 7; Hervorhebung von mir) Ihre Anstrengungen bleiben nicht ohne Erfolg bei dem Fremden, der schon während seiner noch misstrauischen Frage „um mehr als einer Ursache willen betroffen, ihre junge liebliche Gestalt betrachtet(...)" (II, 6f.), so dass es dem zur Eile antreibenden Mädchen bald gelingt, den Fremden von der sicheren Abwesenheit des Negers zu überzeugen, sein Misstrauen zu mildern und ihn ins Haus zu ziehen.

Erst an dieser Stelle entdeckt Babekan den Degen am Körper ihres Gastes, und auch dem Leser fällt auf, dass Babekan – in freudiger Erwartung auf das neue Opfer – Tonis anfängliche Vorsicht allzu leichtfertig und voreilig als unbegründet abgetan hat, denn die von ihr im Dunkel übersehene Waffe hätte durchaus eine Gefahr für

---

[16] Eine ähnliche Formulierung gebraucht Brun im Rahmen der Untersuchung des Verhältnisses Hoangos zu seinem Herrn: „Im rauen Kampf ist die Hautfarbe das Erkennungszeichen." (Jacques Brun, a.a.O., S. 203)

ihre vorausgesandte Tochter sowie auch letztlich für sie selbst darstellen können. Mit List jedoch weckt Babekan nicht allein erste Sympathien bei dem Fremden, sie kann ihn zudem zum Ablegen seines Degens bewegen: Mit gespielter Enttäuschung fragt sie ihren Gast, ob er, nachdem sie und ihre Tochter unter Einsatz ihrer eigenen Leben das seinige gerettet hätten, einzig „herein gekommen [sei], um diese Wohltat, nach der Sitte Eurer Landsleute, mit Verräterei zu vergelten" (II, 7). In treuseliger Rührung greift der Fremde nach Babekans Hand, drückt sie an sein Herz, legt, sich noch einmal vergewissernd im Raum umsehend, den Degen ab und spricht in unsäglicher Naivität: „Ihr seht den elendesten der Menschen, aber keinen undankbaren und schlechten vor Euch!" (ebd.) Es ist den beiden Frauen also bereits geglückt: Geblendet vom äußeren Anschein – beider Frauen falsches Spiel und dem strahlenden Liebreiz Tonis – glaubt der Fremde nicht allein an die Gutmütigkeit der beiden und sich selbst in Sicherheit; er scheint zudem das verschlossene Tor und Nankys Rede völlig verdrängt oder gar vergessen zu haben.

Während Toni dem Gast ein Nachtmahl bereiten geht, erfährt der Leser aus dem folgenden Gespräch, dass der sich Babekan als Gustav von der Ried Vorstellende von Geburt Schweizer und wegen seiner Tätigkeit als Offizier der Franzosen in Fort Dauphin[17] stationiert gewesen sei. Seitdem dort jedoch jeder Weiße ermordet werde, befinde er sich, gemeinsam mit seiner siebenköpfigen Familie und weiteren fünf Bediensteten auf der Flucht nach Port au Prince. Seine Antwort auf Babekans Erkundigung nach dem derzeitigen Aufenthaltsort seines Gefolges ist ein Spiegel der Voraussetzungen, die eine Person erfüllen muss, will sie Gustavs vollstes Vertrauen erringen – „Euch kann ich mich anvertrauen; aus der Farbe Eures Gesichts schimmert mir ein Strahl von der meinigen entgegen" (II, 8). Es sind tatsächlich allein Äußerlichkeiten; ja, sogar ein Schimmer (!) reicht aus, den Naivling Gustav in Sicherheit zu wiegen und ihn – *trotz* seines Eingebundenseins in und des Wissens um die zu vermehrter Vorsicht mahnende und aufs Äußerste gespannte Lage – die Position des lebensschützenden Verstecks seiner Familie aufs genaueste verraten zu lassen. Es scheint gerade so, als *wolle* er nichts wissen, als lasse er sich – wenn auch unbewusst – absichtlich blenden, um nichts von der Gefahr wissen zu *müssen*. Dieses Verhalten Gustavs erinnert an jenes der Marquise von O.... in Kleists gleichnamiger Erzählung, die, als der Graf F... ihr während eines ihr aufgedrängten Besuches auf ihrem Landsitz erklären will, von ihrer Unschuld mehr als überzeugt zu sein, jenem sich abwendend entgegenschleudert, sie *wolle* nichts wissen.[18]

Wie um sich dennoch letzte Gewissheit zu verschaffen, spricht Gustav Babekan direkt auf seinen Glauben in ihr Mitgefühl an, als er – ihre Hand ergreifend – um Proviant für die letzten fünf Tagesmärsche, die seine Reise noch beanspruchen werde, bittet:

> Der Himmel, wenn mich nicht alles trügt (...), hat mich mitleidigen Menschen zugeführt, die jene grausame und unerhörte Erbitterung, welche alle Einwohner dieser Insel ergriffen hat, nicht teilen. (II, 9)

Die Zusicherung nicht zu geringer Entlohnung und ewiger Dankbarkeit für ihre Hilfe ignoriert Babekan ebenso wie die Bitte um Proviant selbst. Stattdessen greift sie, deren Absicht wohl durchschauend, Gustavs Bemerkung, die noch immer wie eine Frage im Raume steht, auf.

> ‚Ja, diese rasende Erbitterung', heuchelte die Alte. ‚Ist es nicht, als ob die Hände *eines* Körpers, oder die Zähne *eines* Mundes gegen einander wüten wollten, weil das *eine* Glied nicht geschaffen ist, wie das andere? Was kann ich, deren Vater aus St. Jago, von der Insel Cuba war, für den Schimmer von Licht, der auf meinem Antlitz, wenn es Tag wird, erdämmert? Und was kann meine Tochter, die in Europa empfangen und geboren ist, dafür, daß der volle Tag jenes Weltteils von dem ihrigen widerscheint?' (ebd.)

Tatsächlich lässt sich der Fremde nach anfänglichem Staunen durch diese – auch neben der wiederholten Lichtmetaphorik reich bebilderte – Rede zu dem Glauben verleiten, dass Babekan und ihre Tochter das gleiche Los wie er selbst zu tragen hätten. Um ihn restlos zu überzeugen, trägt die Alte dick auf:

---

[17] Fort Dauphin ist ein Hafen im Nordosten des französischen Gebiets der Insel und liegt etwa 150 km von Port-au-Prince entfernt. (Vgl. Anmerkungen von Christine Ruhrberg, a.a.O., S. 70)

[18] Vgl. Christian Moser; Verfehlte Gefühle: Wissen – Begehren – Darstellen bei Kleist und Rousseau, Würzburg: Königshausen und Neumann, 1993. Moser verweist auf einen ähnlichen Zusammenhang, stellt jedoch ausschließlich den „männlichen Willen zum Wissen" (ebd., S. 115) als dem „weibliche[n] Wille[n] zum Nicht-wissen (...) aufs engste verwandt" (ebd.) dar, wobei er Gustavs „Wille[n] zum Nicht-wissen" zu übersehen scheint. Die von ihm hierzu angeführten Zitate zeigen sehr deutlich die Parallelen der Figuren bezüglich deren Verhalten, sich vor unerwünschter Kenntnis zu bewahren. (Zur Gewissheit des Grafen über die Unschuld der während deren Ohnmacht – somit ohne ihr Wissen – vergewaltigten Marquise: „So überzeugt, (...) Julietta, als ob ich allwissend wäre, als ob meine Seele in deiner Brust wohnte" (V, 50); zu der Entgegnung der Marquise: „Ich *will nichts* wissen, versetzte die Marquise, stieß ihn heftig vor die Brust zurück, eilte auf die Rampe, und verschwand." (V, 51; beides zitiert aus: Christian Moser, a.a.O., S. 115))

‚(...) Wenn wir uns nicht durch List und den ganzen Inbegriff jener Künste, die die Notwehr dem Schwachen in die Hände gibt, vor ihrer Verfolgung zu sichern wüßten: der Schatten von Verwandtschaft, der über unsere Gesichter ausgebreitet ist, der, könnt Ihr sicher glauben, tut es nicht! (...) Seit dem Tode Herrn Guillaumes, des vormaligen Eigentümers dieser Pflanzung, der durch seine [Congo Hoangos] grimmige Hand beim Ausbruch der Empörung fiel, sind wir, die wir ihm als Verwandte die Wirtschaft führen, seiner ganzen Willkür und Gewalttätigkeit preis gegeben. Jedes Stück Brot, jeden Labetrunk den wir aus Menschlichkeit einem oder dem andern der weißen Flüchtlinge, die hier zuweilen die Straße vorüberziehen, gewähren, rechnet er uns mit Schimpfwörtern und Mißhandlungen an; und nichts wünscht er mehr, als die Rache der Schwarzen über uns weiße und kreolische Halbhunde, wie er uns nennt, hereinhetzen zu können, teils um unserer überhaupt, die wir seine Wildheit gegen die Weißen tadeln, los zu werden, teils, um das kleine Eigentum, das wir hinterlassen würden, in Besitz zu nehmen.' (II, 9f.)

Mit dieser dreisten Lüge, die wohldurchdacht alle möglichen Zweifel und Fragen berücksichtigt und entkräftet (wie etwa die Frage nach ihrem Grund zu bleiben), gelingt Babekan dreierlei: Nicht allein stellt sie sich – wie auch ihre Tochter – als nach samariterischem Vorbild unter selbstaufopferndem Einsatz stets helfende Gönnerin gegenüber verfolgten Weißen dar und wiegt Gustav hierdurch noch mehr in Sicherheit; sie schafft sich zudem selbst ein Motiv, aus welchem ihr eigener Hass auf und Furcht vor allem Schwarzen gerechtfertigt, Verbündung mit den Weißen erforderlich und, mit dem Argument der Teilhabe an eben denselben Lebensbedingungen, begründet erscheint. Mehr noch: Sie als die in der Zwickmühle Gefangenen sind es nun, die Gustavs Mitleid und Mitgefühl erregen. Eine höchst effektive Strategie, denn wer fürchtet schon jemanden, den er bemitleidet?

Babekans Worte verfehlen ihre Wirkung nicht. Ihren Worten zuletzt ein i-Tüpfelchen setzend mit dem Nachsatz, dass, wenn Hoango, der in zehn bis zwölf Tagen zurück zu erwarten sei, von der Beherbergung Gustavs erführe, sie alle des Todes seien, geht die Alte jedoch einen unbedachten Schritt. Ihr Gast nämlich nutzt dies als Argument, dass es gerade in diesem Fall, in dem sie nichts mehr zu verlieren hätten, nicht mehr ins Gewicht fiele, würde das Obdach, das sie ihm gewähren, für wenige Tage auf seine Familie ausgeweitet. Unter dem Vorwand, eine Aktion von solcher Auffälligkeit würde den verräterischen Nachbarn nicht verborgen bleiben und dass auch eine bereits herannahende Schar bewaffneter Schwarzer für diese Nacht angekündigt sei, gelingt es Babekan dennoch, diesen und weitere Vorschläge des drängenden Gastes zur Überführung seiner Familie in das Haus als vorerst nicht praktizierbar zurückzuweisen.

Um jedoch dem Risiko eines erneuten Aufkeimens von Misstrauen entgegenzuwirken, kommt die Alte der weiteren Hartnäckigkeit desselben „unter vielfachen Küssen, die von den Lippen des Fremden auf ihre knöcherne Hand niederregneten" (II, 11), mit dem geheuchelten Kompromiss entgegen, am folgenden Tage Hoangos Sohn Nanky mit Wegzehrung und einem Einladungsschreiben Gustavs an dessen Familie an den Möwenweiher auszusenden, damit er diese schließlich im Schutz der Dämmerung des nachfolgenden Morgens zum Hause geleite.

Die an dieser Stelle mit dem zubereiteten Mahl zurückkehrende Toni eröffnet hierauf ein künstliches Gespräch, eine Scheinunterhaltung mit ihrer Mutter, welches, derart geführt, als sei Gustav nicht anwesend, dennoch einzig für seine Ohren bestimmt ist. Schamlos witzeln die beiden miteinander über das anfängliche Misstrauen des Gastes:

> Nun, Mutter, sagt an! Hat sich der Herr von dem Schreck, der ihn vor der Tür ergriff, erholt? Hat er sich überzeugt, daß weder Gift noch Dolch auf ihn warten, und daß der Neger Hoango nicht zu Hause ist? Die Mutter sagte mit einem Seufzer: ,Mein Kind, der Gebrannte scheut, nach dem Sprichwort, das Feuer. Der Herr würde töricht gehandelt haben, wenn er sich früher in das Haus hineingewagt hätte, als bis er sich von dem Volksstamm, zu welchen seine Bewohner gehören, überzeugt hatte.' (II, 12)

Die in den Worten Babekans implizierte Behauptung, sie seien dem weißen Volk angehörig, aufgreifend und diese auf die Spitze treibend ,erzählt' das Mädchen an dieser Stelle zur Mutter gewandt,

> wie sie die Laterne so gehalten, daß ihr der volle Strahl davon ins Gesicht gefallen wäre. Aber seine Einbildung, sprach sie, war ganz von Mohren und Negern erfüllt; und wenn ihm eine Dame von Paris oder Marseille die Tür geöffnet hätte, er würde sie für eine Negerin gehalten haben. (ebd.)

Diese Textstelle legt vieles offen: Zum einen bestätigt die perfekte Beherrschung der Rollen des eingespielten Teams von Mutter und Tochter die bereits an mehreren Stellen[19] angedeutete Vielzahl der Opfer, die es bereits umgarnt haben muss.

---

[19] vgl. II, 4: „weil (...) sich *häufig*, während seiner Abwesenheit, weiße oder kreolische Flüchtlinge einfanden, welche darin Nahrung oder ein Unterkommen suchten" (Hervorhebung von mir);

Damit zusammenhängend ist auch die kindliche Freude, die Toni an dem Spiel empfindet, nicht zu übersehen. Kleists Erzähler zeichnet ein sehr genaues Bild von der gekonnten Selbstinszenierung des Mädchens, wie sie sich bereits bei dessen ersten Begegnung mit dem neuen Opfer in Worten und Gesten dargestellt hat.

Stellt man dies wiederum in Zusammenhang mit der anzunehmenden Vielzahl bisheriger Opfer, so kann man sich zu Tonis Haltung – da sich jene dem entsprechend mit dem nachfolgenden Schicksal der ‚Gäste' zur Genüge auskennen müsste – nun eine sehr genaue Vorstellung machen: Naiv bis skrupellos nutzt die Jugendliche die Gelegenheit, die Wirkung ihrer körperlichen Reize auszutesten, von ihren Eltern mit allen Mitteln unterstützt und diesen umgekehrt hiermit einen Gefallen erweisen könnend.

Als letztes schließlich zeigt sich als Komplement zu Gustavs naiver Leichtgläubigkeit, wie weit die beiden Frauen mit der Blendung desselben gehen: Sie sind mit der Manipulierung der Wahrnehmung ihres Gastes an einen Punkt gelangt, an dem sie ihn nahezu alles glauben machen können. In schon fast ironisch anmutender Weise kreieren sie im zitierten Textausschnitt mit der Wahl ihrer Worte ein Bild, das sie als *Weiße* zeigt. Ihm derart die Sinne vernebelnd, beklagen sie zudem rückblickend die *Blindheit* Gustavs bei dessen Ankunft. Dass es dabei gerade umgekehrt diese Blindheit, das blind-vor-Angst-Sein als natürlicher Schutzmechanismus gewesen ist, die Gustav hätte retten können, bemerkt er nicht mehr in seiner Verwirrung. Die Blendung, die Täuschung nämlich, deren Opfer er nun geworden ist, hat seine Sinne gänzlich vernebelt; kein klarer Gedanke führt ihn mehr in die Realität zurück. Stattdessen nutzen die beiden Frauen seine Ohnmacht[20], in ihm die gewünschten Reaktionen auszulösen; ob sein Mitleid an vorangegangener Stelle oder, ebenso unangebracht, ein schlechtes Gewissen bzw. Verlegenheit in der zuletzt betrachteten Situation.

Ein vor- und umsichtiges Infragestellen, ob sie nicht vielleicht ihre eigene Sicherheit leichtfertig überbewerten und somit zum einen Gustav als allzu berechenbar einschätzen, zum anderen die Möglichkeit einer nicht vorausplanbaren Handlung

---

„Babekan(...) pflegte *in solchen Fällen* die junge Toni(...) mit ihren besten Kleidern auszuputzen" (ebd., Hervorhebung von mir) und vgl. II, 6: „so eilte er [Nanky] sogleich, wie er *in solchen Fällen* angewiesen war, nach dem Hoftor (...), um es zu verschließen." (Hervorhebung von mir)

[20] Den Begriff *Ohnmacht* verwende ich hier in einer sehr wörtlichen Bedeutung, die sich, entgegen dem üblichen Sprachgebrauch nicht auf den Körper, sondern auf die Sinne bezieht. Der Einfachheit halber am Adjektiv erklärt verstehe ich demnach hier *ohnmächtig* als ‚nicht mehr seiner Sinne mächtig'.

desselben im Affekt unberechtigt außer Acht lassen, kommt den Frauen nicht in den Sinn. Auch die Gefahr, die ihr – jeder (Waffen-)Gewalt freie Bahn gewährendes – Verhalten in sich birgt, bleibt von ihnen unbemerkt. Ob diese gegebenenfalls verhängnisvolle Einstellung tatsächlich an der Ermöglichung bzw. dem Entstehen der Gewalt, die am Ende der Erzählung zum Ausbruch kommt, beteiligt ist, wird sich im Laufe der weiteren Handlung zeigen.

Sich tatsächlich zur Rechtfertigung verpflichtet glaubend, entschuldigt sich Gustav auf den letzten scherzenden Vorwurf Tonis, sie wie zum Trost sachte umarmend, ihr Hut habe ihr Gesicht verdeckt,

> [h]ätte ich dir, fuhr er fort, indem er sie lebhaft an seine Brust drückte, ins Auge sehen können, so wie ich es jetzt kann: so hätte ich, auch wenn alles Übrige an dir schwarz gewesen wäre, aus einem vergifteten Becher mit dir trinken wollen. (II, 12)

Wie dicht der ahnungslose Gustav dem ihm bevorstehenden Schicksal mit diesen Worten kommt, zeigt sich in Babekans Erröten, die, das Gespräch abzubrechen, darauf drängt, Platz zu nehmen. Während Gustav isst, beantwortet Babekan dessen an Toni gerichtete Frage nach Alter und Herkunft. Über den leiblichen Vater des Mädchens, den Babekan, die Frau ihres Herrn auf einer Reise begleitend, in Paris kennen gelernt habe, erfährt der Leser zunächst, dass es dieser als erfolgreicher Geschäftsmann bis an den türkischen Hof gebracht habe, wo er auch noch immer verweile. Toni hierauf als „vornehmes und reiches Mädchen" (II, 13) bezeichnend, versichert Gustav ihr, dass ihr durchaus in einem solchen Falle die Möglichkeit offen stehe, „noch einmal an der Hand ihres Vaters in glänzendere Verhältnisse, als in denen sie jetzt lebte, eingeführt zu werden" (ebd.). Dass dies jedoch nicht in Aussicht stehen könne, lässt sich den weiteren Worten Babekans entnehmen, jener nämlich habe, in Anbetracht der bevorstehenden Vermählung mit einer jungen reichen Frau, seine Vaterschaft vor Gericht, Auge in Auge mit der Schwangeren, per Eidschwur verleugnet. Nicht allein sei die Betrogene daraufhin aus Gram an Gallenfieber erkrankt, sondern zudem von ihrem Herrn mit sechzig Peitschenhieben bestraft worden, unter deren Folgen in Form von Schwindsucht sie noch immer zu leiden habe.

An dieser Stelle zeigt sich sehr deutlich, dass die Verbitterung Babekans den Weißen gegenüber sich nicht allein auf einen Faktor gründet; die bereits eingangs erwähnte Bestrafung durch ihren Herrn ist schon fast nur noch Begleiterscheinung. Eine weitaus tiefer gehende Kränkung stellt das Verhalten des weißen Vaters dar, das die Frau „mit unterdrückter Empfindung" (ebd.) und noch immer spürbarer schmerzlicher Verachtung schildert „(...) [i]ch werde den Eidschwur, den er die Frechheit hatte, mir ins Gesicht zu leisten, niemals vergessen(...)'" (II, 14).

Die Wut ihres Herrn lässt sich schon nahezu entschuldigen, denn wie das Gericht so wurde auch er durch den Meineid des Mannes getäuscht. Für ihn selbst, der sich von seiner Sklavin belogen fühlt, ist die Vergabe einer Strafe logische Konsequenz; für Babekan jedoch die Verdopplung des zu erduldenden Unrechts: Bereits seelisch getreten und bespuckt, muss sie in Folge, als sei das Übel noch nicht groß genug, auch noch körperliche Pein erleiden. Und auch an diese soll sie sich ihr Leben lang erinnern müssen – eine noch immer anhaltende Nachwirkung der „sechzig Peitschenhiebe" (ebd.) ist ihre Schwindsucht.

An der Härte der Bestrafung lässt sich zudem der Usus im Umgang mit Sklaven ablesen, der keineswegs an Menschlichkeit erinnert; zumal sich hier herausstellt, dass sie demselben Herrn zu verdanken ist, den der Leser noch wenige Seiten zuvor als gutmütigen Ausnahmefall kennen gelernt hat – Herrn Guillaume von Villeneuve. Durch diese neue Information schlägt die *Außer*gewöhnlichkeit der Sonderbehandlung Hoangos rückblickend und auch aus dessen Sicht noch gewaltiger zu Buche.

Und noch ein letzter Punkt darf in diesem Zusammenhang nicht vergessen werden: Wie oben bereits für Hoango festgestellt ist bei der ‚Versorgung' desselben mit einer neuen Frau letztendlich auch über Babekans Körper und Sexualität verfügt worden.

Der Hass, den Babekan infolge ihrer Erlebnisse auf die Weißen entwickelt haben muss, erscheint nur allzu verständlich. Es sind zwar in erster Linie ausschließlich zwei Einzelpersonen, die ihr Schaden zugefügt haben, aber da Villeneuve in seinem Verhalten ihr gegenüber als repräsentativ in der Menge aller Sklavenhalter gelten kann und Babekan im anderen Fall hat erleben müssen, dass selbst die Bindung einer Vaterschaft kein Garant für Treue und Ehrlichkeit ist, kann es zu der daraus erfolgten undifferenzierten Verallgemeinerung auf alle Hellhäutigen kein allzu weiter Schritt mehr gewesen sein.

3.2.3 Selbsttäuschung durch Projektion und Aneignung aufoktroyierten Wissens

Auf weiteres Drängen von Toni setzt Gustav seine Erzählungen über Herkunft und Pläne fort. An dieser Stelle lässt das Ende eines ersten Erzählabschnittes und der Beginn eines zweiten festmachen. Nicht allein nämlich wechselt die gegenseitige Einflussnahme der Figuren untereinander ihre Quelle – an die Stelle Babekans und Tonis als aktiv Einfluss Ausübende tritt nun Gustav, der seinen Einfluss in erster Linie auf Toni richtet – sondern zugleich auch, analog hierzu, der Erzähler seine Perspektive. Hat dieser zuvor überwiegend in die Gedanken Tonis, wechselweise auch Babekans Einblick gewährt, so schildert er nun in erster Linie aus Gustavs Sicht das weitere Geschehen.

Im Verlauf des folgenden Gesprächs legt Gustav seine Sichtweise den Kämpfen gegenüber offen. Mit seinen einleitenden Worten, er wolle das Verhalten und die Beziehung der Weißen zu den Schwarzen zwar nicht in Schutz nehmen, es aber schließlich damit rechtfertigend, es habe seit Jahrhunderten kein anderes Verhältnis gegeben, stellt Gustav den Sachverhalt so hin, als sei ein Fehler allein darum nicht anzweifelbar, weil er wieder und wieder begangen werde und als mache es einen Missstand nicht um so schlimmer, je länger er aufrecht erhalten werde. Dies etwas abmildernd gesteht er, seine Rede fortsetzend, den Rachegelüsten der Schwarzen zwar durchaus eine Berechtigung aufgrund „vielfacher und tadelnswürdiger Mißhandlungen" (II, 15) zu, kritisiert jedoch bereits im nächsten Atemzug wiederum die rigorose Art der Umsetzung. Als Beispiel einer solchen, ihm als besonders „schauderhaft merkwürdig" (ebd.) in Erinnerung gebliebenen Tat berichtet Gustav in diesem Zusammenhang von einer jungen, am Gelbfieber erkrankten Frau, die ihren früheren Herrn, bei dem sie hart behandelt und schließlich weiterverkauft worden sei, zu sich eingeladen habe; dem Unwissenden vorgaukelnd, er sei gerettet. Nach Eintreten der erwarteten Reaktion desselben – zahlreiche Küsse und Liebkosungen als Bezeugung seiner Erleichterung und Dankbarkeit – habe sich die Heuchlerin „plötzlich mit dem Ausdruck wilder und kalter Wut" (ebd.) im Bett aufgerichtet und dem Infizierten schadenfroh ihre Krankheit offenbart.

Gustav nutzt seine Erzählung bewusst, um Toni, deren Erscheinung es ihm, wie bereits mehrfach durch den Erzähler zu erkennen gegeben[21], seit seiner ersten Begegnung mit ihr angetan hat, besser einschätzen zu können. In einer zweiten Ebene kommt hier allerdings auch sein ihm selbst eher unbewusstes Wunschdenken zum Vorschein. Zum einen zeigt sich seine unterschwellig noch immer aktive Angst[22] bzw. die Angstvorstellung, seine beiden Gastgeber könnten eines solchen Charakters wie die Pestkranke in seiner Erzählung sein und ihn, Rettung versprechend, in eine Falle gelockt haben. Zugleich spiegelt sich hierin allerdings auch seine Hoffnung darauf wider, durch deren Reaktionen vom Gegenteil überzeugt zu werden.

Von Babekans offener Bekundung ihres Entsetzens überzeugt, wendet sich Gustav direkt an Toni, sie befragend, „ob *sie* wohl einer solchen Tat fähig wäre? Nein! sagte Toni, indem sie verwirrt vor sich niedersah." (II, 15). In der Orientierung an ihrem Wort offenbar unfähig zur deutenden Wahrnehmung ihrer Augenbewegung, in welcher sich das Wiedererkennen der eigenen Person in dieser „bizarre[n Vorwegnahme ihrer](...) momentane[n] Lage"[23] spiegelt, legt Gustav vielmehr,

---

[21] vgl. II, 6: „indem er, um mehr als einer Ursache willen betroffen, ihre junge liebliche Gestalt betrachtete"; vgl. II, 9: „(...), Ihr wäret samt der lieblichen jungen Mestize, die mir das Haus aufmachte, mit uns Europäern in *einer* Verdammnis?"; vgl. II, 12:„Hätte ich dir, fuhr er fort, indem er sie lebhaft an seine Brust drückte, ins Auge sehen können, (...) so hätte ich (...) aus einem vergifteten Becher mit dir trinken wollen."

[22] Gerhard Gönner (a.a.O.) geht davon aus, dass Gustav um seine Verdrängungshaltung wisse und sich demzufolge in dem „Bewusstsein, jeden *Augenblick* betrogen, getäuscht und vernichtet werden zu können" (ebd., S. 102f.) zu permanenter Wachsamkeit verpflichtet fühle, was als Erklärung dafür dienen könnte, weshalb sich entgegen seiner Blindheit sowohl in seinen beiden Erzählungen als auch in dem später folgenden Versuch, Tonis Herz zu prüfen, noch immer das Bedürfnis widerspiegelt, endgültige Sicherheit hinsichtlich seines Wunschwissens zu erlangen. Zugleich jedoch zeigt sich hierin, dass eine Verschiebung von der anfänglichen Orientierung an der rein optischen Erscheinungsweise – schwarz als ‚böse', weiß als ‚gut' – schwerpunktmäßig zu der am gesprochenen Wort stattgefunden hat, wozu Gustav mitunter der Hautfarbe Tonis wegen gezwungen ist, da sich diese der eindeutigen Zuordnung in jenes Schema entzieht. Auch Lewis (Alison Lewis; Der Zwang zum Genießen: Männliche Gewalt und der weibliche Körper in drei Prosatexten Kleists, in: Günter Blamberger (Hrsg.); Kleist-Jahrbuch 2000, Stuttgart 2000, S. 198-222) geht davon aus, dass Gustav nach wie vor Zweifel an der Richtigkeit seiner von Hoffnungen überlagerten Deutungen hegt, da die „Lehre [der](...) Anekdote" (ebd., S. 220) von der pestkranken Schwarzen – „Verrat [tarnt] sich als Rettung, Rache als Liebe, schwarze List als Menschlichkeit" (ebd.) – stets in seinen Gedanken präsent sei. (Hierbei scheint Lewis allerdings zu übersehen, dass – wie sich im Fortlauf der Handlung zeigen wird – Gustav dieses Wissen größtenteils ungenutzt lässt bzw. erst dann darauf zurückgreift, wenn es nicht mehr angebracht ist.) Dieses Ineinander und Verwischen der Grenzen „zwischen Wahrheit und Lüge, Redlichkeit und List, Licht und Dunkel, Gut und Böse" (ebd., S. 221) sei zudem, das Toni dazu prädestiniere, zuletzt „Zielscheibe für die Artikulation von Gewalt" (ebd.) zu sein.

[23] Gerhard Gönner, a.a.O., S. 105

während er ans Fenster tritt, in lebhafter Erregung seine Ansicht hierzu dar; dass nämlich

> keine Tyrannei, die die Weißen je verübt, einen Verrat, so niederträchtig und abscheulich, rechtfertigen könnte. Die Rache des Himmels, meinte er, indem er sich mit einem leidenschaftlichen Ausdruck erhob, würde dadurch entwaffnet: die Engel selbst, dadurch empört, stellten sich auf Seiten derer, die Unrecht hätten, und nähmen, zur Aufrechthaltung menschlicher und göttlicher Ordnung, ihre Sache! (II, 16)

Die wie eine Predigt anmutende Rede Gustavs scheint auf die vorangegangenen Erzählungen Babekans abzuzielen, um vorbeugend auch für diesen Fall die Unangebrachtheit eines solchen Verrats zu postulieren.

Nachdenklich in den Nachthimmel schauend, überkommt den mit dem Rücken zu den Frauen stehenden Gustav, einen Blickwechsel beider vermutend, plötzlich „ein widerwärtiges und verdrießliches Gefühl" (ebd.), so dass er sich abwendet und ins Bett zu gehen wünscht. Gustav das Zimmer und Toni zum Bereiten eines Fußbades anweisend, lässt Babekan die beiden alleine. Erneut kommen bisher unentdeckte Waffen Gustavs zum Vorschein, als er neben seinem Degen, den er in die Ecke lehnt, auch noch „ein Paar Pistolen, die er im Gürtel trug, auf den Tisch" (ebd.) legt. Wie bereits bei der unerwarteten Entdeckung des Degens so flackert auch beim Lesen dieser Zeilen kurzfristig die Erkenntnis einer erneuten Unterschätzung Gustavs und der ihm mit der Waffengewalt zur Verfügung stehenden Möglichkeiten, den Spieß herumzudrehen, auf: die Frauen nämlich, die ihn in ihrer Gewalt zu haben meinen, im Handumdrehen in die seinige zu bringen. Die lauernde Gefahr, in die Toni sich jedoch begibt und der auch ihre Eltern sie sorglos ausliefern, scheint von den Figuren nicht wahrgenommen zu werden.

Als Gustav sich im Zimmer umsieht, beschleichen ihn, ebenso wie nach seiner ,Predigt' darüber, was Recht und Unrecht sei, auch hier wieder neue Zweifel, Gefühle, die ihn zu warnen scheinen:

> (...)[D]a er gar bald, aus der Pracht und dem Geschmack, die (...)[in dem Zimmer] herrschten, schloß, daß es dem vormaligen Besitzer der Pflanzung angehört haben müsse: so legte sich ein Gefühl der Unruhe wie ein Geier um sein Herz, und er wünschte sich, hungrig und durstig, wie er gekommen war, wieder in die Waldung zu den Seinigen zurück. (II, 16f.)

Fast scheint Gustav die eben formulierte Vermutung bestätigen zu wollen: So blind, wie die Frauen – und auch der Leser bis dato nicht ausgenommen – von ihm meinen sollten, ist Gustav für die ihn warnenden Anzeichen, wahrlich nicht. Und dennoch gelingt es dem – von den Vorgängen in des Fremden Kopf gänzlich ahnungslosen – Mädchen, ihrem Opfer durch Einsatz der weiblichen Reize erneut die Sinne zu rauben, wie der Leser weiterhin in Gustavs Gedanken verfolgen kann. Die Worte, in die der Erzähler diese fasst, sind voll von Erotik:

> (...), und während das Mädchen, auf ihre Knie vor ihm hingekauert, die kleinen Vorkehrungen zum Bade besorgte, betrachtete er ihre einnehmende Gestalt. Ihr Haar, in dunkeln Locken schwellend, war ihr, als sie niederknieete, auf ihre jungen Brüste herabgerollt; ein Zug von ausnehmender Anmut spielte um ihre Lippen und über ihre langen, über die gesenkten Augen hervorragenden Augenwimpern; er hätte, bis auf die Farbe, die ihm anstößig war, schwören mögen, daß er nie etwas Schöneres gesehen. Dabei fiel ihm eine entfernte Ähnlichkeit, er wußte noch selbst nicht recht mit wem, auf, die er schon bei seinem Eintritt in das Haus bemerkt hatte, und die seine Seele für sie in Anspruch nahm. (II, 17)

Hiermit gewährt Gustav dem Leser zwar einen ersten Einblick in die Ursache seiner – trotz der Abneigung gegen die dunkle Färbung ihrer Haut – verstärkten Empfänglichkeit für Tonis Reize, die sich ja tatsächlich bereits im ersten Gespräch der beiden miteinander angedeutet hat[24]. Dennoch lässt er die weitere Suche nach der in Frage kommenden Person in seinen Erinnerungen vorerst ruhen, da er – durch Tonis Anblick noch immer wie verzaubert – im Bewusstsein seiner wachsenden Zuneigung ihr gegenüber vielmehr darauf brennt zu erfahren, „ob das Mädchen ein Herz habe oder nicht" (II, 17), um sich seinem Gefühl nicht länger in Unsicherheit verbleibend erwehren zu müssen, sondern sich diesem beruhigt hingeben zu können. Nach dem Urteil des Erzählers das in diesem Fall einzig gültige Verfahren zur Überprüfung wählend, fragt Gustav, das Mädchen auf seinen Schoß ziehend, ob es sich bereits verlobt habe.

Auch den Leser mit Tonis lieblicher Erscheinung betörend, beschreibt der Erzähler aus Gustavs Sicht, wie sie, dessen Frage verneinend, den Blick nach unten senkt und ergänzend hinzufügt, dass sie den einzigen Antrag, den ihr ein benachbarter Neger vor drei Monaten gemacht, wegen ihres noch zu niedrigen Alters abgelehnt habe. Dies jedoch lässt Gustav, ihr anhand eines Sprichwortes erläuternd, dass sie das zur

---

[24] Gemeint ist die bereits mehrfach zitierte Stelle, an der Toni den noch zaudernden Gustav zur Einkehr ins Haus überreden will und sich dem Fremden im Licht der Laterne als strahlende Verlockung präsentiert, woraufhin dieser einen Moment lang innehält: „Wer bist du? rief der

Heirat befähigende Alter bereits erreicht habe, als Erklärung nicht gelten und fragt sie hierauf – „mit seinen Händen ihren schlanken Leib umfaßt" (ebd.) haltend – nach anderen Gründen, die sie demnach an der Zustimmung gehindert haben müssten. Toni, noch immer gesenkten Blicks mit dem kleinen goldenen Kreuz an Gustavs Halskettchen spielend, verneint wiederum. Sein hierdurch erworbenes Wissen – die von Toni selbst genannte Begründung nach wie vor überhaupt nicht gelten lassend – dass das Scheitern des Antrags weder durch einen Mangel an Reichtum noch durch fehlende Sympathie begründet sei, nimmt Gustav als Bestätigung, Tonis Grund der Ablehnung zu kennen. An dieser Stelle ergreift erneut, von Gustav selbst *unbemerkt*, sein Unterbewusstsein die Initiative: Sich mit den bisherigen Informationen begnügend, projiziert Gustav sein Wunschdenken auf Toni. Deren eigene Suche auf eine weitere mögliche Begründung vermeidend, unterstellt er ihr, geschickt in die Frageform gehüllt: „ob es vielleicht ein Weißer sein müsse, der ihre Gunst davon tragen solle?" (II, 18). Dass ihm die Gezieltheit und Absichtlichkeit der Projektion selbst nicht bewusst ist, bestätigt auch die Umschreibung des Erzählers, der die Frage als „ihr scherzend ins Ohr geflüstert" (ebd.) verkennt, somit ebenso Opfer der unauffälligen Form, denn auch der Leser soll nicht allzu früh erkennen, welchen Stein Gustav hier ins Rollen bringt.

Wo zuvor Babekan und Toni Gustav durch Illusionen und Schein geblendet haben, wird dieser hier, wenn auch unbewusst, selbst zum ‚Blender'. Im Gegensatz zu den Frauen jedoch – in deren Pläne der Erzähler stets Einblick hat, wodurch der Leser, bereits frühzeitig eingeweiht, das Geschehen informiert verfolgen kann – agiert Gustav ‚verdeckt'; dessen Absichten zu enthüllen, ist Sache des aufmerksamen Lesers. Derlei ‚detektivische' Ermittlungen erfahren jedoch oft die zusätzliche Erschwernis, dass der Erzähler in der Perspektive jeweils einer Figur befangen und demzufolge genauso blind für wesentliche Signale ist wie die Figur selbst.[25] Da sich

---

Fremde sträubend, indem er, *um mehr als einer Ursache willen betroffen*, ihre junge liebliche Gestalt betrachtete." (II, 7; Hervorhebung von mir)

[25] Zur Eigenart des Kleist'schen Erzählers im Allgemeinen vgl. Barbara Kuhn; Familienstrukturen, Ordnungszerstörung und narrative Verfahren in Erzählungen Heinrich von Kleists, Staatsexamensarbeit Frankfurt am Main, Univ., 1995, S. 8f. Kuhn zitiert in diesem Zusammenhang u.a. Wolfgang Kayser, welcher den Erzähler ebenfalls als „oft aus der Perspektive einer Gestalt und immer unter dem Eindruck der jeweiligen Situation" berichtend beschreibt (Wolfgang Kayser; Kleist als Erzähler, 1954/55, in: Walter Müller-Seidel (Hrsg.); Heinrich von Kleist: Aufsätze und Essays, Darmstadt 1973, S.234, zitiert aus: Barbara Kuhn, a.a.O., S. 8) und John M. Ellis, die das Erzählen in Kleists Prosa als durchgängige Manipulation bezeichnet (John M. Ellis; Heinrich von Kleist: Studies in the Character and Meanings of his Writings, Chapel Hill, 1979, S. 135, zitiert aus: Barbara Kuhn, a.a.O., S. 8). Kuhn selbst schreibt zudem: „Kleists Erzähler oszilliert zwischen der

der Leser infolgedessen nicht auf dessen Urteil verlassen bzw. sich nicht mit ausschließlich diesem zufrieden geben sollte, ist, um – anstatt sich von der *Wirklichkeit* blenden zu lassen – hinter die Realität steigen zu können, nicht selten die Anstrengung vonnöten, gegen den Erzähler zu lesen.[26]

Dass der erhoffte Einfluss seiner Worte die Wirkung auf Toni nicht verfehlt, ist offensichtlich. Als Reaktion auf seine Frage „legte sie sich plötzlich, nach einem flüchtigen, träumerischen Bedenken, unter einem überaus reizendem Erröten, das über ihr verbranntes Gesicht aufloderte, an seine Brust." (II, 18) Gustav, ahnungslos, dass er selbst der Urheber dieses Verhaltens Tonis ist, lässt sich – es wäre paradox, wüsste er um seinen Einfluss – von dem Ergebnis seiner eigenen Provokation blenden:

> (...) von ihrer Anmut und Lieblichkeit gerührt, nannte [er] sie sein liebes Mädchen, und schloß sie, wie durch göttliche Hand von jeder Sorge erlöst, in seine Arme. Es war ihm unmöglich zu glauben, daß alle diese Bewegungen, die er an ihr wahrnahm, der bloße elende Ausdruck einer kalten und gräßlichen Verräterei sein sollten. Die Gedanken, die ihn beunruhigt hatten, wichen, wie ein Heer schauerlicher Vögel, von ihm; er schalt sich, ihr Herz nur einen Augenblick verkannt zu haben, und während er sie auf seinen Knien schaukelte, und den süßen Atem einsog, den sie ihm heraufsandte, drückte er, gleichsam zum Zeichen der Aussöhnung und Vergebung, einen Kuß auf ihre Stirn. (II, 18)

Nicht allein fühlt sich Gustav also in seiner Vermutung bestätigt, auch seine vorübergehend aufgekommenen Zweifel an der Aufrichtigkeit und Vertrauenswürdigkeit Tonis scheinen widerlegt. Durchaus beachtenswert allerdings

---

Sicht der Figuren, der eines implizierten Publikums und einer übergeordneten Perspektive. Gleich dem Erzähler einer Kriminalgeschichte lässt er durch eingestreute Schlüssel wie falsche Fährten den Leser den Taumel, die verunsicherte Wahrnehmung der Figuren nachvollziehen." (Barbara Kuhn, a.a.O., S. 9)

[26] Vgl. Hansjörg Bay; Als die Schwarzen die Weißen ermordeten: Nachbeben einer Erschütterung des europäischen Diskurses in Kleists ,Verlobung in St. Domingo', in: Günter Blamberger (Hrsg.); Kleist-Jahrbuch 1998, Stuttgart 1998, S. 80-108. Auf eine Parteinahme des Erzählers hinweisend, schreibt Bay zu dieser Thematik: „Während der Erzähler in dem, *wie* er erzählt und bewertet, eindeutig für die ,Weißen' Partei ergreift und alle Kritikpunkte wegzuwischen trachtet, eröffnet das, *was* er erzählt, bei aufmerksamer Lektüre immer wieder die Möglichkeit, gegen seine Sicht der Ereignisse die Perspektive der ,schwarzen' Figuren einzunehmen. Kleists Novelle muss allerdings schon energisch gegen den Strich gelesen werden, um die in ihr enthaltene kolonialistische Sichtweise zu dekonstruieren. (...) Um diese [Formulierung einer Gegenperspektive] aus den unbestreitbar starken Irritationsmomenten aufzubauen, müssen die Lesenden von vornherein bereit und in der Lage sein, den Text gegen den Erzähler zu lesen" (ebd., S. 86f.).

Diese die Sklaverei verharmlosende und den Aufstand der Schwarzen als „unmenschlich(...) und ungerechtfertigt(...)" (ebd., S. 84) verurteilende Perspektive, die mit Gustavs deckungsgleich ist,

ist, was Gustav hierbei als Begründung dient; an welchem Merkmal also er es festmacht, dass „das Mädchen ein Herz" habe.

Zunächst einmal sind es ihr Erröten und die Geste des Anschmiegens, welche ihm als Antwort dienen, die er ohne weiteren Zweifel, da – von seinem Willen zum Wissen – völlig voreingenommen, als Zeichen der Bestätigung deutet. Noch bedeutender ist jedoch die Betrachtung, *welche* Frage ihm hiermit als bejaht gilt und was Gustav hieraus schließt: Allein Tonis wortloses ‚Geständnis', sie wolle sich ausschließlich mit einem Weißen binden, reicht aus, Gustav voll und ganz davon zu überzeugen, dass all ihr bisheriges Verhalten wie auch ihre Worte wahrhaftig, ehrlich und ohne falsche Hintergedanken gewesen sein müssen.

In Tonis Hochschrecken, als sie ein Geräusch des Herannahens vom Flur her zu vernehmen meint, lässt sich klar lesen, dass das sich ertappt fühlende Mädchen durchaus bereits eine Regung in sich verspürt haben muss, von der sie weiß, dass jene ihren Eltern zuwider sein würde. Als sich das Gehörte als Irrtum entpuppt, fordert das offenkundig über sich selbst erstaunte Mädchen Gustav mit erzwungener Fröhlichkeit auf, das Fußbad in Anspruch zu nehmen, bevor das Wasser sich noch weiter abkühle. Da Gustav jedoch in regungsloser Betrachtung Tonis verharrt, fragt diese ihn, in neu aufkeimender Verlegenheit, was denn so Auffälliges an ihr zu beobachten sei. Zögerlich beginnt Gustav, sich erinnernd, hierauf von der Person zu erzählen, der Toni so ähnlich sehe. Es sei die verstorbene Mariane Congreve, die er kurz vor Beginn der Revolution kennen gelernt und sich mit ihm verlobt habe. Eines Abends – das Revolutionstribunal[27] sei gerade errichtet worden – habe sich Gustav jedoch in der Öffentlichkeit zu einer unbedachten Äußerung über jenes hinreißen lassen. Den auf die Klage hin Flüchtigen nicht finden könnend, habe der inzwischen zur Volksmenge angeschwollene Pulk seiner „rasenden Verfolger, (...)[der] ein Opfer haben mußte" (II, 20), seine Verlobte in deren Wohnung aufgesucht und sie – voller Erbitterung über ihre wahrheitsgemäße Unwissenheit über Gustavs Aufenthaltsort – kurzerhand mit der Rechtfertigung, sie müsse derselben Ansicht wie der Verfolgte sein, an seiner Statt auf den Richtplatz gezerrt. Hierüber bald informiert, sei Gustav zwar sogleich, sein Versteck verlassend, losgestürmt und habe sich dem Gericht

---

zeigt dem Leser zugleich, wie begehrenswert es infolgedessen für Toni wirken muss, sich von dem Schwarzen ab- und dem Weißen hinzuwenden.

lautstark zu erkennen gegeben; die hierzu jedoch durch die Richter, denen persönlich er unbekannt gewesen sei, befragte Mariane habe, sich von Gustav abwendend, geantwortet, sie kenne den Anwesenden nicht, woraufhin ihr bereits im darauffolgenden Moment – umrahmt vom Getöse der blutrünstigen Menge – der Kopf abgetrennt worden sei. Seine eigene Rettung aus der hoffnungslosen Situation verdanke er einem Freund, der dem „aus einer Ohnmacht in die andere (...)[fallenden] und halbwahnwitzig[en]" (ebd.) Gustav schließlich zur sicheren Flucht aus Frankreich verholfen habe.

Analog zu seiner ersten Erzählung – der von der Pestkranken – ist auch diese geprägt von Gustavs Unterbewusstsein. Während sich im einen Fall seine Angstvorstellung äußert, wird umgekehrt an dieser Stelle sein Wunschbild sichtbar[28]: Wie sich bereits in der seine Darstellung einleitenden Formulierung ankündigt – „,(...)[s]ie starb' (...), ,und ich lernte den Inbegriff aller Güte und Vortrefflichkeit erst mit ihrem Tode kennen. (...)'" (II, 19) – ist es eine solche völlige Hin- und Aufgabe für den Mann; der Märtyrertod in selbstloser Liebe[29], den Gustav von einer Frau, die ihn zu lieben behauptet, erwartet. Erst durch ihren Tod nämlich hat sich Mariane für einen derart festen Platz in Gustavs Erinnerung und Herz ,qualifizieren' können.

Die Platzierung der Erzählung Gustavs in gerade diese Situation ist nicht zufällig. Sich zu ihr hingezogen fühlend, scheint Gustav sich von Toni – an Antworten und bisherigem Verhalten derselben orientiert – die Erwiderung seiner Gefühle zu

---

[27] Laut Ruhrberg die Bezeichnung für das in der so genannten Schreckensherrschaft der Französischen Revolution 1793-95 waltende Gericht zur Verfolgung politischer Gegner (vgl. Anmerkungen von Christine Ruhrberg, a.a.O., S. 71).

[28] Auch Hansjörg Bay und Christian Moser weisen auf die Bilder in den Erzählungen Gustavs hin, wobei Bay diese als Prüfung des Mädchens versteht: „Beide Erzählungen sind an Toni gerichtet und beide sollen sie prüfen (...); in der Unsicherheit über die Identität Tonis hält Gustav ihr fragend zwei jeweils auf den ,weißen' Mann und dessen Rettung bezogene Bilder vor, das von dem ,schwarzen', Verderben bringenden Verführers (...) und das von der ,weißen', sich opfernden Braut. Als ein Schreck- und ein Vorbild präsentiert er ihr sein eigenes Angst- bzw. Wunschbild(...)" (Hansjörg Bay, a.a.O., S. 94), Moser hingegen mit Gustavs „Begehren nach Wissen" (Christian Moser, a.a.O., S. 2) argumentiert: „Gustav nimmt nur dasjenige wahr, was er je schon zu wissen meint und je schon zu wissen begehrt." (ebd., S. 20) Um Tonis Inneres erkennen zu können, halte er es für „notwendig, die Natur ihres Begehrens zu wissen. Doch bei dem Versuch, Toni ein Geständnis ihrer innersten Wünsche zu entlocken, erliegt Gustav einer bezeichnenden Selbsttäuschung. Anstatt ihr Begehren zu entziffern, pflanzt er ihr ein Begehren allererst ein." (ebd., S.18) Diese dem Mädchen aufgedrängte Vorstellung ist keine andere als die, die er sich von ihr wünscht; Gustav „bringt (...) nur dasjenige in Erfahrung, was er je schon wusste bzw. zu wissen begehrte." (ebd.)

[29] Vgl. Christian Moser, a.a.O., S. 20f.: „(...) mit blinder Beharrlichkeit arbeitet Gustav daran, die Frau, die ihm als reale Gestalt vor Augen steht, ganz in die Erscheinung derjenigen Frau zu verwandeln, die je schon der Gegenstand seines Begehrens gewesen ist. Er erzählt Toni die Geschichte von Mariane Congreve, die sich für ihn aufgeopfert hat. Doch auch diese Erzählung ist ein Akt der Verführung, durch den Gustav dem Mädchen das Objekt ihres (und seines) Begehrens

erhoffen. Ebenso wie sämtliche seiner Äußerungen seit Beginn des zweiten Erzählabschnittes, seien es Fragen, seien es Erzählungen, wirkt auch diese Darlegung Gustavs wie eigens zu Manipulationszwecken von seinem Unterbewusstsein in das Gespräch eingeflochten. Zielgerichtet kann er das – seiner Hautfarbe wegen nicht vorbehaltlos vertrauenswürdige – Mädchen hierdurch nebenbei einer weiteren Prüfung unterziehen; vielmehr jedoch dient ihm sein Bericht dazu, Toni von vornherein seine Erwartungen an sie als potenzielle Geliebte und zugleich ihn Liebende offen zu legen. Um Toni als Person allerdings scheint es Gustav hierbei gar nicht wirklich zu gehen; vielmehr ist es sein mit der massiven Angst vor Verrat einhergehendes Verlangen nach Treue, todesmutiger und –williger Aufopferung und Rettung, das sich in diesen Bildern als Zentrum seiner Gedanken offenbart[30]. Hat er ihr entsprechend zuvor dargestellt, mit welchem Verhalten sie seine größte Verachtung auf sich ziehen würde, so präsentiert er ihr hier das Bild einer solchen Frau, die sich seiner Liebe gewiss sein könne; wohl in der Hoffnung, dass Toni eben dies anstrebe.

Und erneut lässt die erwartete Wirkung seiner Worte nicht lange auf sich warten – gerührt durch den Anblick des Fremden, der, sich der eigenen Manipulation völlig unbewusst, in Trauer um die verlorene Braut versunken auch hier wieder ans Fenster getreten ist, scheint Tonis Herz mit einem Male wie aus einem tiefen Schlaf zu erwachen:

> (...) so übernahm sie, von manchen Seiten geweckt, ein menschliches Gefühl; sie folgte ihm mit einer plötzlichen Bewegung, fiel ihm um den Hals, und mischte ihre Tränen mit den seinigen. (II, 20)

Direkt an diese tränenreiche Aussöhnung Tonis mit dem zuvor als Opfer stets Belogenen schließt sich, im Verzicht auf deren wörtliche Ausführung durch einen als

---

diktiert: die Imago einer marianisch-reinen Frau, deren unbefleckte Seelenhoheit sich im Opfertod erweist(...)".

[30] Hansjörg Bay (a.a.O.) schreibt über „Gustavs Verlangen nach absoluter Liebe" (ebd., S. 101): „Tatsächlich entpuppt sich Gustavs ganze Liebesbeziehung zu Toni bei näherem Hinsehen als Rettungsprogramm. Schon seine Annäherung an die junge ‚Mestize' erfolgt keineswegs unkalkuliert; flirtend will er herausfinden, ob sie ihn ‚retten' oder ‚verraten' wird, und so ist auch sein einziger klarer Gedanke nach der geschlechtlichen Vereinigung derjenige, ‚gerettet' [(II, 21)] zu sein. (...) Gustav vertritt ein Liebeskonzept, in dem Liebe auf ein einziges, dafür aber radikalisiertes Moment reduziert ist: das rückhaltlosen Sich-Anvertrauens." (ebd., S. 103)

Auslassungszeichen fungierenden Satz, die Tat an, die der Mestizen „bei Todesstrafe verboten war" (II, 4)[31].

Mit der Projektion des Wunschbildes auf Toni ändert sich deren Einstellung gegenüber Gustav, zugleich beendet sie ihm gegenüber ihr falsches Spiel. Dennoch hört sie keineswegs zu schauspielern auf, denn es ist eine vorgefertigte Rolle, in die sie schlüpft. Kaum anders, als Gustav sich mit der Manipulierung des Mädchens unwissentlich selbst täuscht, beginnt auch Toni nun – ohne es zu bemerken – sich selbst etwas vorzuspielen.[32]

Gustav fühlt sich hierauf scheinbar zum ersten Male wirklich in Sicherheit, Toni dagegen bricht von neuem in Tränen aus. Um sie zu trösten, hängt jener dem weinenden Mädchen seine Kette mit dem Kreuzanhänger, von dem der Leser an dieser Stelle erfährt, dass es ein Geschenk Marianes gewesen sei, als Brautgeschenk

---

[31] An dieser Stelle fällt auf, dass es durchaus eine ironiebehaftete Manier des Dichters zu sein scheint, die körperliche Vereinigung seiner Figuren in Andeutungen zu belassen. Während er an dieser Stelle und etwa in der Erzählung *Das Erdbeben in Chili* den Liebesakt immerhin durch einen vollständigen Satz umschreibt – „Was weiter erfolgte, brauchen wir nicht weiter zu melden, weil es jeder, der an diese Stelle kommt, von selbst liest." (II, 20) bzw. „Durch einen glücklichen Zufall hatte Jeronimo hier die Verbindung von neuem anzuknüpfen gewußt, und in einer verschwiegenen Nacht den Klostergarten zum Schauplatze seines vollen Glücks gemacht." (IV, 4) – bedient sich Kleist für die Andeutung der Vergewaltigung der ohnmächtigen Marquise durch den Grafen F... eines einfachen Gedankenstrichs, als sei ihm, entgegen seiner Ignoranz gegenüber der Empörung seiner Zeitgenossen hinsichtlich der heiklen Themenauswahl und –verarbeitung die wörtliche Nennung der Geschlechtsaktes mit einem Male zu skandalös bzw. trotz allem, was er seinen Figuren ansonsten zumutet, plötzlich zu indiskret.

[32] Vgl. Christian Moser, a.a.O. Moser vertritt die Ansicht, dass der Leser, „der urteilt, dass sich in Toni (...) bedingungsloses Vertrauen realisiert, (...) ihrer Verführungskraft" (ebd., S. 18) erliege. Ebenso wie Gustav, der Toni zu dem Glauben verleitet habe, „man könne weiß – unmittelbar, körperlich – *sein*" (ebd., S. 20), lasse ein solcher sich nämlich wiederum von der Tonis aufgepressten Identität täuschen. Für eine solche Auslegung spricht zudem die von Moser selbst unbemerkt gebliebene Beobachtung Bays – welcher Gustavs Worte von dem Aufstieg in die „glänzendere[n] Verhältnisse" (II, 13) der Weißen ähnlich wie Moser als „Angebot einer ,Rassenkarriere'" (Hansjörg Bay, a.a.O., S. 95) betrachtet – , dass nämlich die dunkle Hauttönung Tonis mit dem letzten „überaus reizenden Erröten, das über ihr verbranntes Gesicht aufloderte" (II, 18) endgültig aus der Erzählung verschwindet (Hansjörg Bay, a.a.O., S. 96f.).

Dass das Mädchen jedoch bereits vor Ergreifung dieser Identität eine andere, ihr aufoktroyierte Rolle gespielt hat, scheint beiden Autoren entgangen zu sein. Dies erklärt auch, warum sie die aus beiden Rollen konsequent hervorgehende Möglichkeit – dass nämlich Tonis Motivation, eine bestimmte Rolle zu ergreifen, zuallererst einem Streben nach Anerkennung entspringt – unbeachtet lassen. Diese allerdings ist umso interessanter, wenn man erkennt, dass hierdurch die Theorie des von Toni angestrebten Aufstiegs zu einer Weißen zweifellos eine Bestätigung erfährt, da sich das Mädchen – in Bezug auf die Aussicht, aus der schwarzen in die als angesehener und prächtiger bezeichnete weiße Sphäre emporgehoben zu werden – durchaus zur Hoffnung berechtigt betrachten kann, ein Mehr an Anerkennung zu erhalten.

um ihren Hals[33]. Da in Gustavs Augen der Grund für Tonis Verzweiflung in dem Bangen um ihre Zukunft liegen muss, weil sie ohne die Sicherheit eines Eheversprechens voreilig und aus überstürzten Gefühlen ihre Unschuld aufgegeben habe, versucht er sie mit der Zusicherung zu trösten, bereits am folgenden Tag bei ihrer Mutter um ihre Hand anhalten und sie beide zudem gemeinsam in seine Wohnung in der Schweiz aufnehmen zu wollen. Als er bemerkt, dass auch die liebevolle Beschreibung seines kleinen Paradieses Toni nicht beruhigen kann, glaubt er, selbst die Ursache ihres Kummers zu sein. Nachdem seine Frage, welches Leid er ihr zugefügt habe, das sie ihm nicht verzeihen könne, unbeantwortet bleibt, schwört er ihr schließlich,

> daß die Liebe für sie nie aus seinem Herzen weichen würde, und daß nur, im Taumel wunderbar verwirrter Sinne, eine Mischung von Begierde und Angst, die sie ihm eingeflößt, ihn zu einer solchen Tat habe verführen können. (II, 21)

Doch mit welcher Art von Trost, Ermunterung oder Sorge er auch an das Mädchen herantritt, nichts kann seinen Zustand ändern, so dass Gustav – angesichts der eingetretenen Morgendämmerung nicht allein um die mögliche Einkehr Babekans, sondern auch des versäumten Schlafes wegen um Tonis Gesundheitszustand besorgt – sich gezwungen sieht, die zur Antwort Unfähige schließlich ohne deren Einwilligung hinauf in ihr eigenes Bett zu tragen, ein letztes Mal all seine Beteuerungen zu wiederholen und in sein Zimmer zurückzueilen.

An dieser Stelle endet der zweite Erzählabschnitt und damit vorläufig zugleich Gustavs aktive Einflussnahme auf das Geschehen und Tonis Gedankengut. Der folgende Abschnitt bildet einen Übergang hinsichtlich der Perspektive des Erzählers, der hier vorübergehend eine neutrale Position einnimmt.

3.2.4 Zur Lüge verpflichtet

Am Morgen überrascht Babekan ihre Tochter mit einem ausgeklügelten Plan, der vorsieht, zu ihrer beiden Sicherheit den Fremden mit der Aufnahme der Familie auch noch die beiden folgenden Tage, die bis zur Hoangos Rückkehr vergehen würden,

---

[33] Christian Moser (a.a.O.) sieht – analog zu seiner Deutung des Verhaltens Gustavs gegenüber Toni als Aufdrängen des Bildes einer zur Selbstaufopferung bereiten Märtyrerin – auch in der Schenkung des Kreuzes nichts anderes als ein – zugleich auf das Ende der Erzählung vorausdeutendes – Symbol für die Toni aufgebürdete Erwartung, Gustav gegenüber zu eben einem

unter Vorwand drohender Gefahr zu vertrösten, zugleich jedoch auch die Weiterreise der – vermutlich sämtliche Kostbarkeiten bei sich tragenden – Familie mit allen Mitteln zu vermeiden. Toni jedoch reagiert auf die Aufforderung zu tatkräftiger Unterstützung, mit der die Alte ihre Rede beendet, in unwilliger Erregung,

> daß es schändlich und niederträchtig wäre, das Gastrecht an Personen, die man in das Haus gelockt, also zu verletzen. Sie meinte, daß ein Verfolgter, der sich ihrem Schutz anvertraut, doppelt sicher bei ihnen sein sollte; und versicherte, daß, wenn sie den blutigen Anschlag, den sie ihr geäußert, nicht aufgäbe, sie auf der Stelle hingehen und dem Fremden anzeigen würde, welch eine Mördergrube das Haus sei, in welchem er geglaubt habe, seine Rettung zu finden. (II, 23)

Als Babekan, erstaunt wie entsetzt angesichts der unerwarteten Wandlung ihrer Tochter einzig deren Namen über die Lippen bringt, folgt auf Tonis erste Brüskierung – in welcher sie sich bedacht so gegeben hat, als habe sie generell niemals zuvor auch nur an eine derartige Tat zu denken gewagt oder eine solche gar gewohnheitsgemäß selbst durchgeführt – ihre Begründung der Unangebrachtheit einer solchen im konkreten Falle ihres Gastes. Dieser nämlich sei als Schweizer der Gruppe der verhassten Kolonialherren überhaupt nicht angehörig und habe sich dem entsprechend auch nicht das jenen vorgeworfene Verhalten zuschulden kommen lassen. Dass sie mit dieser, an sich klug erdachten Begründung jedoch die bisherige Handhabung, die alle Weißen über einen Kamm geschoren hat, außer Acht lässt, zeigt umgehend die Reaktion Babekans, welche zugleich die Ungültigkeit dieses Arguments belegt:

> Sie fragte, was der junge Portugiese verschuldet, den man unter dem Torweg kürzlich mit Keulen zu Boden geworfen habe? Sie fragte, was die beiden Holländer verbrochen, die vor drei Wochen durch die Kugeln der Neger in Hofe gefallen wären? Sie wollte wissen, was man den drei Franzosen und so vielen andern einzelnen Flüchtlingen, von Geschlecht der Weißen, zur Last gelegt habe, die mit Büchsen, Spießen und Dolchen, seit dem Ausbruch der Empörung, im Hause hingerichtet worden wären? (ebd.)

Indem sich die Begründungen, mit denen Toni, die wahre Ursache beharrlich verschweigend, ihre Mutter abzuspeisen versucht, allesamt als fadenscheinig herausstellen, zeigt sich die Abscheulichkeit des bisher gewohnten Verhaltens noch

---

solchen „Opfer- und Erlösertod(...)" (ebd., S. 22) bereit zu sein, wie Christus ihn einst erlitten hat (vgl. ebd., S. 22).

ein letztes Mal in aller Härte, wodurch zugleich kontrastierend die zwischen den Extremen klaffende Spanne, die Toni überwunden hat, sichtbar wird.

Sich derselben Worte bedienend, mit denen sie Gustav, von der Laterne angestrahlt, ihre nahe Verwandtschaft zu den Weißen hat vorgaukeln wollen, leitet Toni auch ihren letzten Versuch, Babekan von dem Plan anzubringen, ein: „Beim Licht der Sonne(...)" (ebd.), worin sich bereits Tonis Abkehr von allem Schwarzen andeutet. Dass sie sich auch hier schon nicht mehr mit dem Gedankengut der farbigen Bevölkerung identifizieren kann, bestätigt sich in der Fortsetzung ihrer Rede:

> (...) ‚du hast sehr Unrecht, mich an diese Greueltaten zu erinnern! Die Unmenschlichkeiten, an denen ihr mich Teil zu nehmen zwingt, empörten längst mein innerstes Gefühl: und um mir Gottes Rache wegen alles, was vorgefallen, zu versöhnen, so schwöre ich dir, daß ich eher zehnfachen Todes sterben, als zugeben werde, daß diesem Jüngling, so lange er sich in unserm Hause befindet, auch nur ein Haar gekrümmt werde.' (II, 23f.)

Wie der Leser weiß zwar sicherlich auch Babekan um den höllischen Spaß, den Toni, in ihrer Rolle aufblühend, bei dem teuflischen Spiel stets empfunden hat, und dass auch dieses Argument ihrer Tochter nur zur Hälfte der Wahrheit entspricht. Dies jedoch verschweigend bewilligt Babekan – offenbar sowohl die Überflüssigkeit jeder weiteren Diskussion mit der steif auf dem neuen Standpunkt verharrenden Toni einsehend als auch zu einer Einigung bereit – zumindest die Rückkehr Gustavs in die Freiheit, allerdings nicht ohne ihre Tochter gewarnt zu haben, dass diese sich, „wenn Congo Hoango zurückkömmt, (...) und erfährt, daß ein Weißer in unserm Hause übernachtet hat," (II, 24) diesem gegenüber zu verantworten haben werde. Die vom Erzähler nachgelieferte Veranschaulichung dieser „Äußerung, bei welcher, trotz aller scheinbaren Milde, der Ingrimm der Alten heimlich hervorbrach" (ebd.) bestätigt die in dem Wort „erfährt" zu vermutende Zweideutigkeit; es klingt allzu wahrscheinlich, dass Babekan selbst es sein wird, die Hoango, der eigenen Tochter in den Rücken fallend, um dieses Wissen zu bereichern plant.

Die neutrale Position aufgebend, kehrt der Erzähler bereits hier in die Perspektive Tonis zurück, obwohl das Ende dieses Erzählabschnittes, welcher den Zwiespalt Tonis aufzeigt, erst an späterer Stelle liegt. Erstmals deckt sich also der formale Perspektivenwechsel des Erzählers nicht mit der inhaltlichen Grenze zweier Abschnitte.

Die hierauf allein im Zimmer zurückgelassene Toni weiß viel zu genau um die Unersättlichkeit der Rachsucht Babekans um ernsthaft anzunehmen, dass diese sich eine solche Gelegenheit zur Abrechnung mit den Weißen entgehen lassen würde. Im eiligen Verschwinden derselben die Absicht einer Mobilmachung der Nachbarn zur vorzeitigen Überwältigung Gustavs befürchtend, zieht Toni sich flugs an, um der Mutter sogleich zu folgen.

Diese im Wohnzimmer antreffend, stellt das Mädchen sich „vor das an die Tür geschlagene Mandat, in welchem allen Schwarzen bei Lebensstrafe verboten war, den Weißen Schutz und Obdach zu geben(...)" (ebd.). Bereits in der solchermaßen plakativen Aufstellung Tonis vor dem Erlass zeigt sich deren Rückzug in das Schauspiel. Die Erkenntnis der Aussichtslosigkeit jedes weiteren Versuches, beiden Seiten gegenüber ihr wahres Gefühl zu offenbaren, verhilft Toni zu der Einsicht, ihr Glück mit der einen Partei ausschließlich in der Abkehr von der anderen machen zu können. Als konsequente Folge wirft sie sich erneut ‚ein Kostüm über‘, welches nach außen hin dem ersten genau gleicht. Gustav und Babekan dagegen haben – ohne ihr Wissen – ihre bisherigen Rollen einbüßen und miteinander vertauschen müssen: Den Platz der betrogenen Person, welcher Toni ausschließlich etwas vorspielt – d.h.: der gegenüber sie also lediglich vorgibt, etwas zu sein, was sie jedoch nicht ist – hat Toni von Gustav räumen lassen und ihn stattdessen Babekan untergeschoben; umgekehrt besetzt jetzt Gustav die einst Babekan vorbehaltene Stelle, der Tonis echtes und wahrhaftiges Verhalten gilt.

Ihre Rolle auch dem neuen, noch ungewohnten ‚Publikum‘ gegenüber sogleich voll beherrschend, agiert Toni, um Ideen nicht verlegen, überzeugend wie eh und je –

> und gleichsam als ob sie, von Schrecken ergriffen, das Unrecht, das sie begangen, einsähe, wandte sie sich plötzlich, und fiel der Mutter, die sie, wie sie wohl wußte, von hinten beobachtet hatte, zu Füßen. Sie bat, die Knie derselben umklammernd, ihr die rasenden Äußerungen, die sie sich zu Gunsten des Fremden erlaubt, zu vergeben(...) (II, 24).

Sich mit dem verschlafenen Zustand, in welchem sie sich während Babekans Ausführungen befunden habe, entschuldigend, beteuert Toni heuchelnd ihren unveränderten Willen, den Fremden wie geplant als Opfer an Hoango auszuliefern. Die folgende Handlung Babekans, die jene, von der Aufrichtigkeit ihrer Tochter überzeugt, eine vergiftete Milch aus dem Fenster kippen lässt, bestätigt nicht allein die Richtigkeit der bösen Vorahnungen des Mädchens, sondern zeigt zudem, wie knapp dieses dank seiner Geistesgegenwärtigkeit den Verlobten soeben noch hat retten können.

Die ihr Entsetzen versteckende Tochter vom Boden aufhebend, fragt Babekan nach der Ursache einer derartigen Einstellung, wie Toni sie noch am Morgen vertreten zu haben schien, und ob sie sich in der Nacht noch lange bei dem Fremden aufgehalten und mit ihm unterhalten habe. Die Tochter erklärt ihre Verwirrung, gesenkten Blickes ausschließlich die erste Frage Babekans beantwortend, mit einem Traum, den sie gehabt;

> ein Blick jedoch auf die Brust ihrer unglücklichen Mutter, sprach sie, indem sie sich rasch bückte und ihre Hand küßte, rufe ihr die ganze Unmenschlichkeit der Gattung, zu der dieser Fremde gehöre, wieder ins Gedächtnis zurück (II, 25).

Ebenso wenig Probleme, wie Babekan damit zu haben scheint, die eigene Tochter an Hoango zu verraten und den Fremden zudem – unmittelbar nach der Zusicherung gegenüber jener, diesen frei lassen zu wollen – hinter ihrem Rücken zu vergiften, so wenig Skrupel hat auch Toni (bereits vor Erlangen dieser Erkenntnis), ihre Mutter in gespielt huldvoller Pose aufs Glaubwürdigste zu belügen.

Zur dennoch empfundenen Verwunderung über die Ursache des ungewohnten Enthusiasmus´ ihrer Tochter bleibt Babekan zudem nicht viel Zeit, da an dieser Stelle Gustav, mit einer schriftlich verfassten Einladung an seine Familie das Zimmer betretend, erneut ihre volle Aufmerksamkeit in Anspruch nimmt. Fröhlich die Anwesenden grüßend, reicht er der Alten, mit der Bitte auf Einlösung ihres Versprechens, sogleich den Brief. Diese jedoch schickt Gustav, seinen Brief rasch beiseite legend und zur Eile antreibend, unter dem Vorwand, der Durchmarsch General Dessalines´ mit seinen Truppen sei angekündigt worden, unverzüglich in sein Schlafgemach zurück, das ihm bei geschlossenen Fensterläden als sicheres Versteck dienen solle. Ihn unter Mitnahme Tonis, des herbeigerufenen Nankys und eines mit Lebensmitteln gefüllten Korbes nach oben begleitend, erläutert Babekan dem um Erklärung Bittenden die angebliche Entwicklung der Umstände, wobei sie sich die tatsächlich in der vergangenen Nacht zu beobachtenden Feuer als Bekräftigung der Glaubhaftigkeit ihrer Worte zunutze macht. Dem hierdurch in der Tat beunruhigten Gustav die unendliche Hilfsbereitschaft vorgeblich erneut unter Beweis stellend, übergibt die Alte Nanky demonstrativ den Korb mit der Anweisung, ihn Gustavs Familie an den Möwenweiher zu bringen, sie zugleich über das Wohlergehen des Offiziers zu unterrichten und ihr anzukündigen, dass auch deren

Einzug in die Behausung, sobald die feindliche Schar vorübergezogen und die Straße wieder sicher sei, unverzüglich nachgeholt werden würde. Auf Nankys Versicherung hin, den beschriebenen Ort des Verstecks vom Fischen her zu kennen und der sich dort aufhaltenden Familie Korb und Nachricht wie besprochen zu überbringen, gibt Gustav dem abmarschbereiten Jungen einen Ring mit auf den Weg, welcher dem Familienoberhaupt, Herrn Strömli, als Beleg der Wahrhaftigkeit der Aussagen des Negerkindes dienen solle.

Sich die Abgelenktheit der Alten während ihres Versuches, das hiernach verdunkelte Zimmer durch Entzündung eines Lichts zu erhellen, zunutze machend, nimmt Gustav Toni, die das Gespräch stumm verfolgt hat, zärtlich beiseite, um sie mit gedämpfter Stimme zu befragen, ob er ihrer Mutter das Vorgefallene nicht mitteilen solle. Toni jedoch, sich eilig aus der Umarmung lösend, schärft ihrem Geliebten in aller Knappheit ein, dass er, falls er sie liebe, nicht ein einziges Wort davon erwähnen dürfe; und voller Unruhe in mühsamer Unterdrückung ihrer Angst, „die alle diese lügenhaften Anstalten in ihr erweckten" (II, 28), hastet sie ohne weitere Erklärung mit der Entschuldigung, das Frühstück bereiten zu wollen, in das Wohnzimmer zurück.

3.2.5 Tonis Rettungsstrategie

Charakteristisch für den folgenden Abschnitt – in welchem es Toni mittels eines ausgeklügelten Planes gelingt, der List Babekans geschickt und von dieser unbemerkt entgegenzuwirken – ist das die Beziehung des jungen Paares kennzeichnende und zugleich störende Fehlen der Worte. Die unbeabsichtigte Sprachlosigkeit Tonis ihrem Geliebten gegenüber; das durch die stete Anwesenheit Babekans bedingte Ausbleiben eines vom wissenden Leser geradezu herbeigesehnten klärenden Gesprächs zwingt den ahnungslosen Gustav, auf seine eigenen Interpretationen zurückzugreifen, welche durchaus nicht immer die Wahrheit treffen.

In wilder Entschlossenheit zur Rettung des Geliebten unerschrocken das Risiko auf sich nehmend, „im schlimmsten Falle den Tod mit ihm zu leiden" (II, 28), kann Toni keine Furcht mehr daran hindern, den im Wandschrank deponierten Brief Gustavs zu entwenden,

> (...)[d]enn sie sah den Jüngling, vor Gott und ihrem Herzen, nicht mehr als bloßen Gast, dem sie Schutz und Obdach gegeben, sondern als ihren Verlobten und Gemahl an, und war willens, sobald nur seine Partei im Hause stark genug sein würde, dies

der Mutter, auf deren Bestürzung sie unter diesen Umständen rechnete, ohne Rückhalt zu erklären (ebd.).

Sich entsprechend durch ihre Verlobung gleichermaßen verpflichtet zu und bestärkt in ihrem Handeln fühlend, stürzt Toni Nanky hinterher. Als sie diesen bald darauf einholen kann, macht sie ihm weis, Babekan schicke sie, ihm einer angeblichen Änderung des Planes wegen neue Anweisungen zu erteilen. Hierauf reicht sie ihm den Brief mit dem Auftrag, ihn Herrn Strömli auszuhändigen, um die Familie zu sich einzuladen.

In weiser Absicht, jedes Zweifeln und Zögern des Knaben angesichts der Größe der zu überführenden Gruppe bereits im Keim zu ersticken, appelliert Toni an den Ehrgeiz desselben, ihm Lob und Anerkennung verheißend: „(...) Sei klug und trage selbst alles Mögliche dazu bei, diesen Entschluß zur Reife zu bringen; Congo Hoango, der Neger, wird, wenn er wiederkömmt, es dir lohnen!'" (II, 29) Tatsächlich erfragt Nanky bereitwillig weitere nötige Informationen; und nachdem Toni ihm den genauen Zeitplan erläutert hat, der in einem zügigen Marsch, die Abreise der Gruppe um Mitternacht und deren Ankunft vor Beginn der Morgendämmerung vorsieht, bestätigt jener dem Mädchen frohgemut: „Verlaßt euch auf Nanky(...); ich weiß, warum ihr diese weißen Flüchtlinge in die Pflanzung lockt, und der Neger Hoango soll mit mir zufrieden sein!" (ebd.) Diesen Teil ihres Planes unter Dach und Fach wissend, kehrt Toni geschwind in das Haus zurück, wo ihre Abwesenheit unbemerkt geblieben ist. Da Toni und Babekan nach dem gemeinsamen Frühstück zur Erledigung der Hausarbeit ins Wohnzimmer zurückkehren, dauert es nicht lange, bis das Fehlen des Briefes auffällt. Da jene jedoch selbst kein Vertrauen mehr in die Zuverlässigkeit des eigenen Gedächtnisses hat, kann Tonis gewagte Ausrede die Alte rasch davon überzeugen, dass Gustav den Brief mit in sein Zimmer genommen und vor ihrer beider Augen zerrissen habe. Da das Schreiben jedoch, als Lockmittel eingesetzt, die für nach der Rückkehr Hoangos angesetzte Überführung der Familie in die Pflanzung erheblich hätte erleichtern können, zwingen weitere Fragen Babekans zum Verbleib des Briefes während der gemeinsamen Tischgespräche bei Mittags- und Abendessen Toni wiederholt, mit geschickt gesetzten Worten ablenkend einzugreifen.

Als Babekan sich nach Verriegelung von Gustavs Zimmertür und der gemeinsamen Überlegung, wie man Gustav zum Verfassen eines neuen Briefes bewegen könne, von Toni zum Schlafen verabschiedet, eilt diese unverzüglich in ihr Schlafgemach, nimmt das Bildnis der heiligen Jungfrau von der Wand und stellt es auf einen Sessel, um betend davor niederzuknien.

> Sie flehte den Erlöser, ihren göttlichen Sohn, in einem Gebet voll unendlicher Inbrunst, um Mut und Standhaftigkeit an, dem Jüngling, dem sie sich zu eigen gegeben, das Geständnis der Verbrechen, die ihren jungen Busen beschwerten, abzulegen. Sie gelobte, diesem, was es ihrem Herzen auch kosten würde, nichts, auch nicht die Absicht, erbarmungslos und entsetzlich, in der sie ihn gestern in das Haus gelockt, zu verbergen; doch um der Schritte willen, die sie bereits zu seiner Rettung getan, wünschte sie, daß er ihr vergeben, und sie als sein treues Weib mit sich nach Europa führen möchte. (II, 30f.)

In diesen Worten Tonis ebenso wie in der das Gebet einleitenden Auskunft des Erzählers, sie habe „diesen Augenblick mit Sehnsucht erwartet" (II, 30), wird deutlich, wie gerne sich Toni ihrem Geliebten mitteilen würde; wie sehr sie darauf brennt, diesem alles gestehen und sich von der Last der ihm vorenthaltenen Schuld befreien zu können. Zudem bestätigt sich die Vermutung, dass es durchaus nicht ein Mangel an Willenskraft gewesen ist, der Toni von einer Aufklärung Gustavs abgehalten hat; die Ursache vielmehr – bedingt durch die permanente Gegenwart Babekans – in der prekären Situation zu finden ist, welche dem Mädchen seit Tagesanbruch nicht die geringste Gelegenheit dazu geboten hat, Gustav auch nur einen einzigen Moment unter vier Augen anzutreffen.

Um ihr Versäumnis endlich nachholen zu können, schleicht Toni voller Hoffnung, die Tür mit dem Hauptschlüssel öffnend, in das Zimmer ihres Verlobten, wo sich ihr wie auch dem Leser ein wundervoll verzaubertes Bild romantischer Stille, Schönheit und unendlichen Glücks bietet:

> Der Mond beschien sein blühendes Antlitz, und der Nachtwind, der durch die geöffneten Fenster eindrang, spielte mit dem Haar auf seiner Stirn. Sie neigte sich sanft über ihn und rief ihn, seinen süßen Atem einsaugend, beim Namen(...) (II, 31).

Als sie jedoch wahrnimmt, dass Gustav träumend mit „glühenden, zitternden Lippen" (ebd.) seinerseits wiederholt Tonis Namen flüstert, bringt diese es nicht über das Herz, den Geliebten „aus den Himmeln lieblicher Einbildung in die Tiefe einer gemeinen und elenden Wirklichkeit herabzureißen" (ebd.). Nicht ahnend, dass ihr auf diese Weise die letzte Möglichkeit zur Einweihung Gustav entgeht, kniet Toni unbesorgt vor dessen Bett nieder, um geduldig und genügsam sein Erwachen abzuwarten.

Bereits wenige Augenblicke später muss Toni voller Schreck mitanhören, wie Hoango mit seiner ganzen Truppe vorzeitig in den Hof einkehrt. Sich hinter dem Vorhang versteckend, verfolgt sie den Bericht der inzwischen herausgetretenen Mutter, worin diese Hoango nicht zu versichern versäumt, „daß das Mädchen eine Verräterin, und der ganze Anschlag, des(...) [europäischen Flüchtlings] habhaft zu werden, in Gefahr sei, zu scheitern." (II, 32) Es sind jedoch nicht ausschließlich Vermutungen, die Babekan zu solchen Spekulationen veranlassen, vielmehr zeigen ihre weiteren Ausführungen, dass ihr Tonis ‚Ausflug' in Gustavs Zimmer nicht entgangen ist. Es scheint ihr geradezu Genugtuung zu verschaffen, die eigene Tochter ans Messer zu liefern, offensichtlich einzig darin gründend – analog bereits in der Erwartungshaltung Nankys beobachtet und von Toni geschickt zu nutzen gewusst, droht diese Hoffnung dem Mädchen hier, den Hals zu brechen – , das Lob und die Anerkennung Hoangos zu erheischen. Der Neger jedoch, sich an die bisherige Verlässlichkeit des Mädchens erinnernd, schenkt diesen Worten wenig Glauben; eine bleibende Unruhe drängt ihn dennoch, in Begleitung seines Trosses in das ihm angegebene Zimmer hinaufzusteigen.

In Sekundenschnelle analysiert Toni wachen Geistes die Situation und die ihr zur Verfügung stehenden Möglichkeiten zur Rettung des Geliebten. Ihn zu wecken würde dessen sicheren Tod bedeuten – eine Flucht durch den bewachten Hof ist ebenso aussichtslos wie ein Kampf gegen die in der Überzahl befindliche Horde. Hinzu kommt der ihr am unerträglichsten erscheinende Gedanke daran, dass Gustav, ehe sie auch nur ein Wort würde sagen können, Toni bereits ihrer nächtlichen Anwesenheit wegen „für eine Verräterin halten, und, statt auf ihren Rat zu hören, in der Raserei eines so heillosen Wahns, dem Neger Hoango völlig besinnungslos in die Arme laufen würde." (II, 32)
Noch immer wie angewurzelt im Zimmer stehend, macht Toni die Entdeckung eines Stricks. Ohne Zögern und im Glauben an eine Fügung Gottes bindet sie den hiervon erwachenden Geliebten ungeachtet seines Windens und Sträubens innerhalb weniger Augenblicke am Bettgestell fest. Nicht ohne dem Gefesselten in unendlicher Erleichterung einen Kuss auf dessen Mund gegeben zu haben, läuft Toni hurtig dem herannahenden Neger entgegen.
Dieser jedoch, sie bei Verlassen eben jenes Zimmers beobachtend, deutet das Gesehene offenbar als unmissverständliche Bestätigung der ihm noch eben nahezu

unfassbar erschienenen Worte Babekans. Dem Mädchen voller Enttäuschung keine weitere Beachtung als mit einer kurzen, nicht einmal dieses direkt ansprechenden Beschimpfung schenkend, wendet sich Hoango daraufhin an die ihm treu gebliebene, dem Zimmer näher stehende Alte betreffs der Anwesenheit des Weißen. Diese jedoch, die offen stehende Tür als Indiz begreifend, hebt bereits, ohne sich durch einen Blick in das Zimmer von der Richtigkeit ihrer Vermutung überzeugt zu haben, lauthals und wutentbrannt dazu an, ihre Tochter der Beihilfe zur Flucht zu beschuldigen. Erst, nachdem Babekan die Anordnung zur Besetzung aller Ausgänge erteilt hat, meldet sich Toni in gespieltem Erstaunen mit einem naiven „‚Was gibts?'" (II, 33) zu Wort. Um der ‚Begriffsstutzigen' den Grund der Erbostheit vor Augen zu führen, zerrt Hoango das Mädchen grob ins Zimmer hinein. Hier jedoch sieht dieses sich zum Auftrumpfen berechtigt:

> ‚Seid ihr rasend?' rief Toni, indem sie den Alten, der bei dem sich ihm darbietenden Anblick erstarrte, von sich stieß: ‚da liegt der Fremde, von mir in seinem Bette festgebunden; und, beim Himmel, es ist nicht die schlechteste Tat, die ich in meinem Leben getan!' (II, 33)

Wie um den Moment der Verwirrung und Verwunderung der anderen voll auszukosten und sich den zusätzlichen Triumph zu sichern, schlechten Gewissens schlussendlich um Verzeihung gebeten zu werden, wendet sich Toni demonstrativ ab, in der Absicht, nun ihrerseits die ‚maßlose Enttäuschung' über das ihr entgegengebrachte Misstrauen und den Undank, mit welchem ihr der gefährliche und mühevolle Einsatz gelohnt werde, in vorgetäuschtem Weinen zum Ausdruck zu bringen. Als Reaktion hierauf wiederum Babekan der Täuschung beschuldigend, wendet sich Hoango dem Gefesselten zu, um dessen Namen, Herkunft und Reiseziel zu erfragen. Da dieser jedoch, krampfhaft um Befreiung bemüht, zu keiner weiteren Äußerung fähig ist, als „auf jämmerlich schmerzhafte Weise: o Toni! o Toni!" (II, 34) zu rufen, liefert Babekan stellvertretend die angeforderten Informationen, erweitert um die Erwähnung der mitreisenden Familie.

Hoango jedoch scheint – darauf lässt das Ausbleiben jeglicher Reaktion auf eine derartige Neuigkeit, die ihm Anlass zur Freude geben sollte, schließen – seine Aufmerksamkeit längst abgewandt zu haben. Tonis Köder schluckend, tätschelt und lobt er vielmehr das noch immer zusammengekauerte Mädchen und bittet es, ihm den voreiligen Verdacht zu verzeihen. Die Mutter jedoch, noch immer skeptisch, zeigt von Reue keine Spur. Stattdessen fordert sie, sich vor ihrer Tochter aufbauend, eine

Erklärung, weshalb diese Gustav, wo er doch von der Gefahr gar nichts gewusst haben könne, überhaupt gefesselt habe.

Toni, vor Schmerz und Wut in der Tat weinend, antwortete, plötzlich zur Mutter gekehrt: ‚weil du keine Augen und Ohren hast! Weil er die Gefahr, in der er schwebte, gar wohl begriff! Weil er entfliehen wollte; weil er mich gebeten hatte, ihm zu seiner Flucht behülflich zu sein; weil er einen Anschlag auf dein eigenes Leben gemacht hatte, und sein Vorhaben bei Anbruch des Tages ohne Zweifel, wenn ich ihn nicht schlafend gebunden hätte, in Ausführung gebracht haben würde.' (ebd.)

Von der Reaktion Gustavs auf diese Schwindeleien Tonis erfährt der Leser an dieser Stelle nichts; der Erzähler scheint diesem den Rücken gekehrt und ausschließlich das Mädchen im Blickfeld zu haben, welches derzeit Hoangos Anstrengungen – sein Goldstück zu beruhigen, zu umarmen und, indem er Babekan diesbezüglich den Mund verbietet, vor weiteren Rechtfertigungsforderungen zu bewahren – über sich ergehen lässt.

Als der Neger kurze Zeit darauf den Befehl zur Erschießung des Weißen erteilen will, bemüht sich die Alte geschwind, ihn von der Notwendigkeit eines Briefes mit der Handschrift des Offiziers zu unterrichten. Hoango zeigt sich einsichtig und zufrieden mit diesem umsichtigen Vorschlag; angesichts der fortgeschrittenen Stunde verschiebt er jedoch dessen Umsetzung auf den folgenden Tag, und begibt sich, nicht ohne zuvor zwei Wachen im Zimmer postiert und die Überprüfung der Fesseln angeordnet zu haben, zu Bett.

Auf einen solchen Aufschub des Tötungsvorhabens scheint Toni gerechnet zu haben, als sie sich darum bemüht hat, Gustav ihre Treue zu ihm zu signalisieren. Zudem keimt auch im Leser aufgrund dieser, in letzter Sekunde gleich einer letzten Chance eingetretenen Wendung erneut die Hoffnung auf, dass sich nun doch noch alles für das Pärchen zum besten wenden könnte. Schließlich ist das Hegen einer solchen seit Tonis beherztem Eingreifen in Babekans List durchaus als berechtigt anzusehen gewesen – einzig das unvorhergesehen vorzeitige Eintreffen Hoangos hat vorübergehend alle Bemühungen des Mädchens vergebens erscheinen lassen. Dass ab diesem Punkt, mit dem Aussetzen der Lebensfrist des Weißen bis zum folgenden Morgen, alles – Ge- oder Misslingen eines Planes, Leben oder Tod des Gefangenen, Glück und Unglück der Liebenden – ausschließlich von dem Geschehen einer einzigen Nacht abhängt, macht aus dem folgenden Geschehen ein Spiel auf Zeit, dessen Ausgang noch immer nach beiden Seiten offen ist.

Nachdem Toni sich überzeugt hat, dass alles schläft, läuft sie hinaus in die Nacht, um der Familie auf dem Weg, der zu dem Weiher führt, entgegen zu gehen. Unterwegs dorthin erfährt der Leser endlich, welche Regungen Gustav Toni gegenüber gezeigt hat. Mit der „wildeste[n] Verzweiflung im Herzen" (II, 35) denkt sie voller Qualen an das Gesehene zurück:

> (...) die Blicke voll Verachtung, die der Fremde von seinem Bette aus auf sie geworfen hatte, waren ihr empfindlich, wie Messerstiche, durchs Herz gegangen; es mischte sich ein Gefühl heißer Bitterkeit in ihre Liebe zu ihm, und sie frohlockte bei dem Gedanken, in dieser zu seiner Rettung angeordneten Unternehmung zu sterben. (ebd.)

Im ersten Teil des Satzes wird erkennbar, dass Toni mit der erlogenen Begründung für die Fesselung Gustavs nicht ausschließlich eine glaubwürdige Rechtfertigung Babekan gegenüber hat abgeben wollen; vielmehr muss sie in der Beantwortung der wohl nicht ungelegen gekommenen Frage ihrer Mutter ein geeignetes Mittel gefunden haben, dem sich verraten glaubenden Geliebten endlich einen sicheren Wink geben zu können. Da der Leser während des aktuellen Geschehens nichts weiter über Gustavs Reaktionen als dessen bemitleidenswertes und verständnisloses Jammern erfahren hat, zeigt sich erst hier, wie überaus dringlich die derartige Überspitzung der Lüge Tonis gewesen ist, da diese eben nicht bloß, wie bisher hätte vermutet werden können, aus einer unguten *Ahnung* heraus der Vorsorge wegen – also noch vor dem Entstandensein jeglichen Funkens von Misstrauen – als lediglich *sinnvoll* empfunden worden ist. Stattdessen nämlich ist eben jene Lüge – re-agierend auf eine bestehende Situation – aus der zwingenden *Notwendigkeit* entstanden, die vergleichsweise weitaus schwierigere Aufgabe zu bewältigen, einen *mit Sicherheit* bereits eingeschlagenen Weg wieder rückgängig zu machen: Gustav von der Fehlinterpretation des Verhaltens Tonis und der Hinfälligkeit seines Vertrauensentzugs ihr gegenüber zu überzeugen. Es muss eben dieses Wissen Tonis gewesen sein – dass es, um Zweifel, Misstrauen oder Verachtung, sind sie erst einmal entstanden, zu vernichten, ungleich mehr Geschick und Überzeugungskraft erfordert – welches sie dazu animiert hat, ihre Lüge, gleich einer an Gustav gerichteten Erklärung, diesem gegenüber solchermaßen übertrieben auffällig zu gestalten, dass der von ihrem Verrat Überzeugte eigentlich nicht umhin kommen dürfte, sich selbst zu fragen, welchen Grund das Mädchen haben sollte, seine Eltern derart zu belügen. Ist dem Mädchen erst einmal gelungen, diesen Prozess in Gang zu setzen, müsste sie sich dessen sicher sein können, dass sich Gustav als Antwort hierauf letztendlich keine andere Erklärung würde bieten können als die eine: dass er sich nämlich mit seinen Zweifeln auf dem Irrweg befinde; Toni vielmehr alles zu ihrer beider Rettung inszeniert habe und ausschließlich darum zur Täuschung der Eltern und zur Maßnahme der Fesselung gezwungen gewesen sei.

Betrachtet man den zweiten Teil des zitierten Gedanken, wird Gustavs Einfluss auf Toni deutlich. Das Bild der Märtyrerin, das Gustav durch seine Erzählung von der Selbstopferung Marianes auf Toni hat projizieren wollen, ist von dieser – nachdem bereits in der Unmutsbekündung Tonis zur List Babekans am Morgen nach der Liebesnacht wie auch zu Beginn der Rettungsaktion bei Entwendung des Briefes angedeutet[34] – inzwischen mehr und mehr als überaus erstrebenswert aufgenommen und verinnerlicht worden. Überprüft man von diesem Punkt aus rückblickend, an welchen weiteren Stellen die ihm selbst unbewussten Versuche Gustavs, auf Toni Einfluss zu nehmen, von Erfolg gekrönt sind, fällt neben den bereits in Abschnitt 3.2.3 erwähnten eine noch unbenannt gebliebene auf; die erste Erzählung Gustavs: In den Worten des Mädchens während des Gesprächs mit seiner Mutter am Morgen nach der Liebesnacht ebenso wie in seinem reuevollen Gebet schlägt sich dieselbe Verachtung für die eigenen Taten nieder, wie Gustav sie ihm im Zusammenhang mit der Geschichte von der Pestkranken ‚diktiert' hat.
Fügt man diese Erkenntnis in den Gesamtzusammenhang ein, lassen sich folgende, in diesem Ausmaß bisher unentdeckt bzw. ungenannt gebliebene Rückschlüsse auf Tonis Charakter ziehen: Das Mädchen lässt sich nicht allein leicht beeinflussen, vielmehr scheint es schon immer lediglich und ausschließlich das zu sein, was andere in ihm sehen möchten oder von ihm erwarten. So lässt Toni sich bis zum Eingreifen Gustavs von Hoango und Babekan bereitwillig als Hure einsetzen. Weshalb sie ihren Körper für deren Kriegszwecke hergibt, scheint dabei in erster Linie darin begründet, im Gegenzug für ihren aktiven Einsatz Lob und Anerkennung verdienen zu können. Erst mit dem Angebot eines neuen Bildes, welches Gustav ihr gemacht hat, gibt Toni

---

[34] Gemeint ist die Äußerung „(...) so schwöre ich dir, daß ich eher zehnfachen Todes sterben, als zugeben werde, daß diesem Jüngling(...) auch nur ein Haar gekrümmt werde.'" (II, 24) und die in Gedanken zum Ausdruck gebachte Bereitschaft Tonis, „im schlimmsten Falle den Tod mit ihm zu leiden" (II, 28).

diese Identität auf. ‚Umgekrempelt‘ und geformt nach dessen Bedürfnissen, verkörpert sie seitdem die Vorstellungen Gustavs, von dem sie sich offenbar ebenfalls sicher sein kann, dass sie, erfüllt sie dessen Anforderungen und Erwartungen, auf ewig als „Inbegriff aller Güte und Vortrefflichkeit" (II, 19) in dessen Erinnerung bleiben wird. Die gegensätzlichen Identitäten Tonis sind also auf die gleiche Weise entstanden: Von außen wird ein Angebot an Toni herangetragen; ein Bild, gezeichnet aus der Vorstellung anderer, in das sie sich passgenau einfügt. Dieser komplette Ablauf ebenso wie dessen Folge, dass Toni niemals ein eigene Identität besitzen; niemals selbstbestimmtes Individuum sein kann, scheint ihr selbst nicht bewusst zu sein; vielmehr lässt sich in ihren Gedanken stets von neuem die Annahme finden, ihr Verhalten resultiere aus ihrem eigenen Willen[35]. Da sie die Herkunft ihrer Überzeugung nicht zu hinterfragen scheint, liegt die Vermutung nahe, dass sie auch das angenommene Bild, die ihr aufoktroyierte Identität als aus ihr selbst entstanden annimmt, als für sie typisch und ihr eigen.

Mit der Identitätsthematik eng zusammenhängend ist die besondere Stellung, die dem Körper in diesem Kontext zukommt. Hoango und Babekan benutzen Tonis Körper als Köder für weiße Flüchtlinge, wobei für diesen Zweck ausschließlich dessen Eigenschaft als Sexualobjekt von Interesse ist. Gustav indes nutzt die ‚Hülle‘ Toni als Körper für seine Wunschvorstellungen; er ver-körpert diese durch das Mädchen[36].
In beiden Fällen erfüllt dessen Körper jeweils einen vorgesehenen Zweck. Er selbst, seine Beschaffenheit, wird zwar wahrgenommen, scheint hierbei jedoch an sich nicht wirklich von Bedeutung[37] für die rein am Gebrauch Interessierten zu sein. Völlig

---

[35] Vgl. u.a. II, 23f., als Toni ihre Mutter im Anschluss an die Liebesnacht von der Unangebrachtheit der Opferung Gustavs zu überzeugen versucht und ihren Unmut über die neue List zum Ausdruck bringt; und II, 28, als Toni bei Entwenden des Briefes ihr todesmutiges Verhalten ihrem Gewissen gegenüber mit der durch die Verlobung bedingte Verpflichtung zur Treue erklärt.

[36] Vgl. Christian Moser, a.a.O. Auch Moser verweist auf die Bedeutung von Tonis Körper, allerdings ausschließlich aus Gustavs Sicht: „Das von ihm [Gustav] antizipierte und begehrte Wissen liegt ihm in *verkörperter* Form vor Augen (...) – sie *verleiblicht* das Bild seines Begehrens" (ebd., S. 19, Hervorhebung von mir), wobei auffällt, dass bei Mosers Vergleich des Auftretens des Wissensaspekts in der *Verlobung in St. Domingo* mit dem in der *Marquise von O...* auch in letztgenannter Erzählung dem weiblichen Körper eine Rolle ähnlicher Bedeutsamkeit zukommt: „Während er [der Graf F...] auf diese Weise den *Körper der Frau* in Beschlag nimmt, bekennt er, von der Unschuld der schwangeren Marquise überzeugt zu sein" (ebd., S. 115, Hervorhebung von mir).

[37] So sind etwa Tonis Schönheit und ihre hellere Hautfärbung aus Sicht der Eltern ausschließlich willkommenes Mittel zum Zweck; bei Gustav wecken sie Gefühle der Sympathie, was Bedingung für ihre Eignung als Hülle für seine Wunschvorstellungen ist; aber auch für ihn ist letztlich der

außen vor bleibt schließlich die Seele und das Denken; das Individuum Toni. Eine Rücksichtnahme auf deren eigenes Wesen würde zudem nicht allein dem Absolutheitsanspruch der Realisierung des Wunschbildes störend im Wege stehen, da Abstriche gemacht und Einbußen akzeptiert werden müssten; vielmehr schließt das Zulassen eines eigenbestimmten Charakters generell eine derartige Benutzung des Mädchens aus. Toni selbst scheint jedoch die Aussicht auf Anerkennung auszureichen, um auf Individualität und eigenen Willen zu verzichten. Sie lebt ausschließlich für die anderen, führt ihr Leben im Sinne der anderen, macht sich zu deren Marionette.

Im Vergleich zwischen den unterschiedlichen Zielsetzungen der manipulierenden Parteien fällt zudem ein weiteres Mal die Farbthematik ins Auge. Hoango und Babekan gehen bei dem Einsatz des Mädchens als Krieginstrument von dessen Übereinstimmung mit dem Gedankengut der Schwarzen aus; Gustav oktroyiert Toni dagegen ein Streben nach dem Weißen bis hin zur Identifikation mit diesem auf.

Wie vorgesehen ist es beginnender Morgengrauen, als Nanky mit dem zwölfköpfigen Tross die Position erreicht, die das Mädchen sich zum Abpassen des Zuges ausersehen hat. Ohne Umschweife wendet sich Toni offen an das Familienoberhaupt und schildert diesem knapp die aktuelle Lage – die unvorgesehene Rückkehr Hoangos und die Gefangenschaft des in Lebensgefahr befindlichen Gustavs – mit der anschließenden Aufforderung, ihr zur Rettung seines Vetters behilflich zu sein. Argwöhnisch gegenüber Hoangos Sohn nimmt sie auf die erste bestürzte Reaktion der Familie hin Herrn Strömli und alle anderen Männer zur Seite und erzählt diesen wahrheitsgetreu alles, was sich seit der Einkehr Gustavs in die Pflanzung ereignet hat. Ohne Zögern bereitet sich das Oberhaupt hierauf mit seinen beiden nahezu erwachsenen Söhnen Adelbert und Gottfried sowie drei Dienern durch Bewaffnung auf die Befreiung des Vetters vor. Nanky lässt er zur Sicherheit die Hände fesseln, Frauen und Kinder schickt er in den Wald zurück. Aufgeklärt über Anzahl und Positionierung der Neger in Haus und Hof lässt sich Strömli, die Führung der kleinen Gruppe übernehmend, von der ebenfalls bewaffneten Toni zur Pflanzung leiten, nicht ohne ihr seine Absicht versichert zu haben, Hoango und Babekan bei der bevorstehenden Befreiungsaktion nach Möglichkeit zu schonen.

Zweck entscheidend, da er für diesen sogar „die ihm anstößig" (II, 17) erscheinende Hautfarbe

Während die Männer, zuvor von Toni in Kenntnis der räumlichen Begebenheiten gesetzt, leise das Haus betreten und die Waffen der Neger einsammeln, bemächtigt sich das zu den Nebengebäuden gelaufene Mädchen, in bedachter Voraussicht auf die etwaige Notwendigkeit eines Garants für die eigene Sicherheit bei der Flucht, des fünfjährigen Seppys, der Halbbruder Nankys. Derweil ist es Herrn Strömli und seiner Gruppe nach einem kurzen Kampf gelungen, Hoango und Babekan zu überwältigen und an einem Tisch festzubinden. Als hierauf jedoch die von den Schüssen erwachte Negermannschaft sich bereits mit Beilen und Brechstangen Zutritt zu Haus und Waffen verschaffen will, betritt Toni mit dem Jungen auf dem Arm das Zimmer der Eltern. Da auch die aus dem Fenster prasselnden Schüsse von Strömlis Leuten die Neger nicht von ihrem Vorhaben abzubringen im Stande sind, kommt Gustavs Onkel das Kind gerade recht, um Hoango mit auf Seppy gerichteter Waffe zur Beruhigung seiner Truppe zu zwingen. Der Alte, der durch einen Säbelhieb an der Hand zu geschwächt ist, um sich dieser Erpressung in irgendeiner Weise erwehren zu können, ruft hierauf seiner Mannschaft vom Fenster aus zu, sie solle sich in die Ställe zurückbegeben. Erst jedoch die Wiederholung des Befehls durch einen als Bote gesandten Neger, der im Hause gefangen worden ist, kann die aufständische Truppe, welche den Angriff noch immer nicht völlig aufgegeben zu haben scheint, zerstreuen. Während Seppy die Hände gefesselt werden, erklärt Herr Strömli Hoango, dass, solange er die Befreiung Gustavs und die Flucht der Familie nicht behindere, er um niemandes Leben zu fürchten habe und zudem seine beiden Kinder unversehrt zurück erhalten werde. Toni will hierauf, „in einer Rührung, die sie nicht unterdrücken konnte" (II, 39) Babekan zum Abschied die Hand reichen; diese jedoch stößt die Tochter

> heftig von sich. Sie nannte sie eine Niederträchtige und Verräterin, und meinte, indem sie sich am Gestell des Tisches, an dem sie lag, umkehrte: die Rache Gottes würde sie, noch ehe sie ihrer Schandtat froh geworden, ereilen. Toni antwortete: ‚ich habe euch nicht verraten; ich bin eine Weiße, und dem Jüngling, den ihr gefangen haltet, verlobt; ich gehöre zu dem Geschlecht derer, mit denen ihr im offenen Kriege liegt, und werde vor Gott, daß ich mich auf ihre Seite stellte, zu verantworten wissen.' (II, 40)

An dieser Stelle kommt die schon einmal durchgedrungene Empfindung des Mädchens erneut zum Vorschein: Gemeint ist die Stelle, als der Leser, bereits vertraut mit Tonis scheinbar gefühlskalter Beherrschung ihrer Rolle, erfährt, dass

---

Tonis in Kauf nimmt.

jene durchaus Skrupel haben muss, gerade die eigene Mutter derart zu betrügen, als nahezu beiläufig von ihrer „Angst, die alle diese lügenhaften Anstalten in ihr erweckten" (II, 28) die Rede ist. Toni sieht sich zwar zur Rettung des Verlobten zur Lüge gezwungen; die familiären Gefühle, welche umgekehrt Babekan ihrer Tochter gegenüber tatsächlich vermissen lässt, werden bei Toni hingegen offensichtlich ausschließlich verdrängt, was sie als Person dem Leser durchaus liebenswert macht. Auch an dieser Stelle zeigt das Mädchen, dass es die – es selbst bestürzende – Vorgehensweise der Mutter gegenüber reut, es sich lediglich nicht anders zu helfen gewusst hat, um seine Liebe zu retten. Auf diese Weise erneut von der liebenswerten Menschlichkeit Tonis überzeugt, hofft der Leser mit ihr auf einen erfolgreichen Ausgang der Unternehmung.

Des Weiteren zeigt sich in den Worten Tonis, dass sie die letzte Stufe zur endgültigen Verinnerlichung von Gustavs Projektionen erklommen hat. Zum einen hält sie nicht mehr allein für ihren ‚Traummann' das Merkmal Weiß für ihre eigene Wunschvorstellung; nachdem sie sich vielmehr mit dem Bild der weißen Märtyrerin Mariane mittlerweile vollständig identifiziert, das Bild des Kriegswerkzeugs im Dienste der Schwarzen hingegen restlos abgestreift hat, negiert sie, von sämtlichem Schwarzen abgewandt, auch dessen Anteile in sich selbst und hält sich demzufolge selbst für weiß. Zum andern rechtfertigt sie hiermit ihr Verhalten erneut als das ihr eigene, was wiederum die Annahme bestätigt, dass ihr die Äußerlichkeit des Bildes nicht bewusst ist; sie dessen Ursprung in sich selbst vermutet.

3.2.6 Fokussierung der Thematisierung Gottes

Um die im Zitat vorgenommenen Anspielungen auf Gott im Zusammenhang deuten zu können, soll auch der Gebrauch des Namen Gottes in allen vorangegangenen Textstellen nicht unbeachtet bleiben.

Bei genauerer Betrachtung fällt zunächst auf, dass der Bedeutungszusammenhang, in dem der Name Gottes in den genannten Textstellen fällt, jeweils verschieden ist. Folgende Versionen lassen sich hierbei finden:

- Gott als *Behüter unschuldig Verfolgter* – Gustav glaubt, er habe es Gottes Gunst zu verdanken, bisher auf seiner Reise unversehrt geblieben zu sein[38].
- Gott als *Schöpfer der Welt* – Gustav erklärt, die himmlische Rache prophezeiend, die Schandtaten der Schwarzen als Bruch der Ordnung Gottes[39].

---

[38] „Gott und alle Heiligen haben mich beschützt!" (II, 8)

- Gott als *Allwissender* – Gustav glaubt, Gott wisse um die Motivation zu der unbedachten Äußerung, die zu Marianes Tod geführt hat[40].

- *Strafender Gott* gegenüber Mördern und deren Gehilfen, aber *mit Bereitschaft zur Versöhnung* – Toni geht davon aus, Gottes Zorn durch ihre Tätigkeit als Köder auf sich gezogen zu haben und hofft, indem sie das Leben des Todgeweihten mit dem eigenen schützen will, auf Vergebung[41].

- Gott als *höchste und unbestechliche Instanz* – Toni sieht sich als Gustav in jeder Hinsicht zugehörig, was sie auch vor Gott bezeugen würde[42].

- Gott als *Retter Liebender* – Toni meint, sie verdanke Gott die Verfügbarkeit des Stricks, der ihr zur Fesselung Gustavs dient[43].

- Nennung des *Namen Gottes* zur *Bekundung plötzlicher Bestürzung*, gleich eines Anflehens um Erklärung für das überrascht eingetretene Elend – konfrontiert mit den Ereignissen im Hause Hoangos ruft Gustavs Familie Gott an[44].

- Gott als *Rächer der Verratenen* – Babekan prophezeit Toni für deren Verrat die Rache Gottes[45].

- Gott als *Richter* – Toni glaubt, sich später für ihr Verhalten vor Gott rechtfertigen zu müssen[46].

Hierbei wird Gott zum einen stets von beiden gegnerischen Seiten – der schwarzen wie der weißen – wenn als parteiisch, dann der eigenen Partei zugehörig betrachtet. Zum anderen wird das Eingreifen Gottes in einigen Fällen als Ursache für ein Geschehen vermutet, ohne zu überprüfen, ob dies nicht vorangegangenen Erlebnissen widerspricht. So glaubt etwa Toni an eine göttliche Fügung, der sie den Strick zur Rettung der Liebenden verdanke, ohne zu bedenken, dass die Liebe, die Mariane und

---

[39] „Die Rache des Himmels(...) würde dadurch entwaffnet: die Engel selbst(...) nähmen, zur Aufrechterhaltung menschlicher und göttlicher Ordnung, ihre Sache!" (II, 16)

[40] „Gott weiß(...)[,] wie ich die Unbesonnenheit so weit treiben konnte, mir eines Abends an einem öffentlichen Ort Äußerungen über das eben errichtete furchtbare Revolutionstribunal zu erlauben." (II, 19)

[41] „(...) um mir Gottes Rache wegen alles, was vorgefallen, zu versöhnen" (II, 24)

[42] „Denn sie sah den Jüngling, vor Gott und ihrem Herzen(...) als ihren Verlobten und Gemahl an" (II, 28)

[43] „(...) fiel ihr ein Strick in die Augen, welcher, der Himmel weiß durch welchen Zufall, an dem Riegel der Wand hing. Gott selbst, meinte sie, (...) hätte ihn zu ihrer und des Freundes Rettung dahin geführt." (II, 32f.)

[44] „Gott im Himmel! riefen, von Schrecken erfaßt, alle Mitglieder der Familie" (II, 36)

[45] „Sie nannte sie eine Niederträchtige und Verräterin, und meinte, (...) die Rache Gottes würde sie, noch ehe sie ihrer Schandtat froh geworden, ereilen." (II, 40)

[46] „(...)ich (...) werde vor Gott, daß ich mich auf ihre Seite stellte, zu verantworten wissen.'" (II, 40)

Gustav einst verbunden hat, keine Schonung erfahren hat. Auch etwa ist Babekan der Ansicht, dass Gott ausschließlich den Verrat Tonis an ihren Eltern für eine Sünde halten werde; von den eigenen Verbrechen, der Beihilfe und der Anstiftung zum Mord, scheint sie hingegen anzunehmen, sie befänden sich im Einklang mit Gottes Willen.

Bemerkenswert neben all den verschiedenen Deutungen der ‚Zuständigkeiten' und des Urteils Gottes auch, bei was Gott hingegen ausgeklammert bleibt; so ist es nämlich dessen Sohn, an den sich Toni mit ihrer Bitte „um Mut und Standhaftigkeit" (II, 30) wendet, als sei Gott für diesen Bereich nicht der richtige ‚Ansprechpartner'.

In Kenntnis der jeweils unterschiedlichen Auslegungen der Figuren bezüglich der Bewertung ihrer Taten ist nun der Leser aufgefordert, herauszufinden, was Gottes Zorn und was dessen Gnade verdient. Sein Wissen um die Zuwiderhandlungen Babekans, Hoangos wie auch Tonis gegen die Zehn Gebote, schließlich um die Abkehr des Mädchens von der Beihilfe zum Mord, jedoch ohne Lüge und Verrat an den eigenen Eltern vermeiden zu können, sowie um dessen Schuldgefühle, sowohl die Morde als auch die Lügen betreffend, lässt den Leser vermuten, dass der Zorn, den Gott auf die Figuren haben könnte, eher auf dem unbußfertigen Mörderpaar lastet denn auf der reuevollen Toni. Wenn Gott also irgendeinen Einfluss auf das Geschehen haben sollte, könnten diese Abwägungen eine weitere Bestätigung für den Leser sein, berechtigter Hoffnung auf die Erfüllung der Wünsche Tonis zu sein. Zudem deutet alles auf den möglichen Erfolg hin; Babekan, Hoango und die Neger sind in Schach gehalten, die Flucht ist gesichert, nichts scheint mehr im Wege zu stehen.

3.2.7 Die Befreiung Gustavs: Entfesselung und Ausbruch der Gewalt

Nachdem Herr Strömli Hoango zuletzt den Ort, an dem dieser seine Kinder werde abholen können, benannt, eine Wache postiert und Hilfe für seinen an der Schulter verletzten Diener besorgt hat, verlässt er, „Toni, die, von mancherlei Gefühlen bestürmt, sich nicht enthalten konnte zu weinen, bei der Hand" (II, 40) nehmend, die Kammer.

Damit beginnt der letzte Erzählabschnitt, in dem sich der Erzähler in eine weitestgehend personenungebundene Perspektive[47] zurückzieht und den Leser von einem neutralen Punkt aus, jedoch auch hier nicht ohne Wertung, über das Geschehen informiert.

Den vorausgeschickten Söhnen Adelbert und Gottfried ist es inzwischen gelungen, Gustavs Wachen nach einem nicht unblutigen Kampf zu besiegen und den Vetter von den Fesseln zu befreien. Ihn bewaffnend erklären sie dem Geretteten übermütig und voller Freude, alles sei zum sicheren Auszug vorbereitet. Gustav jedoch, „still und zerstreut" (II, 41) im Bett verharrend, reicht den beiden höflich und ruhig die Hand, zeigt weder Freude, noch nimmt er die ihm angebotenen Pistolen entgegen, stattdessen streicht er sich lediglich „mit einem unaussprechlichen Ausdruck von Gram" (ebd.) die Stirn. Auf die besorgten Fragen der sich zu ihm setzenden Männer lehnt er, anstelle einer Antwort, sie umarmend, seinen Kopf an deren Schultern. Als Adelbert, eine Ohnmacht Gustavs befürchtend, Wasser herbeiholen will, betritt Toni, Seppy auf dem Arm haltend, an der Hand Strömlis das Zimmer.
Auffällig ist an dieser Stelle die bereits bekannte Wortlosigkeit. Adelbert und Gottfried, welche den Ausführungen Tonis beigewohnt haben, sollten wissen, dass Gustav in Bezug auf einen Verrat derselben an ihm mehr oder weniger im Dunkeln tappen muss. Dennoch bleibt das Mädchen, dem die Rettung des Vetters zu verdanken ist, völlig unerwähnt.

> Gustav wechselte bei diesem Anblick die Farbe; er hielt sich, indem er aufstand, als ob er umsinken wollte, an den Leibern der Freunde fest; und ehe die Jünglinge noch wußten, was er mit dem Pistol, das er ihnen jetzt aus der Hand nahm, anfangen wollte: drückte er dasselbe schon, knirschend vor Wut, gegen Toni ab. (ebd.)

Was ein letztes Mal mit einem klärenden Gespräch hätte verhindert werden können, ist eingetreten; Gustav muss, blind für alle dagegen sprechenden Zeichen, nach wie vor von Tonis Verrat überzeugt sein.

---

[47] Die Personenungebundenheit des Erzählers wird an zwei Stellen durch Hinweise auf Gustavs Gefühle unterbrochen, zu welchen jedoch durchaus vorstellbar ist, dass es, um diese zu erkennen, nicht unbedingt dem Einblick in dessen Gedanken bedarf. Gemeint sind die Textstellen „die Wut(...) machte(...) einem Gefühl gemeinen Mitleidens Platz" (II, 42) und „Oh! rief er(...) und meinte, die Erde versänke unter seinen Füßen" (ebd.)

Vermutlich befangen in einem solchen Wahn, wie Toni ihn bereits bei Abwägen der Situation nach Hoangos Eintreffen befürchtet hat[48], hat Gustav offensichtlich folgende Hinweise auf Tonis Treue zu ihm übersehen: Als erstes Zeichen, das seit der Fesselung gegen einen Verrat spricht oder die Annahmen eines solchen zumindest in Frage stellt, lässt sich der Kuss ansehen, den Toni dem Gefesselten, bevor sie Hoango entgegeneilt, aufdrückt. Der nächste, um ein Vielfaches eindringlichere Hinweis ist die geschickt eingefädelte Lüge des Mädchens seinen Eltern gegenüber. Und dass zuletzt, als er durch Strömlis Söhne von den Fesseln befreit worden ist und die sichere Flucht in Aussicht zu stehen scheint, Toni an seines Onkels Hand in das Zimmer tritt, kann doch nur für sie sprechen. Jedes dieser Signale könnte, für sich stehend, ein noch unausreichendes Indiz für die unveränderte Zugehörigkeit Tonis zu ihrem Verlobten sein, zusammengenommen jedoch belegen sie diese eindeutig.

Gustav muss also bereits seit der Fesselung in blindem Wahn[49] von dem Verrat des Mädchens überzeugt gewesen sein, denn ausschließlich dann ist die Unverändertheit seines Irrglaubens verständlich. Unter Annahme dieser Vermutung hat der Gefangene offenbar bereits den Kuss ausschließlich als Zeichen der Erleichterung Tonis aufgefasst, Hoango ein Opfer bringen zu können und Gustav handlungsunfähig gemacht zu haben; schließlich hätten ihm drei Waffen zur Verfügung gestanden und er hätte zu fliehen versuchen können.

Auch die Lüge Tonis ihren Eltern gegenüber hat er entweder gar nicht wahrgenommen bzw. nicht weiter darüber nachgedacht oder vielleicht als Heucheln um Anerkennung aufgefasst und gefolgert, dass sie wohl immer lügt, um für sich stets das beste herausholen zu können.

Dass das Mädchen zuletzt an der Hand seines Onkels das Zimmer betritt, kann Gustav ebenso erneut übersehen oder aber etwa gedacht haben, sie habe auch seine Familie mit ihrem Schauspiel täuschen und in eine Falle locken können.

Die Unachtsamkeit, welcher Gustav hier wegen seines Gefühls – verraten und in seiner Ehre verletzt worden zu sein – zum Opfer gefallen ist, erinnert an diejenige

---

[48] vgl. II, 32: „Ja, die entsetzlichste Rücksicht, die sie zu nehmen genötigt war, war diese, daß der Unglückliche sie selbst, wenn er sie in dieser Stunde bei seinem Bette fände, für eine Verräterin halten, und, statt auf ihren Rat zu hören, in der Raserei eines so heillosen Wahns, dem Neger Hoango völlig besinnungslos in die Arme laufen würde."
[49] Auch Bay vermutet, dass Gustav bereits seit dem Zeitpunkt der Fesselung „nicht mehr fähig ist, eine Realität wahrzunehmen, die ihn beruhigen könnte" (Hansjörg Bay, a.a.O., S. 102), wobei er

gegenüber der Gefahr, in die er sich begeben hat. Genauso blind, wie er nämlich vorschnell, unzureichend fundiert, unüberlegt und unangebracht von Mitleid, Glaubwürdigkeit, Wahrhaftigkeit, Güte und Unschuld der beiden Frauen überzeugt gewesen ist und ihnen Glauben und Vertrauen geschenkt hat, beharrt er auch im späteren Fall, als wolle er jene übereilte Unvorsicht damit ausbügeln, unnachgiebig und ebenso wenig gerechtfertigt auf seinem Misstrauen. In beiden Fällen hat Gustav seine jeweilige Überzeugung ausschließlich von einzelnen, nicht repräsentativen Ausschnitten der Fakten und Zusammenhänge abhängig gemacht, andere dagegen scheinbar willentlich außer Acht gelassen. Im gleichen Maße, in dem er mit der Manipulierung von Tonis Wunschbild eines Geliebten deren selbständige Suche nach einer Antwort vermieden hat, um nichts anderes erfahren zu müssen, als das, was er sich zu wissen erhofft, verschließt er auch später Augen und Ohren vor allem, was seinem gefällten Urteil widerspricht. Erneut drängt sich auch in diesem Zusammenhang die bereits für den ersten Fall geäußerte Möglichkeit zum Vergleich von Gustavs Verhaltensweise mit der Einstellung der Marquise von O.... auf, mit welcher beide Figuren, jeweils rechtzeitig im letzten Augenblick vor deren Offenbarung, einer Nachricht bzw. Kenntnis entfliehen, um sich davor zu schützen, sich entgegen dem, was sie zu wissen glauben, wünschen oder hoffen – in Mosers Worten: begehren – eines besseren belehren lassen zu müssen: „Ich *will nichts* wissen" (V, S. 51).[50]

Was zudem an dieser Stelle auffällt, ist die sich hier als begründet darstellende erste Sorge Tonis, als sie von ihrer Mutter aufgefordert wird, den Verfolgten hereinzubitten. Da es Babekan jedoch gelungen ist, mit ihrer eilfertigen, sich im Laufe des Geschehens als fehlerhaft erweisenden Behauptung, Gustav sei unbewaffnet, das Mädchen zu beruhigen, hat selbst die Erkenntnis des Irrtums und sein Wissen um das dünne Eis, auf dem es sich durch das Trugspiel der Mutter gegenüber hat bewegen müssen, es nicht zu größerer Achtsamkeit ermahnen können, etwa dergestalt, eben keine Rücksicht auf die schönen Träume im Schlaf des Verlobten zu nehmen. So ist Toni letztendlich auch die Unterschätzung der latent gegenwärtigen Waffengewalt Gustavs zum Verhängnis geworden.

---

ebenfalls auf das Unvermögen desselben zur Deutung sowohl des Kusses Tonis und der Lüge gegenüber ihren Eltern als auch ihrer Einkehr an Strömlis Hand verweist.
[50] Zum Vergleich der Verhaltensweisen zwischen Gustav und der Marquise von O.... vgl. Christian Moser, a.a.O., S. 115f., siehe auch Fußnote 18.

Nachdem es Toni, in Brusthöhe von der Kugel durchbohrt, gerade noch gelungen ist, das Kind an Herrn Strömli zu übergeben, bricht sie kraftlos auf dem Boden zusammen. Gustav, noch immer voller Wut, „schleuderte (...) das Pistol über sie, stieß sie mit dem Fuß von sich, und warf sich, indem er sie eine Hure nannte, wieder auf das Bette nieder." (II, 41)

Wie um die Vorgefertigtheit der Urteile Gustavs zu bestätigen, fällt an dieser Stelle noch einmal auf, dass jene genau den in seinen Erzählungen geäußerten Bildern entsprechen, wobei das tatsächliche Verhalten Tonis sich allerdings in dem jeweils entgegengesetzten Rahmen bewegt: Als er von der Ehrlichkeit des Mädchens und der Reinheit dessen Herzens überzeugt ist, beabsichtigt dieses noch immer, Gustav mit seiner Verführungskunst als Opfer für Hoango im Hause aufzuhalten; als Toni sich dagegen bereits zur Märtyrerin gewandelt hat, hält er sie, der Pestkranken gleich, für eine Hure.

Die bestürzte Familie will das Mädchen von dem hierin geübten Diener verarzten lassen, Toni jedoch drängt diese, die Hilfe abweisend, mit bereits versagender Stimme zur Aufklärung Gustavs. Die Söhne fragen daraufhin den vom Erzähler als „unbegreiflich gräßlichen Mörder" (II, 42) Bezeichneten fassungslos,

> ob er wisse, daß das Mädchen seine Retterin sei; daß sie ihn liebe und daß es ihre Absicht gewesen sei, mit ihm, dem sie alles, Eltern und Eigentum, aufgeopfert, nach Port au Prince zu entfliehen? (ebd.)

Bereits in der Frageform deutet sich der erst in diesem Moment als falsch vermutete Irrglaube der Familie an, dass Gustav dem Mädchen stets vertraut haben und niemals über dessen Treue in Zweifel gewesen sein müsse.

Wie sehr Gustav jedoch von seinem Wahn befangen ist und wie schwer er aus seinem wahrnehmungsgetrübten benebelten Zustand zu wecken ist, zeigen die Anstrengungen, deren es bedarf, um den Betäubten halbwegs in die Wirklichkeit zurückholen zu können.

> Sie donnerten ihm: Gustav! in die Ohren, und fragten ihn: ob er nichts höre? und schüttelten ihn und griffen ihm in die Haare, da er unempfindlich, und ohne auf sie zu achten, auf dem Bette lag. (II, 42)

Hierauf scheint zumindest Gustavs Aufmerksamkeit erwacht zu sein. Als er sich erneut Toni zuwendet und sie in ihrem Blut liegen sieht, weicht zwar immerhin sein Zorn, doch ist das, was an dessen Stelle tritt, nicht mehr als lediglich ein „Gefühl gemeinen Mitleidens" (ebd.); von Reue hingegen ist noch immer keine Spur. Vielmehr zeigt sich Gustavs Überzeugung noch immer unverändert – auf die Frage seines Onkels nach dem Motiv ist seine Rechtfertigung zu der Tat, „dass sie [Toni] ihn schändlicher Weise zur Nachtzeit gebunden, und dem Neger Hoango übergeben habe." (ebd.) Mit letzter Kraft rafft Toni sich auf, dem Geliebten, die Hand nach ihm ausstreckend, die Notwendigkeit der Fesseln zu erklären, doch bereits nach wenigen Worten sinkt sie bereits wieder auf Herrn Strömlis Schoß zurück. Als würde er endlich aus seiner Trance erwachen, erbleicht Gustav, kniet sich zu dem Mädchen nieder, um noch einmal nachzuhaken. Bald begreifend, dass jenem zur Antwort die Kräfte fehlen, erläutert der Onkel an seines Statt die Dienste des Stricks von der Bewahrung und Rettung des Lebens des Verlobten bis hin zur Ermöglichung von dessen Befreiung durch die Familie. Tatsächlich dringen diese Worte endlich bis in Gustavs Inneres vor, wo sie ihn – seinen Irrtum aufzeigend – schmerzlich treffen. Toni, die noch miterleben darf, wie Gustav, ihr selbstloses Handeln erkennend, „seine Arme um ihren Leib [legt] und (...) ihr mit jammervoll zerrissenem Herzen ins Gesicht" (II, 43) sieht, entgegnet dem Geliebten mit ihren letzten Worten, er hätte ihr nicht misstrauen sollen.

„Gewiß! (...) ich hätte dir nicht mißtrauen sollen; denn du warst mir durch einen Eidschwur verlobt, obschon wir keine Worte darüber gewechselt hatten!" (ebd.) Hiermit benennt Gustav den ausschlaggebenden Punkt, in Folge dessen Auswirkungen es überhaupt so weit hat kommen können: Ursache der Gewalttat ist das Fehlen einer Vertrauensbasis. Eine solche hätte jeglichem Misstrauen von vornerein den Nährboden vorenthalten. Ohne die sichere Grundlage jedoch haben Zweifel und böse Ahnungen ungestört wachsen und gedeihen können. In einer verheerenden Wechselwirkung ist zum einen erst durch dieses fehlende Vertrauen eine Angriffsfläche für Fehlinterpretationen und Missverständnisse ermöglicht worden, zum anderen wirkt sich das Misstrauen auf solche zusätzlich bestätigend und verstärkend aus.

Auslösend für das Verkennen und die Fehldeutungen schließlich wirkt jeder einzelne der aufgezeigten Faktoren – die Blendung Gustavs durch Babekan und Toni; Gustavs Projektionen auf Toni und damit verbunden die eigene Selbsttäuschung; das Ausbleiben eines klärenden Gesprächs Tonis oder zuletzt der Söhne mit Gustav – , das Zusammenspiel jedoch ist es, welchem letztendlich die ungeheure Aufladung der den Mord verursachenden Situation zuzuschreiben ist. Hauptursache für die

Gewalttat Gustavs ist demnach die stete Gezwungenheit zur Interpretation, wobei diese mangels Vertrauen und vergiftet durch Blendung und Projektion ausschließlich fehlerhaft ausfallen kann, so dass selbst das ausgeklügelte Manöver Tonis zur Rettung des Liebesglücks wie auch des Lebens ihres Verlobten zum Scheitern verurteilt ist, denn, durch „die Vettern von der Leiche weg[ge]rissen" (II, 43), „jagt(...) Gustav sich[, noch während die Familie sich über das weitere Verfahren beratschlagt,] die Kugel, womit das andere Pistol geladen war, durchs Hirn" (ebd.). Mit dieser Tat macht Gustav nicht allein all die Mühen Tonis endgültig zunichte, er macht zudem ihren Tod, den zu erleiden sie im Zuge der Rettung des Geliebten scheinbar nahezu erhofft hat[51], sinnlos.

Rekonstruiert man die Gedanken, die dem aus seinem Wahn, aus seiner Abwesenheit Erwachten durch den Kopf gegangen sein müssen, liegt zunächst die Vermutung nahe, die Motivation für den Selbstmord liege in dem Schmerz begründet, bereits die zweite Verlobte verloren zu haben bzw. in dem damit zusammenhängenden, gegen sich gerichteten Hass infolge der Erkenntnis, dass beide Frauen jeweils durch seine eigene Unbesonnenheit haben sterben müssen. Dem entsprechend könnte seine Tat auch als Schlussstrich zur Vermeidung weiterer Opfer angesehen werden.

Wahrscheinlich ist es jedoch eine wahre Erkenntnisflut, die in der kurzen Zeit zwischen den beiden Morden über Gustav hereinbricht und diesen zum Suizid veranlasst. Zum einen wird ihm klar, dass sich Toni ihm als Verlobten seit der Liebesnacht zur Treue verpflichtet gefühlt hat und somit auch der Überzeugung gewesen sein muss, auf Gustavs Vertrauen in sie bauen zu können. Diese Einsicht hat zunächst den Selbstvorwurf des unangebrachten Misstrauens zur Folge.

Zum anderen bemerkt Gustav hier vermutlich zum ersten Mal, dass das Mädchen vorerst tatsächlich nicht anders als die Pestkranke der Erzählung mit Gustav hat verfahren wollen, und dass erst er es zu bekehren vermocht hat. Dies legt die Vermutung nahe, dass Gustav die wechselseitigen Analogien zu den Bildern seiner Erzählungen erkennt: zu spät von Toni angenommen zu haben, was sie zu diesem Zeitpunkt nicht mehr gewesen ist – die verräterische Hure; umgekehrt zu früh in ihr gesehen zu haben, was sie erst später geworden ist – die treue, mitfühlende Seele[52].

---

[51] Die als Ironie deutbare Realisierung des in einer anderer Art herbeigewünschten Todes, beschreibt Bay nüchtern: „Jenen echten Opfertod Marianes, zu dem sie zweifellos bereit war und den sie geradezu ersehnt hatte (...), versagt ihr Kleists Erzählung jedoch. Statt *für* ihn zu sterben, wird sie *von* Gustav umgebracht." (Hansjörg Bay, a.a.O., S. 98)
[52] vgl. II, 43: „Und damit hauchte sie ihre *schöne Seele* aus." (Hervorhebung von mir)

Indem Gustav einsieht, nicht mehr im Stande gewesen zu sein, Schein von Sein zu unterscheiden, erwacht in ihm möglicherweise neben der Einsicht, durch Tonis anfängliche Licht-und-Schatten-Inszenierung geblendet worden zu sein, auch das Bewusstsein, selbst Einfluss auf Toni genommen und damit zugleich die eigene Selbsttäuschung verursacht zu haben. Demzufolge kommt Gustav um das Eingeständnis nicht herum, die schwammige Situation, welche ihn zu den folgenschweren Interpretationen gezwungen hat, neben Toni durchaus zu einem nicht geringen Teil selbst zu verantworten zu haben. Mit dieser Gewissheit kann sich letztlich auch seine Wut nicht ausschließlich gegen das Mädchen, sondern muss sich konsequenterweise auch gegen sich selbst richten. Unter dieser Annahme ist Gustavs Selbstmord darin begründet, sich selbst zur Rechenschaft zu ziehen.

Warum Gustav in seinen Interpretationen ausschließlich zwischen zwei Bildern hat unterscheiden können, liegt ursächlich darin begründet, dass den Figuren in der Erzählung ausschließlich zwei polare Positionen zur Verfügung stehen, Schwarz und Weiß, denen sich auch Mulatten und Mestizen zuordnen müssen; eine Zwischenposition lässt die Situation nicht zu.[53] Während sich Toni aus Gustavs Sicht bereits durch ihre unterwürfige Haltung beim Bereiten des Fußbades in das weiße Feld einfügen lässt, haben

> (...)[d]erartige Bemächtigungsaktionen jedoch[, wie das Fesseln des Mannes ans Bett,](...) im Bild der ‚weißen Braut' keinen Platz, und mit der Zerstörung seines Wunschbildes springt Toni für Gustav zurück in sein Angstbild der ‚schwarzen Hure', auf das er dann schießt.[54]

Vermutlich ist dies auch die Ursache dessen, weshalb Gustav zur Deutung von Tonis Verhalten trotz deren Ähnlichkeit mit Mariane nicht auf die von Lewis hervorgehobene Erkenntnis der Parallele hat zurückgreifen können, die sich ihm

---

[53] Vgl. hierzu Hansjörg Bay, a.a.O., S.82ff. Nach Bay zeichnen sich die Weißen im Text durch „hierarchisch ausdifferenzierte(...) Gesellschaftsstrukturen, geordnete(...) Familienbeziehungen und einen wohldefinierten Platz einnehmende(...) Individuen" (ebd., S. 89) aus, wohingegen die Schwarzen nichts anderes als die Negation dieser Eigenschaften seien. Dem entsprechend stehe die „Befähigung zum Wahren, Guten und Schönen (...) den Menschen (...) ebenso mit weißer Farbe ins Gesicht geschrieben wie die Neigung zu Mord, Hass und blinder Rachsucht in schwarzer." (ebd., S. 90) Gerade gegenüber dem stets um Überprüfung der Rolle Tonis bemühten Gustav erschwere ihre Eigenschaft als Mestize die eindeutige Zuordnung nicht allein, vielmehr zeige gerade ihre „ins Gelbliche gehende(...)" (II, 4, zitiert aus: Hansjörg Bay, a.a.O., S. 93) Hautfarbe die Unmöglichkeit einer solchen. Da die Situation jedoch keine Zwischenposition vorsehe, sei Gustav stets gezwungen, Toni die Zugehörigkeit zu jeweils einer Seite aufzupressen.
[54] Hansjörg Bay, a.a.O., S. 98f.

aufgrund seines in der zweiten Erzählung geschilderten Erlebnisses hätte bieten müssen: Beide Frauen haben Gustav, um dessen Leben zu retten, im entscheidenden Moment verleugnet; Mariane auf dem Schafott stehend, Toni durch ihre Fesselungsaktion.[55]

Das Ende der Erzählung – die zeitlich geraffte Schilderung der Beisetzung der Leichen als Paar, das Hinterlassen von Nanky und Seppy in der vereinbarten Stadt, die unbeschadete Rückkehr der Familie in die Schweiz und das den Leichen gesetzte Denkmal – ist für die Gewaltproblematik nicht von Belang und wird daher von der weiteren Betrachtung ausgeschlossen.

3.2.8 Abschließende Fokussierung weiterer Aspekte in Bezug auf Entstehung bzw. Auswirkungen von Gewalt in der Erzählung

Betrachtet man von diesem Standpunkt aus rückblickend noch einmal die vor der Gewalttat geäußerten Anspielungen auf Gott, stehen zwei Möglichkeiten der Deutung zur Verfügung. Entweder hat es weder Eingreifen in die Handlung noch Lenkung der Charaktere durch Gott je gegeben und die Figuren greifen bei ihren Interpretationen zu Unrecht auf Gott zurück, nachdem sie keine andere Erklärung für bestimmte Entwicklungen haben finden können, oder aber es ist tatsächlich, gleich Babekans Prophezeiung und Tonis Wandlung zum Trotz, „die Rache Gottes (...)[gewesen, die Toni], noch ehe sie ihrer Schandtat froh geworden, ereil[t](...)" (II, 40) hat. Für die erste Lesart spricht, dass das, was in den Interpretationen der Figuren als Wille Gottes angesehen worden ist, sich in mehreren Fällen als widersprüchlich herausgestellt hat – so etwa die Betrachtung Gottes als der Retter sich Liebender. Dennoch könnte auch die Entwicklung Kleists zu einer kritischen Einstellung gegenüber Gott, welche in seinen Briefen belegt ist, ein Hinweis dafür sein, dass beide Lesarten gültig sind bzw. keine der beiden eindeutig ausgeschlossen werden kann: „Es kann kein böser Geist sein, der an der Spitze der Welt steht; es ist ein bloß unbegriffener!"[56] Mit dieser Vermutung spekulierend könnte schließlich zugleich die gesamte Erzählung unter Verdacht geraten, vorführen zu wollen, dass nicht allein derartige Gewalt, zu der das

---

[55] Vgl. Alison Lewis, a.a.O., S. 221
[56] Kleist an Karl Freiherrn von Stein zum Altenstein vom 04.08.1806 und an Otto August Rühle von Lilienstern vom 31.08.1806 in: Helmut Sembdner; Sämtliche Werke und Briefe, 3. Auflage, München 1964, Band 2, S. 766 und S. 768, zitiert aus: Walter Müller-Seidel; Todesarten und Todesstrafen: Eine Betrachtung über Heinrich von Kleist, in: Hans Joachim Kreutzer (Hrsg.), Kleist-Jahrbuch 1985, Berlin 1985, S. 7-38, hier S. 22.

Geschehen letztendlich geführt hat, sondern auch eine schon zu Beginn der Handlung solchermaßen unheilsgeschwängerte Situation an sich ausschließlich dann bestehen kann, wenn kein (gerechter) Gott die Welt lenkt.

In diesem Zusammenhang sollte auch der Frage Beachtung geschenkt werden, welche Schuld Toni bei ihrer mehrfachen Beihilfe zum Mord anzurechnen ist und inwieweit sie überhaupt als schuldzuweisungsfähig beurteilt werden kann, da Toni ausschließlich den elterlichen Willen gedankenlos befolgt und dabei nie die Rechtmäßigkeit und moralische Vereinbarkeit desselben in Frage gestellt hat. Allerdings schützt, wie die alte Regel besagt, Unwissenheit vor Strafe nicht. Die Annahme, die gesamte Verantwortung könne auf Tonis Eltern abgewälzt werden, ist nicht allein leichtfertig-naiv, sondern kann das Mädchen zudem kaum von einer Beteiligung an dem Verbrechen, das sie trotz Vermeidung jeder eigenen Anwendung physischer Gewalt ermöglicht hat, freisprechen.[57] Unter Beachtung der Definition des Gewaltbegriffs in Kapitel 2 nämlich stellt sich heraus, dass – indem sie Gustav mittels ihrer Verführungskünste in vermeintlicher Sicherheit wiegt und somit zum Bleiben veranlasst – auch das Verhalten Tonis „zwangsweises Einwirken auf den Willen des Opfers" darstellt, folglich gleichbedeutend mit der Ausübung von Gewalt ist.[58] Einzig weil Toni jedoch Ausmaß und Schwere der Folgen ihrer Handlungen

---

[57] Vgl. Christian Moser, a.a.O. Moser setzt sich im Zusammenhang der Rollenübernahme mit dieser Problematik auseinander. Infolge seiner These, die junge Frau opfere die „komplexe und widersprüchliche Ganzheit ihrer Lebensgeschichte der imaginären Ganzheit eines Begehrensbildes" (ebd., S. 25) auf und verwandele zugleich „ihre Vergangenheit in ein Bild teuflischer Schuld, um es von sich abstoßen zu können und um fortan ganz der imago marianischer Unschuld zu leben" (ebd.), stellt sich Moser eben jene Frage nach der Berechtigung einer Schuldzuweisung, eine solche jedoch noch im selben Atemzug indirekt negierend : „Aber war Toni überhaupt schuldig, da sie als Instrument der Rache in den Händen Congo Hoangos und Babekans fungierte? War sie schuldig, da es keinerlei Anzeichen dafür gibt, dass sie mit Bewusstsein handelte? War sie schuldig, da sie als Angehörige einer ausgebeuteten und erniedrigten Rasse die Ausbeuter bekämpfte?" (ebd.) An Stelle einer direkten Antwort – eine solche ist bei ihm auch an späterer Stelle nicht zu finden – erläutert Moser hierauf jedoch ausschließlich die Beweggründe Tonis zu einer eigenen Beurteilung ihres der neuen Rolle vorangegangenen Verhaltens sowie das vermutete Resultat ihrer Überlegungen: „Wenn Toni diese Frage an sich selbst richtet, so deshalb, weil sie das Begehren des weißen Mannes zu dem ihrigen gemacht hat. Sie bekennt sich schuldig und transformiert somit ihr vergangenes Ich in die Bestimmtheit einer moralischen Identität." (ebd.)
[58] Im Zusammenhang mit der zu psychischer Gewalt eingesetzten körperlichen Reize vgl. Gerhard Gönner, a.a.O. Gönner verweist im Zuge der Begriffsklärung von Gewalt auf einige Verse in Lessings *Nathan der Weise*: „So fragt etwa Sittah (...) ihren Bruder Saladin, der sich sorgt, seine Schwester könnte den reichen Juden mit ‚Gewalt' schröpfen: ‚Ja, was heißt / Bei dir Gewalt? Mit Feu'r und Schwert? Nein, nein, / Was braucht es mit den Schwachen für Gewalt, / als ihre Schwäche? (...)' (Verse 1138-1141)" ((zitiert nach Lessing) ebd., S. 10).

offenbar nicht einzuschätzen vermag, wäre ein Plädoyer auf ihre Schuldzuweisungsunfähigkeit denkbar.

4 Der Findling

4.1 Zusammenfassung

Auf einer Geschäftsreise verliert der alte Kaufmann Piachi durch sein Mitleid mit einem pestkranken Waisenkind seinen Sohn Paolo. Den gesundeten Jungen, Nicolo, bei sich aufnehmend, adoptiert Piachi diesen gemeinsam mit Elvire, seiner jungen zweiten Ehefrau, „welche von dem Alten keine Kinder mehr zu erhalten hoffen konnte" (II, 51), um ihn wie einen eigenen Sohn auf die Nachfolge seiner Geschäfte vorzubereiten. Der Heranwachsende jedoch entwickelt bald den Adoptiveltern entgegengesetzte Interessen; die Freundschaft zu den scheinheiligen Mönchen und einen frühzeitig ausgeprägten „Hang für das weibliche Geschlecht" (II, 52). So wird der erst fünfzehnjährige Nicolo – während eines Besuches bei den Mönchen – bereits Opfer der Verführungskünste der als „Beischläferin (...)[des] Bischofs" (ebd.) vorgestellten Xaviera Tartini. Um diese beiden Makel an ihrem Adoptivsohn zu beheben, verbietet ihm der Vater den weiteren Kontakt zu der jungen Frau; die Mutter ihrerseits kann ihn zur Eheschließung mit ihrer wohlerzogenen Nichte Constanza bewegen. Zufrieden mit dem Verhalten des nunmehr zwanzigjährigen Sohnes und im Zusammenhang mit Piachis Eintritt in den Ruhestand überschreiben sie diesem gerichtlich nahezu das gesamte Eigentum.

Als Nicolo, welcher die Verbindung zu Xaviera insgeheim nie aufgegeben hat, seiner Mutter eines späten Abends bei seiner Rückkehr von einem mit der Geliebten besuchten Kostümball in der Verkleidung eines genuesischen Ritters begegnet, bricht diese ohnmächtig zusammen. Im Gegensatz zu Nicolo weiß der an früherer Stelle in die Lebensgeschichte Elvires eingeweihte Leser um die Ursache ihrer Reaktion, da ihr ein Ehrenmann solcher Herkunft in ihrer Jugend wagemutig das Leben gerettet, die Folgen seines kühnen Einsatzes allerdings nicht überlebt hat. In Rücksichtnahme auf die empfindliche Traurigkeit Elvires seit diesem Erlebnis wahrt Piachi in dieser Sache Stillschweigen.

Mit dem Tod Constanzas bald nach Geburt eines ebenfalls nicht überlebenden Kindes frönt Nicolo wieder offen seinen lasterhaften Neigungen; so muss Piachi noch vor Beisetzung der jungen Frau erleben, dass sein Pflegesohn erneut Kontakt zu Xaviera sucht. Mittels einer gefälschten Botschaft arrangiert der Alte ein Zusammentreffen des auf die Geliebte wartenden Nicolos mit dem Leichenzug der verstorbenen Gemahlin. Seine Mutter dieser Tat verdächtigend, sinnt der Gedemütigte auf Rache. Als er Elvire heimlich bei der Anbetung eines Gemäldes beobachtet und bald darauf von dem Urteil der kleinen Tochter Xavieras die Bestätigung erhält, er selbst sei der auf dem Gemälde Dargestellte, lässt sich Nicolo zu dem Trugschluss verleiten, es sei Elvires Begehren nach ihm, das sie auf diese Art zu verschleiern versuche. In dieser Vermutung bekräftigt ihn zugleich die Entdeckung der sich durch Umstellung der Buchstaben ergebenden Gleichheit des eigenen Namens mit jenem, den er während der Beobachtung Elvires vernommen hat: NICOLO-COLINO. Der in Eifersucht entbrannten Xaviera jedoch ist es inzwischen gelungen, die wahre Geschichte über die abgebildete Person herauszufinden, aber Nicolo, über seinen fatalen Irrtum aufgeklärt, kann und will sein erwachtes Verlangen nach Elvire nicht mehr bremsen. Wütend, dass sie eben nicht ihn, sondern einen Toten begehrt, nimmt er, um ihre Liebe auf sich zu lenken, erneut dessen Gestalt an. Ihn bei dem Versuch, die ohnmächtig Niedergesunkene mit Küssen zu wecken, mit seiner unerwarteten Rückkehr überraschend, verweist Piachi den Sohn des Hauses. Als er jedoch erleben muss, wie jener voller Hohn, durch Dekret und Bischof abgesichert, erfolgreich auf seinem Besitzanspruch beharrt, drückt er diesem in endloser Wut „das Gehirn an der Wand ein" (II, 67). Selbst hierdurch nicht in seiner Rachlust befriedigt, verweigert der Alte gar die gesetzlich vorgeschriebene Absolution des Priesters, um seine Abrechnung mit Nicolo in der Hölle zum Ende bringen zu können. Erst ein päpstlicher Erlass ermöglicht schließlich eine derartige Hinrichtung; „kein Priester begleitete ihn, man knüpfte ihn, ganz in der Stille, auf dem Platz del popolo auf" (II, 68).

4.2 Entstehung der Gewalt in der Novelle
Ähnlich wie in der *Verlobung in St. Domingo* baut sich die Gewalt auch in dieser Erzählung allmählich im Verlauf des Geschehens auf. Verursachend wirkt sich hierbei in erster Linie die Enttäuschung der Erwartungshaltung an das Verhalten der einzelnen Figuren aus. Die Beschaffenheit dieser Haltung ist unabänderlich vorgegeben durch die der jeweiligen Figur zugewiesene Rolle; durch einen festen, von dem Verhalten einer anderen Person vorbestimmten Rahmen. Da dieser Platz zwar durch eine konkrete Figur neu besetzt wird, es jedoch weder erwünscht noch vorgesehen ist, eine Abweichung gegenüber dem ursprünglichen Charakter zuzulassen, ist die Enttäuschung einer solcher Erwartung nahezu vorprogrammiert.

Jürgen Schröder schreibt in Bezug auf die stellvertretende Funktion der Figuren:

(...) kein Platz in dieser seltsamen Familie ist (...) mehr mit der originalen Person besetzt. Sie sind alle Stellvertreter von Toten, wie der Findling selber, eine zweite Besetzung. Die Novelle beginnt damit, dass der letzte Platz, den noch sein echter Inhaber ausfüllt (Paolo), von einem Stellvertreter (Nicolo) übernommen wird. *Elvire* ersetzt die verstorbene Frau Piachis, *er* ist an die Stelle des toten Geliebten gerückt. Sie beide ersetzen dem Findling die toten Eltern. Aber dieses Ersatz- und Stellvertreterwesen geht noch weiter: Xaviera Tartini ist eine Pseudo-Frau des Bischofs, sie und Constanze sind für Nicolo austauschbar (...); Piachi setzt sich mit verstellter Schrift an die Stelle Xavieras, inszeniert statt des Rendezvous´ das Begräbnis, als sei *er* der Ehemann Constanzes(...)[59]

Besonders in dieser nahezu gespenstischen Ausgangssituation wäre Kommunikation das einzig geeignete Mittel, Missverständnisse zu vermeiden und den Figuren eine jeweils eigene Persönlichkeit und deren Entwicklung zuzugestehen. Fatalerweise liegt es jedoch gerade in dem beschriebenen Zustand begründet, dass das klärende Gespräch ausbleibt: In der Fehlannahme, dass es – weil durch die Festgelegtheit der Rollen bereits alles ausreichend gesagt sei – keiner weiteren Klärung bedürfe, kommt es zum einen erst gar nicht zu einer persönlichen, verhandlungsbereiten Auseinandersetzung mit den tatsächlichen, eigenen, auch durchaus unerwarteten Interessen des anderen, zum anderen wird aufgrund dieses Missverständnisses zugleich jedwede Richtigstellung fehlerhafter Interpretationen des Verhaltens anderer Figuren von vornherein unterbunden.

Mit dem Zusammenspiel dieser Umstände schließlich ist der Boden für jene Problemlagen geschaffen, welche über die Zuspitzung im Handlungsverlauf letztendlich zum emotionsgeladenen Gewaltausbruch Piachis führen: Die des Konflikts zwischen Piachi und Nicolo, da letzterer aus dem ihm aufgedrückten Rahmen ausbrechen will sowie die der durch Missverständnisse genährten Fehlinterpretation des Verhaltens Elvires durch Nicolo.

Wie sich diese Dilemmata konkret auf das Verhalten der Figuren auswirken und wie sich aus diesem die Zuspitzung des Konflikts bis hin zu dessen explosiver Entladung entwickelt, soll im Folgenden aus dem Text entwickelt werden. Der extremen Entwicklung des Charakters Piachis zu dessen Gegenteil soll hierbei besondere Aufmerksamkeit zuteil werden.

---

[59] Jürgen Schröder; Kleists Novelle ‚Der Findling': Ein Plädoyer für Nicolo, in: Hans Joachim Kreutzer; Kleist-Jahrbuch 1985, a.a.O., S. 109-127, hier S. 114.

4.2.1 Die erste Begegnung – Nebeneinander von Abscheu und Mitleid, Nähe und Distanz

Zu Beginn der Erzählung lernt der Leser Piachi als „wohlhabende[n](...) Güterhändler" (II, 49) kennen, der darauf bedacht ist, seinen elfjährigen Sohn als Nachfolger in sein Gewerbe einzuführen. Auf einer gemeinsam getätigten Geschäftsreise von dem pestkranken Waisenkind Nicolo um Rettung angefleht – „die Häscher verfolgten ihn, um ihn ins Krankenhaus zu bringen, wo sein Vater und seine Mutter schon gestorben wären" (ebd.), zeigt Piachi, dessen Hand der Junge, sie küssend und mit Tränen benetzend, ergriffen hat, nach einer „ersten Regung des Entsetzens, [in der er] den Jungen weit von sich schleudern" (ebd.) will, sein jeder Gefahr trotzendes Mitgefühl, als der Kranke „in eben diesem Augenblick, seine Farbe veränderte und ohnmächtig auf den Boden niedersank" (ebd.). Während Piachi an dieser Stelle, Nicolo und somit die Krankheit in seinen Wagen holend, dem Leser als gütig und selbstlos dargestellt wird, regen sich hingegen hinsichtlich des Jungen leise Zweifel an der Echtheit dessen plötzlicher Ohnmacht, da jenem die ursprüngliche Abneigung des Alten nicht entgangen sein und sich ihm dieses kleine Schauspiel folglich als letzter Strohhalm angeboten haben könnte.

Nachdem alle drei nicht viel später durch einen Polizeibefehl zurück in die Stadt und in das gefürchtete Krankenhaus transportiert worden sind, Nicolo sich erholt, Piachi gesund geblieben, dessen Sohn allerdings der Krankheit, durch den Knaben angesteckt, erlegen ist, erhält der Alte die Erlaubnis, abzureisen.

> Er bestieg eben, sehr von Schmerz bewegt, den Wagen und nahm, bei dem Anblick des Platzes, der neben ihm leer blieb, sein Schnupftuch heraus, um seine Tränen fließen zu lassen: als Nicolo, mit der Mütze in der Hand an seinen Wagen trat und ihm gute Reise wünschte. Piachi beugte sich aus dem Schlage heraus und fragte ihn, mit einer von heftigem Schluchzen unterbrochenen Stimme: ob er mit ihm reisen wolle? (II, 50)

Diese Reaktion erstaunt möglicherweise die Erwartung des Lesers, da es durchaus nachvollziehbar gewesen wäre, hätte der Alte, von Schmerz und Trauer erfüllt, den fremden Jungen für den Tod seines Sohnes verantwortlich machen wollen. Doch aus dem Verhalten des Alten lässt sich weder Hass auf den Jungen, noch auf sich selbst – da er seinen Sohn der Gefahr ausgeliefert hat – oder etwa das Leben im Allgemeinen – welches seine selbstlose Tat mit einem solchen Verlust bestraft hat – erkennen, vielmehr liefert Piachi scheinbar auch hier einen weiteren Beweis seiner Herzensgüte, indem er den Jungen vorurteilslos erneut zu sich nehmen will.

Vielleicht aber ist seine Geste an dieser Stelle anders motiviert, etwa durch den „Anblick des Platzes, der neben ihm leer blieb"?[60] Will er lediglich die freigewordene Stelle neu besetzen? Oder aber liegt ihm tatsächlich etwas an dem Jungen selbst?

– Aber auch das Auftreten Nicolos an seinem Wagen scheint nie ganz zufällig und ohne Hintergedanken – wie die plötzliche Ohnmacht so kommt auch sein Abschied gerade zur rechten Zeit, um den Alten, ohne sein Anliegen direkt zur Sprache bringen zu müssen, zur Mitnahme zu bewegen.

Mit dem folgenden Geschehen scheinen sich beide letztgenannten Vermutungen zu bestätigen: Der Junge nimmt die Einladung begeistert an[61], und mit der Versicherung des Krankenhausvorstandes,

> daß [Nicolo] (...) Gottes Sohn wäre und niemand ihn vermissen würde; (...) hob ihn Piachi, in einer großen Bewegung, in den Wagen, und nahm ihm, *an seines Sohnes Statt*, mit sich nach Rom. (II, 50, Hervorhebung von mir)

Trotz seines nicht allzu geringen Anteils an der Ursache derselben zeigt Nicolo während der Fahrt distanzierte Kälte, Ungerührtheit und Gleichgültigkeit gegenüber der Trauer Piachis, auch Zeichen der Dankbarkeit lässt sein Gesichtsausdruck vermissen, als der Alte den fremden Knaben mustert:

> Er war von einer besonderen, etwas starren Schönheit, seine schwarzen Haare hingen ihm, in schlichten Spitzen, von der Stirn herab, ein Gesicht beschattend, das, ernst und klug, *seine Mienen niemals veränderte*. Der Alte tat mehrere Fragen an ihn, worauf jener aber nur kurz antwortete: *ungesprächig und in sich gekehrt* saß er, die Hände in die Hosen gesteckt, im Winkel da, und sah sich, mit gedankenvoll scheuen Blicken, die Gegenstände an, die an dem Wagen vorüberflogen. Von Zeit

---

[60] Vgl. Jürgen Schröder, a.a.O., welcher in seiner Anklage gegen Piachi eine ähnliche Vermutung äußert: „Von ihrem Ende her gerät die gesamte Novelle und geraten mit ihr alle zentralen Figuren, Vorgänge und Aussagen, einschließlich der auktorialen Wertungen, in ein moralisches Zwielicht. So schon der Beginn der Erzählung, die Aufnahme und Adoption Nicolos. ‚(...)[I]n der ersten Regung des Entsetzens'[(II, 49)] wollte Piachi den pestkranken Jungen ‚weit von sich schleudern' (...)[(ebd.)], erst der ohnmächtig Niedersinkende erregt sein Mitleid; er nimmt ihn auch nicht um seiner selbst willen nach Rom mit, sondern als Sohnes-Ersatz, von ‚dem Anblick des Platzes, der neben ihm leer blieb' (...)[(II, 50)], zu Schmerzen bewegt." (ebd., S. 112)
[61] An der scheinbar unüberraschten Reaktion Nicolos macht auch Gerhard Gönner (a.a.O.) die Deutung dessen Verhaltens „als ein gekonntes Werk der Schauspielerei und Täuschung" (ebd., S. 112) in gezielter Inszenierung, um sich „die Sohnes-Stelle [zu] erkämpf[en](...)" (ebd., S. 113), fest. So sieht er auch in dessen als fratzenhaft (vgl. ebd., S. 234) empfundener „Abschiedsgeste weit eher ein[en] diabolische[n](...) Wink als ein dankbares Lebewohl" (ebd., S. 113).

zu Zeit holte er sich, mit stillen und geräuschlosen Bewegungen, eine Handvoll Nüsse aus der Tasche, die er bei sich trug, *und während sich Piachi die Tränen vom Auge wischte, nahm er sie zwischen die Zähne und knackte sie auf.* (II, 50f., Hervorhebungen von mir)

In Erinnerung an die Begebenheit, die diese beiden Personen zusammengeführt hat, erscheint das Verhalten des Jungen dem weinenden Mann gegenüber geradezu höhnisch und gehässig – einzig die „scheuen Blicke(...)", von denen die Rede ist, lassen an der Kaltschnäuzigkeit Nicolos zweifeln. Doch gerade in der steten Gegenüberstellung zu der Trauer Piachis kommen Teilnahmslosigkeit und Desinteresse in besonderem Maße zum Tragen. Sein Appetit, seine Gemütsruhe und das Ausbleiben jedes Anzeichens von Sorge für oder wenigstens Rücksichtnahme auf den alten Mann offenbaren sehr deutlich, dass es kaum die Gefühle von Schuld oder Dankbarkeit sind, die durch Nicolos Kopf gehen[62].

Vielmehr ist er nicht einmal bereit, mit dem, der für ihn sein Leben riskiert und das seines Sohnes verloren hat, mehr Worte als unbedingt nötig zu wechseln. Der so offenbarte Undank Nicolos erinnert fern an den Hoangos, im Gegensatz zu jenem jedoch lässt sich in diesem Fall nicht die geringste Rechtfertigung hierfür finden. Was sollte er Piachi vorzuwerfen haben?

Das Verhalten Piachis dagegen scheint bewundernswert – in Anbetracht des bisherigen Handlungsverlaufs wäre es kaum verwunderlich, er verlöre bei Anblick des derart herzlos agierenden Jungen die Beherrschung – stattdessen ist er seelenruhig, scheint nichts zu fühlen als stille Trauer und bekundet gar noch Interesse an seinem Gegenüber.

Die nachfolgende Handlung zeigt zudem, dass den Alten selbst die ebenso wenig genaue wie positive Vorstellung, die er sich in der kurzen Zeit von dem finsteren Zeitgenossen hat machen können, nicht im geringsten zu stören scheint, denn anstatt sich, in Rom angekommen, von seinem Reisegast zu verabschieden, stellt er diesen Elvire vor – welche zwar ebenso über den Verlust des Stiefsohnes weint, Nicolo jedoch zugleich an sich drückt und ihm Bett und Habseligkeiten Paolos zuweist – und kümmert sich um dessen Erziehung. Doch damit nicht genug;

---

[62] Vorausschauend auf die weitere Handlungsentwicklung erkennt Gönner in Nicolos Nussknacken durch optimale Erfüllung deren Voraussetzungen – Gefühlskälte, Rücksichtslosigkeit und physische Kraftbezeugung – die Vorankündigung dessen Fähigkeit und Bereitschaft zur Gewalt (vgl. Gerhard Gönner, a.a.O., S. 113f.).

da er, auf eine leicht begreifliche Weise, den Jungen in dem Maße lieb gewonnen, als er ihm teuer zu stehen gekommen war, so adoptierte er ihn, mit Einwilligung der guten Elvire, welche von dem Alten keine Kinder mehr zu erhalten hoffen konnte, schon nach wenigen Wochen, als seinen Sohn. (II, 51)

Die Erklärung des Erzählers, Piachi habe den Jungen ausgerechnet deshalb so sehr in sein Herz geschlossen, weil er durch seine Fürsorge für diesen den eigenen Sohn hat verlieren müssen, klingt widersinnig und absurd, erinnert jedoch zugleich an die sehr ähnlichen Gedanken Don Fernandos bezüglich des in Pflege genommenen Sohnes des ermordeten Paares Jeronimo und Josephe am Ende der Erzählung *Das Erdbeben in Chili*, dessen eigener Sohn ebenfalls Opfer der Fürsorge für andere Figuren geworden ist: „(...) und wenn Don Fernando Philippen mit Juan verglich, und wie er beide erworben hatte, so war es ihm fast, als müßt er sich freuen." (IV, 22). [63] Auffällig im Vergleich der Empfindungen beider Figuren ist zudem, wie diese zu der Art stehen, auf welche sie jeweils zum neuen „Sohn" gekommen sind; das erlittene Schicksal wird in seiner Vorhersehbarkeit derart verdreht, dass ein über das Geschehene Unwissender daraus lesen könnte, die Väter hätten geradezu die größte Mühe daran gesetzt, den jeweiligen Jungen – wie eine wertvolle Ware, auf die man lange spart, um sie sich leisten zu können – zu ,erstehen' (vgl. „zu stehen gekommen") bzw. zu ,erwerben' (vgl. „erworben hatte"). Fischer liefert hierzu in Hinblick auf die Person Don Fernandos eine Erklärung, die sich auf Piachi übertragen lässt: Beiden Figuren sind die Jungen im Zusammenhang mit ihrem Willen, Gutes zu tun, zugekommen[64].

4.2.2 Enttäuschte Erwartungen – Verbot und Hintergehung als Konfliktlösung

Schon bald vertraut Piachi Nicolo die ersten Geschäfte an, die jener zu seiner größten Zufriedenheit abwickelt. Mit diesem Vorgehen, so könnte der Leser an dieser Stelle vermuten, hat Piachi den letzten Schritt getan, Nicolo vollends an die Stelle des Sohnes rücken zu lassen. Fragen, wie er sie an Nicolo als eigenständige Person noch auf der Reise gestellt hat, sind nicht weiter von Wichtigkeit. In diesem

---

[63] Auf die Ähnlichkeit der Situationen beider Erzählungen weist auch Kuhn hin: „,Der Findling' setzt mit einer Tat ein, mit der das ,Erdbeben von Chili' endet: mit dem Tausch des natürlichen durch ein abgenommenes Kind, einer gleichsam künstlichen Zeugung durch den Vater." (Barbara Kuhn, a.a.O., S. 73)
[64] Vgl. Bernd Fischer; Ironische Metaphysik: Die Erzählungen Heinrich von Kleists, München 1988, S. 32f., welcher Don Fernando dazu gezwungen sieht, auch dessen Versagen „trotz allem als

Zusammenhang fällt rückblickend die Parallele zu den Rollenprojektionen auf Toni in der *Verlobung in St. Domingo* auf: Kaum anders als – in der Absicht einer wunschgetreuen, ohne Abstrich umsetzbaren Modellierung des Mädchens nach eigenen Vorstellungen – jede Kenntnis der Interessen der eigentlichen Person Toni bedacht vermieden worden ist, hat Nicolo selbst durch seine Ungesprächigkeit und sein beharrliches Schweigen über jegliches Vorhandensein eigener Pläne, Lieblingsbeschäftigungen, Wünsche, Absichten oder Gewohnheiten Piachi überhaupt erst auf die theoretische Möglichkeit, passgenau in die durch den Tod Paolos entstandene Lücke eingesetzt werden zu können – unbeabsichtigt und dennoch demonstrativ – hingewiesen. Unter einem solchen Blickwinkel betrachtet lässt sich Nicolo nahezu eine Teilschuld, von Piachi auf die reine Funktion als Stellvertreter degradiert und als solcher ausgenutzt zu werden, zuweisen; genauer gesagt einen Anteil daran, überhaupt erst als geeigneter Lückenbüßer Paolos in Frage gekommen zu sein.[65]

Tatsächlich jedoch scheint Nicolo noch gerade rechtzeitig vor dem endgültigem Zuschnappen der Falle erkannt zu haben, in welche ‚Gefangenschaft‘ seine Person zu geraten droht; wie wenig er darin selbstbestimmtes Individuum sein darf – sein Unwille, völlig mit der ‚ersten Besetzung‘ der Sohnrolle identifiziert zu werden,

---

heroische Handlung zu begreifen" (ebd., S. 33), um die Unsicherheit gegenüber seiner Frau bezüglich des eigenen Verhaltens tilgen zu können.
[65] Zur Schuld Piachis und der Unschuld Nicolos vgl. Jürgen Schröder, a.a.O. Schröder verfolgt die Ansicht, dass die Familie – und damit muss er indirekt Piachi als deren Gründer und Oberhaupt meinen – die Schuld an dem Ausbrechen Nicolos an der ihm aufgedrückten Rolle trage; den Findling selbst hingegen scheint er restlos, meines Erachtens nicht ganz gerechtfertigt, von jeder Schuld freizusprechen: „Eine seltsame, verschlossene, rätselhafte Familie, in die er da geraten ist. Sie ist steril, extrem kommunikationsgestört und von rigiden moralischen Rollenerwartungen geprägt. Ist es ein Wunder, dass schon der Junge sich in seinen beiden verbotenen ‚Leidenschaften‘ Ersatz für das sucht, was er in dieser unnatürlichen Familie nicht erhält, einen Vater- und Glaubensersatz in der ‚Bigotterie‘[(II, 51)], einen Mutter- und Liebesersatz in seinem ‚Hang für das weibliche Geschlecht‘ (...)[(II, 52)], dass er im Karmeliterkloster auch die fehlende Familiengemeinschaft sucht? Wie soll er im Hause Piachis, wo die Toten lebendiger als die Lebenden sind, zu sich selber finden; wie soll ein Findling dort erfahren können, wer er ist?!" (ebd., S. 114) Durch diese Verteidigung Nicolos findet Schröder zwar schlüssig die Veranlassung desselben zu seinem für sich betrachtet außergewöhnlichen Verhalten, lässt allerdings hierbei den offenkundigen eigenen Anteil seinen ‚Schützlings‘ unbeachtet bzw. unerwähnt – so etwa das oben genannte Verhalten, mit welchem er selbst herausstreicht, als ‚Persönlichkeitsloser‘ – Schröder selbst bezeichnet ihn als „Un-Person" (ebd., S. 113) – zum Lückenfüller prädestiniert zu sein, ebenso wie, noch als Kranker, sein augenscheinliches wiederholtes Streben, in die Gesellschaft Piachis aufgenommen zu werden.

äußert sich in seinen den Eltern zuwiderlaufenden und unerwartet in Erscheinung tretenden eigenen Interessen:

> Nichts hatte der Vater, der ein geschworner Feind aller Bigotterie war, an ihm auszusetzen, als den Umgang mit den Mönchen des Karmeliterklosters, die dem jungen Mann, wegen des beträchtlichen Vermögens das ihm einst, aus der Hinterlassenschaft des Alten, zufallen sollte, mit großer Gunst zugetan waren; und nichts ihrerseits die Mutter, als einen früh, wie es ihr schien, in der Brust desselben sich regenden Hang für das weibliche Geschlecht. Denn schon in seinem funfzehnten Jahre, war er, bei Gelegenheit dieser Mönchsbesuche, die Beute der Verführung einer gewissen Xaviera Tartini, Beischläferin ihres Bischofs, geworden (II, 51f.).

Im selben Zug, worin dem Leser die den Eltern verhassten Untugenden des Findlings vorgestellt werden, offenbart sich diesem ein weiterer Anlass, Mitleid für Nicolo zu entwickeln: Nicht einmal in seinen selbstgewählten Freundschaften ist es jenem vergönnt, auf einen Menschen zu treffen, der es ehrlich mit ihm meint; der ihn als Person, *um seiner selbst willen*, schätzt.

Die Vermutung, dass Nicolo vielleicht gar keinen Wert auf eine solche an ihm selbst interessierte Freundschaft lege, ist an einer solchen Stelle zwar nicht unangebracht, lässt sich jedoch schlüssig widerlegen. Würde er es sich nämlich lediglich einfach machen wollen und sich – um sich die Suche nach einem echten Freund zu ersparen – mit erkauften Scheinfreundschaften zufrieden geben, müsste ihm als logische Folge zugleich die für Paolo bestimmte Elternliebe, welche er als dessen Stellvertreter durch Erfüllung der Erwartungen Elvires und Piachis erheischen kann, völlig ausreichen. Bereits die Tatsache jedoch, dass es überhaupt zur Knüpfung jener Freundschaftsbande gekommen ist, zeigt, dass diese These sich selbst widerspricht; unter deren Annahme wäre dem Ausbruch aus den geordneten Verhältnissen in Richtung der Mönche und Xaviera[66] jede Grundlage entzogen.

Das Ergebnis allerdings, welches die Suche nach Ersatz für das ihm – durch den Tod der leiblichen Eltern wie auch in der Adoptivfamilie – vorenthaltene Gefühl echter Zuneigung und Wärme dem Findling beschert hat, wird diesen nicht wirklich zufrieden stellen können. Folglich ist mit großer Wahrscheinlichkeit davon auszugehen, dass ihn sein unerfülltes Sehnen zur weiteren Suche antreiben wird.

---

[66] Da Xaviera als ‚Bettschatz' des Bischofs in den gleichen Kreisen wie die Mönche verkehrt, ist anzunehmen, dass auch sie um das bevorstehende Erbe Nicolos weiß und sich ihre Sympathie für diesen ebenso eher hierauf gründet als auf wahrer Zuneigung. Weiter unten in der Novelle heißt es,

Um den Pflegesohn auf den rechten Weg zurückzuholen, weiß sich Piachi offenbar keines anderen Mittels zu helfen, als diesem jeglichen Kontakt zu Xaviera zu verbieten. Der Erzähler bestätigt zwar zunächst den Gehorsam Nicolos, unmittelbar im Anschluss jedoch heißt es: „so hatte Elvire doch mancherlei Gründe zu glauben, daß seine Enthaltsamkeit auf diesem gefährlichen Felde nicht eben groß war." (II, 52) Diese indirekte Formulierung über Elvire lässt vermuten, dass der Erzähler selbst nichts über einen ‚Rückfall' Nicolos weiß, was wiederum Rückschlüsse auf den allgemeinen Anschein erlaubt: Bis auf Elvire scheint niemand das unveränderte Bestehen der Trennung anzuzweifeln. Da jedoch von „mancherlei Gründe[n]" die Rede ist, stellt der Erzähler nicht allein die eigene Überzeugung in Frage, sondern liefert zugleich den Hinweis, dass Nicolo sehr wahrscheinlich die Liebschaft gut versteckt in aller Heimlichkeit und hinter Piachis Rücken weiter führe.

Gerade im Zusammenhang mit den hier geäußerten Vermutungen über die tatsächlichen Gefühle, Erwartungen und selbst das Verhalten Nicolos fällt auf, dass der Erzähler bisher an noch keiner Stelle mehr über diesen ausgesagt hat als rein das, was andere Figuren an ihm beobachten. Aber auch über Paolo, den der Findling zu ersetzen hat, hat der Leser kaum mehr erfahren als Alter, Herkunft und Todesursache. Die Figuren, in deren Gedanken der Leser Einblick erhält, sind wechselweise Piachi und Elvire. Durch diesen Umstand bleibt die Figur Nicolo rätselhaft; andere Gestalten – etwa Paolo, Xaviera oder Elvires Nichte Constanza – wirken gar schemenhaft, skizzenartig verwaschen und nahezu körperlos. Sich von jenen ein konkretes Bild machen zu können, wird dem Leser vorenthalten; die Vorstellungen bleiben vielmehr diffus und in unbelegten Mutmaßungen verhaftet.

Als Nicolo fünf Jahre später die Nichte Elvires, „ein tugendhaftes und wohlerzogenes Wesen" (II, 56) heiratet, scheinen die hartnäckigen Zweifel der Mutter beseitigt und der Konflikt eingedämmt. Als Zeichen ihrer Zufriedenheit mit dem Verhalten des Ersatzsohnes und anlässlich des Eintreten Piachis in den Ruhestand überschreiben die Eltern jenem gerichtlich Haus und Vermögen; nur einen geringen Teil ihres Eigentums bewahren sie für sich.

---

diese Vermutung stützend: „Xaviera stand, durch den Bischof, der sie unterhielt, in der engsten

4.2.3 Die verheerende Folge einer vermiedenen Erwähnung

In einem ausführlichen Einschub erfährt der Leser, dass Elvire in ihrer Jugend von einem genuesischen Ritter aus dem Feuer gerettet worden ist. Dessen Tod, der drei Jahren qualvollen Leidens an den Folgen seines wagemutigen Einsatzes ein Ende bereitet hat, scheint Elvire nie überwunden zu haben, denn allein die Nennung dessen Namens löst lange Weinkrämpfe in ihr aus. Außer Piachi, der sie während der Zeit der Pflege des Kranken kennen gelernt hat, weiß niemand von dieser Begebenheit.

Kaum anders als bei dem in der *Verlobung in St. Domingo* ungewollt unausgesprochen Gebliebenen hätte auch hier eine Veräußerung des absichtlich Verschwiegenen Missverständnissen von vornehrein klärend vorweg greifen können. In diesem Fall allerdings findet das Unterbleiben jeglicher Aufklärung Nicolos zumindest eine Rechtfertigung, da sich die Eltern tatsächlich durch keine konkrete Ursache zu einer solchen veranlasst sehen müssen. In der Absicht, Elvire zu schonen und zu schützen, halten sie es vielmehr für klüger, den Vorfall niemandem gegenüber zu erwähnen – und erreichen damit das Gegenteil.

Für die Dauer des folgenden Erzählabschnittes, in welchem Nicolo zunächst unbeabsichtigt über die Spätfolgen des Erlebnisses bei Elvire stolpert, verschafft der Erzähler dem Leser durch einen kurzfristigen Perspektivenwechsel erstmaligen Einblick in die Gedanken des Findlings.

> Einstmals war Nicolo, mit jener Xaviera Tartini, mit welcher er, trotz des Verbots des Vaters, die Verbindung nie ganz aufgegeben hatte, heimlich, und ohne Vorwissen seiner Gemahlin, unter der Vorspiegelung, daß er bei einem Freund eingeladen sei, auf dem Karneval gewesen und kam, in der Maske eines genuesischen Ritters, die er zufällig gewählt hatte, spät in der Nacht, da schon alles schlief, in sein Haus zurück. Es traf sich, daß dem Alten plötzlich eine Unpäßlichkeit zugestoßen war, und Elvire, um ihm zu helfen, in Ermangelung der Mägde, aufgestanden, und in den Speisesaal gegangen war, um ihm eine Flasche mit Essig zu holen. (II, 54f.)

Neben der Bestätigung der Befürchtungen Elvires kündigt sich dem Leser noch in derselben Textstelle das unheilvolle Bevorstehen einer Parallelsituation zu dem unverarbeiteten Erlebnis Elvires durch ein erneutes Aufeinandertreffen jener mit der Erscheinung eines „genuesischen Ritters" an: Eben noch weist die an sich bereits außergewöhnliche Schicksalsgeschichte des genuesischen Lebensretters auf das bei

---

Verbindung mit den Mönchen des Karmeliterklosters" (II, 63).

Elvire hinterlassene Trauma hin, da kehrt auch schon Nicolo, durch mancherlei Umstände „zufällig" in das Kostüm eines genuesischen Ritters gekleidet, nach Hause zurück. Ebenso „zufällig" muss es just an diesem Abend geschehen, dass Piachi sich unwohl fühlt, zugleich keine Mägde verfügbar sind und Elvire ausgerechnet zur Zeit der Rückkehr Nicolos wach im Hause umher läuft – wie um sich experimentell ein möglichst explosives Gemisch – in wachsender Neugier auf die Art der Reaktion desselben – zusammenzubrauen, ballt Kleist hier das unwahrscheinliche Zusammenspiel verschiedenartigster Zufälligkeiten auf kleinstem Raum zusammen.

Die Spannung erhöht sich zusätzlich, als es zunächst noch scheint, als ob keine der beiden Figuren die Anwesenheit des jeweils anderen bemerken werde. Erst als Nicolo eben jenen Speisesaal bereits durchschritten hat, verursacht ein weitere unerwartete Begebenheit – die verschlossene Schlafzimmertür – Nicolos Zögern und damit die vorauszusehende Entdeckung des Verkleideten:

> (...) als Elvire hinter ihm, mit Flaschen und Gläsern, die sie in der Hand hielt, wie durch einen unsichtbaren Blitz getroffen, bei seinem Anblick von dem Schemel, auf welchem sie stand, auf das Getäfel des Bodens niederfiel. (II, 55)

Dass Nicolo nicht im Geringsten um die Ursache der plötzlichen Ohnmacht weiß, belegt sein erstauntes Erschrecken hierüber sowie die erste hilfsbereite Regung, „der Unglücklichen beispringen" (ebd.) zu wollen, von der ihn jedoch seine im nächsten Moment erwachten Bedenken, der verursachte Lärm habe Piachis Aufmerksamkeit erregt, abhalten. Um nicht entdeckt zu werden, entreißt er Elvire hektisch den benötigten Schlüssel von ihrem Bund, um kurz darauf im Schlafgewand erneut am Ort des Geschehens aufzutreten und die Versammlung aus Angestellten und seinen Eltern in gespielter Ahnungslosigkeit nach dem Vorfall zu befragen. Da Elvire zu keiner Antwort fähig ist und auch zu keinem späteren Zeitpunkt darüber spricht, bleibt Piachi zwar der ‚Auftritt' Nicolos verborgen, aber auch letzterer erfährt nichts über den Zusammenhang seiner Verkleidung mit Elvires Zusammenbruch.

Damit beendet der Erzähler seinen Perspektivenwechsel und begibt sich erstmals in eine neutrale Beobachtungsposition.

4.2.4 Der offene Rückfall Nicolos – Wiederaufleben und Zuspitzung des Konflikts

Etwa ein Jahr später – bis auf eine zurückgebliebene Schwermut hat Elvire sich von dem Zwischenfall erholt – , nicht lange nach der Niederkunft Constanzas, stirbt sowohl diese selbst als auch das Neugeborene. Mit dem Tod der Gemahlin brechen erneut die eingedämmt geglaubten alten Gewohnheiten Nicolos hervor, diesmal massiver als zuvor:

> Ganze Tage lang trieb er sich wieder, unter dem Vorwand, sich zu trösten, in den Zellen der Karmeliterklöster umher, und gleichwohl wußte man, daß er während der Lebzeiten seiner Frau, nur mit geringer Liebe und Treue an ihr gehangen hatte. (II, 56)

Doch Nicolo unternimmt nicht einmal den Versuch, dieses Urteil zu entkräften und zumindest in Bezug auf seine Liebschaft mit Xaviera Enthaltsamkeit zu üben, im Gegenteil[67]; er widerlegt seine eigene Rechtfertigung, indem er es offensichtlich nicht einmal für notwendig befindet, die Liaison länger geheim zu halten. Noch vor Beisetzung Constanzas entdeckt Elvire Xavieras Zofe bei Nicolo, will jenen jedoch trotz der schmerzlichen Enttäuschung mit ihrem Schweigen vor weiteren Zwistigkeiten mit Piachi bewahren. Wieder einmal ist es jedoch der Zufall, der Piachi dem Mädchen selbst begegnen lässt, als dieses das Haus verlassen will. Erbost über diesen Anblick lässt sich der Alte von seiner offenkundigen Wut auf seinen Pflegesohn dazu verleiten, zum Gegenschlag anzuheben. Nachdem er der Zofe den Brief entwendet und diesen als eine an Xaviera gerichtete Bitte um einen Termin für ein baldiges Treffen identifiziert hat, lässt er seinem Sohn eine – in „verstellter Schrift" (ebd.) selbst verfasste – Antwort Xavieras überbringen, die eine sofortige Zusammenkunft in der Magdalenenkirche vorsieht. Als er erkennen muss, dass Nicolo wie befürchtet ohne weiteren Gedanken an Constanza sogleich zu der Verabredung aufbricht, macht er seinen Racheplan perfekt, indem er sich nicht minder pietätlos der Leiche als Werkzeug bedient, um den unverfrorenen Sohn eigenmächtig in die Schranken zu weisen:

> [T]ief entwürdigt(...) [bestellte Piachi] das feierliche, für den kommenden Tag festgesetzte Leichenbegräbnis ab, ließ die Leiche, so wie sie ausgesetzt war, von einigen Trägern aufheben, und bloß von Elviren, ihm und einigen Verwandten

---

[67] Gerhard Gönner (a.a.O.) weist darauf hin, dass das Sterben von Frau und Kind Nicolos zudem – weil hervorgegangen aus der unbeeinflussbaren Natur – wie eine endgültige Bekräftigung der Aussichtslosigkeit jeder Erziehung desselben zu einem „Repräsentanten des Bürgertums" (ebd., S. 115) verstanden werden kann.

begleitet, ganz in der Stille in dem Gewölbe der Magdalenenkirche, das für sie bereitet war, beisetzen. Nicolo, der (...) unter den Hallen der Kirche stand, und zu seinem Erstaunen einen ihm wohlbekannten Leichenzug herannahen sah, fragte den Alten, der dem Sarge folgte: was dies bedeute? und wen man herantrüge? Doch dieser, das Gebetbuch in der Hand, ohne das Haupt zu erheben, antwortete bloß: Xaviera Tartini: – worauf die Leiche, als ob Nicolo gar nicht gegenwärtig wäre, noch einmal entdeckelt, durch die Anwesenden gesegnet, und alsdann versenkt und in dem Gewölbe verschlossen ward. (II, 57)

Mit Beginn des folgenden Erzählabschnitts taucht der Erzähler erneut tiefer in das Geschehen ein und macht dem Leser die Gedanken Nicolos, vereinzelt auch die Xavieras, zugänglich.

4.2.5 Verlästerung des Vaters – hämische Freude am Konflikt

Da Nicolo ausschließlich von Elvire weiß, dass sie die Zofe bei ihm gesehen hat, ist es nicht Piachi, gegen den sich Auflehnung und Widerwillen verstärken, sondern die unschuldige Elvire, der er diese öffentliche Bloßstellung zu verdanken meint und welcher gegenüber er in Folge seines Irrtums einen „brennenden Hass" (II, 57) entwickelt.

Umgekehrt scheint er sich berechtigter Hoffnung zu fühlen, mit geheuchelter Buße bei seinem Pflegevater, der seit dem Vorfall nicht wieder mit Nicolo gesprochen hat, ‚gut Wetter' machen zu können, um der Gefahr eines Verlustes seines Erbteils an Constanzas Hinterlassenschaft entgegenzuwirken. Zu diesem Zweck

sah er sich genötigt, an einem Abend des Alten Hand zu ergreifen und ihm mit der Miene der Reue, unverzüglich und auf immerdar, die Verabschiedung der Xaviera anzugeloben. Aber dies Versprechen war er wenig gesonnen zu halten; vielmehr schärfte der Widerstand, den man ihm entgegen setzte, nur seinen Trotz, und übte ihn in der Kunst, die Aufmerksamkeit des redlichen Alten zu umgehen. (ebd.)

Es sind nicht ausschließlich die Habsucht und sein Gefallen an Xaviera, die Nicolo daran hindern, den Konflikt zu lösen und dem Vater gegenüber ehrlich zu sein, vielmehr scheint er es sich zur Aufgabe gemacht zu haben und es als Herausforderung zu betrachten, angestachelt durch die ihm entgegengebrachten Missfallensbekundungen seinem Hang noch öfter und ungehemmter nachzugehen, ohne hierbei in seinem Treiben entlarvt zu werden. Er macht sich einen Spaß aus der frustrierten Erbitterung seines Vaters, spielt mit ihm Verstecken, verhöhnt ihn somit und zieht dessen Ansehen in den Dreck.

Um zu erörtern, weshalb die Gefühle des Pflegevaters den in der Not aufgenommenen Findling derart kalt lassen und auf keinerlei Rücksicht oder Respektierung stoßen, sollte durchaus auch die Gegenseite beleuchtet werden. Dabei fällt auf, dass Piachi seinem Pflegesohn seit der Adoption nie ein Gefühl von Liebe oder Wärme entgegengebracht und diesen demzufolge ebenso wenig jemals gelehrt hat, den Gefühlen der Mitmenschen im Allgemeinen und speziell denen der Familienmitglieder – auch, wenn nicht gar erst recht im Adoptivfall – Achtung und Wertschätzung entgegenzubringen. Stattdessen ist er bei diesem nicht allein distanziert und nüchtern auf Gelingen und Weiterführung der Geschäfte bedacht wie in einer rein beruflichen Verbindung; vielmehr scheint er Karriere und Leben Nicolos bereits genauestens durchgeplant zu haben – übertragen von seinem eigenen Sohn – und keinerlei Abweichung zu dulden. Wen kann es hier noch wundern, dass ein junger Mann aus diesem aufgepressten Rahmen auszubrechen versucht, zumal er von seinem Vater keinerlei über materielle Werte (welche sich zudem bereits allesamt in seinem Besitz befinden) hinausgehende Zeichen der Dankbarkeit für seine Bemühungen erwarten kann und zugleich nie die Rücksichtnahme auf Gefühle anderer gelernt hat? Insofern ist Piachi ungewollt auch selbst nicht ganz unschuldig an der sich stets verstärkenden Zuspitzung des Konflikts, indem er dessen Gedeihen durch das Bereiten eines derartigen Nährbodens durchaus begünstigt.

4.2.6 Verursachung von Spekulationen und der Aufrechterhaltung falscher Interpretationen durch Wortlosigkeit – Der indirekte Weg zum Konflikt

Anders als das Vater-Sohn-Verhältnis die Beziehung Nicolo – Elvire: Über das Verhalten der Adoptivmutter dem Findling gegenüber erfährt der Leser nur wenig; ihre Umarmung Nicolos bei dessen Ankunft und die Anweisung des Eigentums Paolos, ihre Zweifel an seiner Enthaltsamkeit in Bezug auf dessen Liebschaft, ihr Zusammenbruch bei Anblick seiner Maskierung und das Decken seiner Kontaktaufnahme zu Xaviera Piachi gegenüber. Sie scheint verschwiegen und in steter Zurückhaltung eher im Hintergrund zu stehen, hat selbst zur Zeit ihrer Unzufriedenheit mit seinem verfrühten „Hang für das weibliche Geschlecht" (II, 52) Nicolo gegenüber nie ihren Unmut bekundet oder sein Verhalten bemängelt, noch hat sie ihm umgekehrt, bis auf die Begrüßung, als er ihr noch fremd gewesen ist, offen Herzlichkeit entgegengebracht. Nicolo, der zwar zunächst Sympathie für seine Pflegemutter zu empfinden scheint – bei ihrem Zusammenbruch hindert ihn ausschließlich die Furcht vor Piachi daran, Elvire aufzuhelfen – jedoch keine

Anhaltspunkte von ihrem Verhältnis zu ihm erhält, versucht dieses Unwissen offenbar mittels Interpretationen zu kompensieren, um angemessen reagieren zu können. Tatsächlich jedoch treffen seine Vermutungen nicht die Realität – so hält er Elvire, von der er nicht weiß, dass sie ihn einen Augenblick zuvor vor einer weiteren Rüge Piachis hat bewahren wollen, für die Schuldige an dem Komplott mit Constanzas Leiche. Und auch seine nächste Begegnung mit ihr deutet er nach eigenem Ermessen:

> Elvire [war ihm] niemals schöner vorgekommen, als in dem Augenblick, da sie, zu seiner Vernichtung, das Zimmer, in welchem sich das Mädchen [Xaviera] befand, öffnete und wieder schloß. Der Unwille, der sich mit sanfter Glut auf ihren Wangen entzündete, goß einen unendlichen Reiz über ihr mildes, von Affekten nur selten bewegtes Antlitz; es schien ihm unglaublich, daß sie, bei soviel Lockungen dazu, nicht selbst zuweilen auf dem Wege wandeln sollte, dessen Blumen zu brechen er eben so schmählich von ihr gestraft worden war. (II, 57f.)

Zwar deutet er die Notwendigkeit einer Prüfung seiner Vermutung an, zugleich jedoch erregt dieses neue Missverständnis in ihm die schadenfrohe Hoffnung auf die sich bietende Gelegenheit, Piachi in Kenntnis dieser Neigung Elvires zu setzen und somit ein für alle Mal deren tugendhaftes Auftreten als scheinheilig entlarven und zerstören zu können. Nicolo wird daher glauben, sich auf einen Streich doppelte Genugtuung verschaffen zu können, indem er, geht er von der Richtigkeit seiner Annahme aus, davon überzeugt sein wird, ein geeignetes Mittel gefunden zu haben, sich an Elvire angemessen für die intrigante Bloßstellung seiner Person zu rächen und zugleich seinem Vater, an dessen Peinigung er scheinbar inzwischen Gefallen gefunden hat, weiteren Schmerz zufügen zu können.

Als der seit jener Beobachtung auf Umsetzung seines Vorhabens in die Tat brennende Nicolo einmal, trotz der Abwesenheit Piachis ein Gespräch aus Elvires Zimmer zu vernehmen meint, wirft er, „[v]on raschen, heimtückischen Hoffnungen durchzuckt," (II, 58) einen Blick durchs Schlüsselloch, von wo aus er Elvire in seiner lüsternen Sensationsgier nahezu erschrocken „in der Stellung der Verzückung(...) zu jemandes Füßen" (ebd.), dessen Person er nicht weiter ausmachen kann, liegen sieht und noch dazu hört, wie sie voller Liebe dessen Namen, Colino, flüstert. Um sie in flagranti ertappen zu können und voller Neugier auf ihren Angebeteten begibt sich Nicolo an eine Stelle, von der aus er unauffällig die Zimmertür im Blick behalten kann. Als sich die Tür jedoch öffnet, muss Nicolo voller Enttäuschung feststellen, dass ausschließlich „Elvire selbst, ohne irgend eine Begleitung, mit einem ganz gleichgültigen und ruhigen Blick, den sie aus der Ferne auf ihn warf, aus dem Zimmer" (ebd.) heraustritt und dieses hinter sich verschließt. Erbost über „[d]iese Verstellung, diese scheinbare Gleichgültigkeit, (...)[welche] ihm der Gipfel der Frechheit und Arglist" (ebd.) scheint, bricht Nicolo unverzüglich – nachdem Elvire sich gemächlich und äußerlich unbewegt mit einem „Stück selbstgewebter Leinwand unter dem Arm" (ebd.), das sie aus dem Zimmer mitgenommen hat, aus seinem Blickfeld entfernt hat – auf, um einen Hauptschlüssel zu holen.

Mit diesen Entdeckungen gerät das Bild der Mutter mit einem Male tatsächlich ins Wanken; alles scheint darauf hinzuweisen, dass die an sich aus unzureichenden Beobachtungen und unter dem Einfluss von Nicolos Wünschen – seinem Willen zum Wissen[68] – entwickelten gewagten Theorien zu Elvires Treue sich unerwartet bestätigen und als wahr erweisen. Kaum ist Piachi außer Haus, so könnte der Leser urteilen, schon hat die junge Frau einen Liebhaber zu sich eingeladen. Die gespielte Gleichgültigkeit, die auf die leidenschaftliche Hingabe gegenüber dem Unbekannten, welche der Leser durch Nicolos Augen hat wahrnehmen können, folgt, spricht nicht allein für eine in dieses Bild passende Kaltblütigkeit und die perfekte Beherrschung Elvires ihrer Rolle als sanftmütige und treue Ehefrau, sondern lässt zudem eine gewisse Gewohnheit hinter diesem Verhalten vermuten, welche sich durch die ehemals häufige Abwesenheit Piachis zur Pflege der Geschäfte als durchaus möglich erweist. Gerade auch das Leinen, das Elvire schließlich bei sich trägt, wirkt wie zur Schau gestellt, wie ein alibiähnliches Vorzeigeschild als Rechtfertigung für ihren längeren Aufenthalt in dem Zimmer.

Erinnert man sich jedoch an Elvires sensibles Wesen, gerade nach dem tragischen Erlebnis mit ihrem Lebensretter, mag eine derartige Wendung sehr unwahrscheinlich klingen, da sie sich nicht so recht in das Bild fügen will, das sich der Leser von der jungen Frau gemacht hat. Und tatsächlich erweisen sich diesem die geäußerten

---

[68] Mit seiner fehlerhaften Interpretation des beschämten und verärgerten Errötens Elvires als Zeichen ihrer Erkenntnis der eigenen Lasterhaftigkeit, als würde sie sich in Nicolo wie auch dessen treulosen Verhalten wiedererkennen, legt der Findling den Tatsachen gegenüber eine ähnliche Blindheit an den Tag wie Gustav in der *Verlobung in St. Domingo*. Beide Figuren wollen ausschließlich eine Bestätigung dessen erhalten, was sie bereits zu wissen meinen, genauer: was sie sich zu wissen *wünschen*. Sobald sich zu einer solchen auch nur die geringste Gelegenheit durch irgendeinen Anhaltspunkt ergibt, gilt ihnen die Vermutung als besiegelt, woraufhin jede weitere Nachforschung in dem Glauben entfällt, sie sei überflüssig; tatsächlich und unbewusst unterlassen sie jene vielmehr, um sich davor zu schützen, sich möglicherweise den eigenen Irrtum eingestehen zu müssen.

Vermutungen zu dem befremdlichen Verhalten Elvires bereits in den weiteren Beobachtungen Nicolos als Fehleinschätzung und lassen sich hiernach entsprechend korrigieren – dem Sohn hingegen, welchem die hierzu entscheidende Kenntnis vorenthalten worden ist, bleibt die wahre Bedeutung des Gesehenen verborgen. Das Zimmer der Pflegemutter nämlich erweist sich als menschenleer; einzig die lebensgroße Abbildung eines jungen Ritters, welche er „in einer Nische der Wand, hinter einem rotseidenen Vorhang, von einem besondern Lichte bestrahlt," (II, 59) entdeckt, beunruhigt ihn:

> Nicolo erschrak, er wußte selbst nicht warum: und eine Menge Gedanken fuhren ihm, den großen Augen des Bildes, das ihn starr ansah, gegenüber, durch die Brust: doch ehe er sie noch gesammelt und geordnet hatte, ergriff ihn schon Furcht, von Elviren entdeckt und gestraft zu werden; er schloß, in nicht geringer Verwirrung, die Tür wieder zu, und entfernte sich. (ebd.)

Der Grund für Nicolos Beunruhigung ist dem Leser nicht bekannt, wohl aber, wem die Verehrung Elvires gegolten haben muss; ihrem genuesischen Lebensretter, an dessen Bett sie über drei Jahre gesessen und auf dessen Genesung gehofft hat, und dessen Tod sie nie überwunden zu haben scheint; mehr noch, sie scheint Letztgenannten nicht wahrzunehmen bzw. zu verdrängen. Voller Inbrunst betet sie einen Toten an, veräußert noch immer ihre Liebe zu ihm und hält diese wie eine Flamme am Lodern. Sie scheint nicht zu bemerken – oder aber will es sich nicht eingestehen – , dass ihre Gefühle nicht mehr erwidert werden können; sie scheint ihn und ihre Liebe partout nicht aufgeben oder sich gar damit begnügen zu wollen, den Verstorbenen lediglich in guter Erinnerung zu behalten. Aus dieser Einsicht folgt zum einen, dass Elvire zurückgezogen in ihrer eigenen Welt lebt, ein Gedankengebilde um sich errichtet hat, durch das sie dem toten Geliebten noch immer nahe bzw. bei ihm sein kann. In der realen Welt scheint sie nur noch Gast, ausschließlich durch ihren Körper präsent zu sein; geistig ist sie überwiegend abwesend. Eine Betrachtung ihres Verhaltens kann dies nur bestätigen: Aus jedem Konflikt hält sie sich heraus, als gingen sie diese irdischen Belange nichts an und interessierten sie nicht, Kritik von ihr – etwa an dem Verhalten Nicolos – erfährt der Leser höchstens durch Einblicke in ihre Gedanken, niemals in einer Äußerung, und auch sonst ist Elvire schweigsam, in sich gekehrt und hält sich überwiegend unauffällig im Hintergrund. Zum anderen entpuppt sich das Familienleben, die Ehe

---

Vgl. hierzu Christian Moser, a.a.O.

mit Piachi als Konstrukt, der weder durch Liebe entstanden ist, noch durch diese zusammengehalten wird. Dass Piachi, der Elvire in der Zeit des Bangens um Colinos Genesung kennen gelernt hat, die junge Frau trotz der Vertrautheit mit deren unverminderter Liebe zu jenem geehelicht hat, deutet auf eine zweckbestimmte Gemeinschaft hin – vermutlich sind es die Interessen des Geschäftsmannes gewesen, nach dem Tode seiner Frau das Image einer intakten Familie aufrecht erhalten zu wollen, welche ihm zum Anlass für eine erneute Heirat gegolten haben. Elvire dagegen hat möglicherweise gerade wegen ihres Wissens – um ihre außerhalb der neuen Bindung liegenden Liebe als auch um die unabänderliche Aussichtslosigkeit derer Erwiderung – in die Heirat eingewilligt, da sie bei Piachi zum einen seiner Rücksichtnahme hat gewiss sein können und zum anderen bereits geahnt haben muss, dass sie niemals mehr eine neue Liebesbeziehung würde eingehen können, und dass daher ausschließlich durch einen so gearteten Kompromiss die Sicherung ihrer eigenen Zukunft und Existenz gewährleistet werden würde.[69]

Die vermutete Motivation Piachis – die dem Geschäft zuträgliche Perfektionierung des äußeren Bildes, welches hier jedoch eher einem nach außen hin gewahrten Anschein entspricht – erklärt zudem die unbedingte Notwendigkeit, von der dem Kaufmann eine unverzügliche Neubesetzung von Paolos Platz gewesen sein muss.

Zwischen den Mitgliedern in dieser Familie herrscht Kälte; Elvires und Nicolos Gefühle sind nach außen gerichtet, einzig Piachi, der diese Konstruktion zwanghaft zusammenhält, zeigt zumindest Respekt und Rücksichtnahme seiner Frau gegenüber. Längst jedoch hat sich das Bild, das der Leser sich anfänglich von dem Alten hat machen sollen, gewandelt; es sind nicht Gefühle oder Gemütsbewegungen – etwa Mitleid oder Gutmütigkeit – , die jenen zur Mitnahme des Findlings veranlasst haben; vielmehr ist es allein die nüchterne, zweckbestimmte und egoistische Absicht bzw. Hoffnung des rein auf sein Ansehen bedachten Geschäftsmannes, auf diese Weise die entstandene Lücke in der Familie umgehend schließen und sich erneut die durch den Tod des vorgesehenen Nachfolgers kurzfristig in Frage gestellte Weiterführung

---

[69] Mit dieser Kenntnis erscheint zudem die Enttäuschung Elvires über Nicolos ungebührliches Verhalten nach Constanzas Tod umso verständlicher und zugleich für sie selbst in ihrem Ausmaß umso schmerzlicher, je mehr dem Leser die Parallele zwischen beiden Figuren bewusst wird: Während den Pflegesohn der Tod seiner Gemahlin nicht weiter zu kümmern scheint und er sich ohne zeitlichen Abstand in seiner Liebesbeziehung vergnügt, bleibt die Liebe Elvires – trotz der Vermählung mit Piachi – dem Ritter gegenüber auch nach dessen Tod unverändert; was jene zu einer treuen und untreuen Frau zugleich macht.

seines Lebenswerks sichern zu können[70]. Mit dieser unverbindlichen Grundlage und indem er vereinigt, was nicht zusammen gehört, schafft Piachi eine Situation, in der das Spektrum von Gleichgültigkeit, Respekt- und Rücksichtslosigkeit über Unverfrorenheit, Gemeinheit und Hinterhältigkeit bis hin zur Gewalt den besten Nährboden finden wird.

Als Nicolo, den seit Entdeckung des Gemäldes die Frage quält, wer die abgebildete Person sein könnte, Xaviera hiervon erzählt, sieht diese hierin eine Gelegenheit zur Realisierung ihres lange ersehnten Bedürfnisses, „Elviren zu stürzen, (...) indem alle Schwierigkeiten, die sie in ihrem Umgang fanden, von ihr herrührten" (II, 59), und wünscht mit der stolzen Begründung, sie könne sich „einer ausgebreiteten Bekanntschaft unter den Edelleuten Italiens (...) rühmen, und falls derjenige, der hier in Rede stand, nur irgend einmal in Rom gewesen und von einiger Bedeutung war, so durfte sie hoffen, ihn zu kennen" (ebd.)[71], das Bild zu sehen.

Bei nächster Gelegenheit, die Eltern sind bei Verwandten Elvires zu Gast, führt Nicolo Xaviera zu dem Bild. Kaum hat er es enthüllt, als auch schon deren kleine Tochter, die zu dieser Unternehmung mitgekommen ist, die Erklärung für Nicolos Erschrecken zur Zeit seiner ersten Betrachtung des Bildes liefert: „(...) Signor Nicolo, wer ist das anders, als Sie?'" (II, 60) Die in Xaviera hierauf entflammte Eifersucht vermögen auch herunterspielende Spötteleien des erröteten Geliebten nicht zu beseitigen, so dass diese sich sehr plötzlich und mit aufgesetztem Desinteresse verabschiedet. Der allein zurückbleibende Nicolo dagegen verstrickt sich, angestachelt durch die intuitive und unwillkürliche Äußerung der Kleinen, in die wildesten Spekulationen und Hoffnungen – wenn auch nicht ohne Zweifel an deren Richtigkeit:

> Er erinnerte sich, mit vieler Freude, der sonderbaren und lebhaften Erschütterung, in welche er, durch die phantastische Erscheinung jener Nacht, Elviren versetzt hatte. Der Gedanke, die Leidenschaft dieser, als ein Muster der Tugend umwandelnden Frau erweckt zu haben, schmeichelte ihn fast eben so sehr, als die Begierde, sich an

---

[70] Ausschließlich dem eigenen Sohn gegenüber scheint Piachi wahre Gefühle der Zuneigung empfunden zu haben, denn sein Weinen und Schluchzen über dessen Tod hält auch dann noch an, als er dessen Platz im Wagen bereits neu vergeben hat. In der neuen Konstellation der Familie mit Elvire und Nicolo jedoch gibt es keine solche Bindung mehr, beide besetzen die freigewordenen Plätze Verstorbener neu, ohne diese jemals adäquat *ersetzen* zu können.

[71] Mit diesen Worten, die zudem möglicherweise eine Gleichsetzung der ‚Bekanntschaften' mit ‚Liebschaften' erlauben, bestätigt Xaviera die oben aufgestellte These, dass es das Vermögen sei, das Nicolo für sie so interessant mache, da sie scheinbar sämtliche ihrer Freunde – Liebhaber inbegriffen – ausschließlich nach deren Ansehen und Wohlstand auswählt.

ihr zu rächen; und da sich ihm die Aussicht eröffnete, mit einem und demselben Schlage beide, das eine Gelüst, wie das andere, zu befriedigen, so erwartete er mit vieler Ungeduld Elvirens Wiederkunft, und die Stunde, da ein Blick in ihr Auge seine schwankende Überzeugung krönen würde. Nichts störte ihn in dem Taumel, der ihn ergriffen hatte, als die bestimmte Erinnerung, daß Elvire das Bild(...) Colino, genannt hatte; (...) und in der Alternative, einem von beiden Sinnen, seinem Auge oder seinem Ohr zu mißtrauen, neigte er sich, wie natürlich, zu demjenigen hinüber, der seiner Begierde am lebhaftesten schmeichelte. (II, 60f.)

Die Situation erinnert an den bereits in der *Verlobung in St. Domingo* offengelegten Umstand – in beiden Fällen weiß der Leser um die tatsächlichen Begebenheiten, die konträr zu dem liegen, was Gustav bzw. Nicolo zu wissen meint oder hofft. Ohne sich den Figuren jedoch mitteilen zu können, muss jener tatenlos und kopfschüttelnd zusehen, wie diese sich blind immer weiter in ihren fehlerhaften Theorien verheddern und verstricken, immer unempfänglicher für offensichtliche, auf ihren jeweiligen Irrtum hinweisende Zeichen werden und letztlich unausweichlich in ihr eigenes Verderben rennen. Dieses Gefühl der Hilf- und Machtlosigkeit des Lesers erfährt zudem die Zuspitzung durch dessen Wissen, dass die folgenschweren Fehlinterpretationen in beiden Fällen – Gustavs Verkennen der Treue seiner Verlobten ebenso wie Nicolos Deutungen seiner Beobachtungen bezüglich Elvire – jeweils auf dem Fehlen lediglich einer Kenntnis basieren und bereits durch ein einziges Gespräch korrigiert, geklärt und beseitigt werden könnten – wodurch nicht zuletzt auch der Ausbruch von Gewalt, wie er am Ende beider Erzählungen steht, verhindert werden würde, denn in beiden Fällen ist er – einmal die direkte, einmal die mittelbare – Folge einer ununterbrochenen Kette bzw. Vertiefung von Missverständnissen.

Erst Wochen später, nach Abreise der von dem Ausflug mitgebrachten Verwandten, kann Nicolo auf eine Gelegenheit zur Prüfung Elvires hoffen. Anstatt ihn jedoch anzusprechen, setzt sich diese in sich gekehrt und wortlos mit einer Handarbeit an den Tisch. Auf eine Reaktion Elvires wartend, fällt sein Blick auf die kleinen geschnitzten Buchstaben, die Piachi aus Nicolos Kindersachen hat hervorsuchen lassen, um sie einem Nachbarskind zu schenken und die ausschließlich deshalb noch immer auf dem Tisch liegen, da sich nicht mehr als diejenigen sechs Buchstaben haben finden lassen, aus denen sich Nicolos Name zusammensetzt. Wieder einmal ist es das Unvorhergesehene, das dem nach Anhaltspunkten Suchenden eine erneute

Bestätigung zu liefern scheint; umso mehr, weil es aus dessen Sicht zudem für Aufklärung des letzten noch vorhandenen Zweifels an der Richtigkeit seiner Vermutungen sorgt:

> Da nun Nicolo die Lettern(...) in die Hand nahm, und während er, mit dem Arm auf die Platte gestützt, in trüben Gedanken brütete, damit spielte, fand er – *zufällig*, in der Tat, selbst, denn er erstaunte darüber, wie er noch in seinem Leben nicht getan – die Verbindung heraus, welche den Namen: *Colino* bildet. (II, 62; erste Hervorhebung von mir)

Die durch diese Entdeckung neu auflodernden Empfindungen „rasender Hoffnungen" (ebd.) und glücklicher Befriedigung unterdrückend, erwartet er angespannt und hämischer Vorfreude voll den Augenblick, in dem Elvire das Werk ersieht; den Namen liest, der ihr zudem – so wird Nicolo annehmen – als Zeichen die sie erschreckende und entlarvende Botschaft überbringen muss, dass er um ihr heimliches Treiben wisse und zugleich sich selbst in dem Synonym erkannt habe.

4.2.7 Vermeidung und Versäumnis einer Aussprache – die Teilschuld Elvires

Ab dieser Stelle vermittelt der Erzähler auch wieder partielle Einsicht in Elvires Gedanken, die Nicolos Vermutungen umgehend zu bestätigen scheinen – kaum hat die kurzsichtige Mutter die neue Ordnung der Buchstaben von Nahem beäugt,

> als sie schon Nicolos Antlitz, der in scheinbarer Gleichgültigkeit darauf niedersah, mit einem sonderbar beklommenen Blick überflog, ihre Arbeit, mit einer Wehmut, die man nicht beschreiben kann, wieder aufnahm, und, unbemerkt wie sie sich glaubte, eine Träne nach der anderen, unter sanftem Erröten, auf ihren Schoß fallen ließ. (ebd.)

Dass Elvire selbst durch ihre Verschwiegenheit die sie umgebenden Personen – welche diese, um sie einschätzen zu können, zu verstehen wünschen – unbewusst zu Deutungsversuchen aufruft, deren Richtigkeit sich wiederum aufgrund ihrer Zurückhaltung erst mit der Zeit erweist, ist bereits weiter oben angedeutet worden. Zum ersten Male jedoch muss Elvire an dieser Stelle die Gefahr bewusst geworden sein, welche ihre Wortkargheit birgt, dass nämlich Fehlinterpretationen zu ihrem Verhalten durchaus, wenn auch von der friedliebenden Frau völlig ungewollt, Konflikte hervorrufen können – und dennoch ignoriert sie diese. Bisher hat sich ihr nie die Gelegenheit geboten, über die entstandenen Missverständnisse zu erfahren oder diese gar aufzuklären, da sie bei Nicolo ausgerechnet auf jemanden getroffen ist, der mindestens ebenso in sich gekehrt ist wie sie selbst und ihr daher – diese verschweigend – nie die Gelegenheit zur Korrektur falscher Zusammenhänge geboten hat. Hier dagegen offenbart er ihr deutlich, etwas über sie in Erfahrung gebracht zu haben. Dabei handelt es sich zugleich ganz offensichtlich um einen Versuch, Elvire bloß zu stellen und zu verletzen – dass er zufällig zu dieser Kombination gekommen sein sollte, ohne sie je erfahren zu haben, kann sie nicht ernsthaft annehmen. Anstatt ihn jedoch zur Rede zu stellen oder zumindest zu erfragen, woher ihm dieser Name bekannt sei, verharrt sie in dem für sie üblichen Schweigen.

Noch bis zu dem Zeitpunkt vor diesem Erlebnis lässt sich die Aufrechterhaltung ihres steten Schweigens dadurch entschuldigen, dass sich ihr noch an keiner Stelle je die Folgen ihrer Zurückgezogenheit dem Pflegesohn gegenüber gezeigt haben[72] – nie über Colino erzählt, niemals ihre Gefühle Nicolo gegenüber, ob Stolz, Wut oder Enttäuschung, kundgetan zu haben – ; hier jedoch zeigt sich deutlich schon allein in dem Erlebnis, wie sehr er sie hiermit zu verletzen vermocht hat, von welcher Wichtigkeit spätestens jetzt die Aufklärung desselben ist. Nicht ausschließlich, um jenen zurechtzuweisen, sondern auch, um ihn auf das Ausmaß des durch ihn erzeugten Schmerzes aufmerksam zu machen, allein schon aus Selbstschutz vor weiteren Stichen in diese empfindliche Stelle.

Mit dem dennoch bewussten Ausweichen jedweder Auseinandersetzung im Gespräch lädt sich Elvire einen nicht geringen Anteil der Schuld an der sich immer weiter verschärfenden Situation auf. Auch ihr zartes Wesen, das – wie man so sagt – keiner Fliege etwas zu Leide tun kann und, dass sie viel zu sehr mit sich selbst und ihrer Sehnsucht nach Colino beschäftigt ist, um wie Piachi ihren Unmut Nicolos gegenüber zu äußern oder gar eine Intrige gegen den Sohn zu spinnen; all ihre gute Absicht und ihre Zurückhaltung aus jeglichen offen geführten Zwistigkeiten kann nichts mehr daran ändern, dem Konflikt eigenhändig den Boden für ein prächtiges Wachstum bereitet zu haben – sie hat eine wichtige Chance versäumt, durch die sie selbst das Folgende hätte vermeiden können[73].

Möglicherweise jedoch liegt dieses Versäumnis gerade in dem ihr hier zugefügten Schmerz begründet, denn vielleicht sehnt sie sich sogar, seitdem „der Jüngling für sie

---

[72] Die erste Konfrontation Elvires mit dem verdrängten Erlebnis durch ihre Begegnung mit dem verkleideten Nicolo kann hierbei unberücksichtigt bleiben, da es sich bei dieser auch aus Elvires Sicht eindeutig um einen Zufall gehandelt haben muss; auch sie wird eingesehen haben, dass Nicolo nicht darauf gerechnet haben kann, seine Mutter zu nachtschlafender Zeit anzutreffen.
[73] In ähnlicher Weise misst auch Gerhard Gönner (a.a.O.) Elvire eine Teilschuld an der Entwicklung des Geschehens bei, indem er ihrer Passivität die unweigerliche Konsequenz

litt und starb" (II, 54), nach jeder Gelegenheit, nun umgekehrt in einer Art Vergeltung für ihn leiden zu können; sich für ihn aufzuopfern, was zudem eine Entsprechung in der huldvollen Pose findet, welche Nicolo durch das Schlüsselloch hat beobachten können.

Und wie angenommen liefert ihr Schweigen und ihre Regung, die Nicolo in den Augenwinkeln wahrnimmt, jenem fälschlicherweise die endgültige Bestätigung,

> daß sie unter dieser Versetzung der Buchstaben nur seinen eignen Namen verberge. Er sah sie die Buchstaben mit einemmal sanft übereinander schieben, und seine wilden Hoffnungen erreichten den Gipfel der Zuversicht, als sie aufstand, ihre Handarbeit weglegte und in ihr Schlafzimmer verschwand. (II, 62f.)

Piachis unerwartetes Eintreffen hindert Nicolo daran, ihr zu folgen, doch als jener, durch den Sohn von einem Unwohlsein Elvires unterrichtet, mit der bloßen Auskunft, sie komme nicht zu Tisch, aus ihrem Zimmer zurückkehrt, „so glaubte Nicolo den Schlüssel zu allen rätselhaften Auftritten dieser Art, die er erlebt hatte, gefunden zu haben." (II, 63)

4.2.8 Gewaltsames Erzwingen von Liebe durch bewusste Täuschung Elvires

Noch während Nicolo, auf diese Weise von sämtlichen Zweifeln befreit, über die Nutzbarkeit der gewonnenen Erkenntnisse nachsinnt, erhält er eine Einladung Xavieras zwecks einer Übermittlung inzwischen in Erfahrung gebrachter Neuigkeiten bezüglich Elvire. Da jener die Eifersucht des Mädchens nicht wahrgenommen zu haben scheint, demzufolge auch nicht auf die Idee kommt, dass diese ihm niemals eine Mitteilung machen würde, die ihn zusätzlich von ihr weg und zu seiner Pflegemutter hintreiben könnte, sieht Nicolo sich vielmehr – aufgrund seines Wissens, dass Elvire in eben dem Karmeliterkloster, in dem Xaviera ein- und ausgeht, ihre Beichte ablegt – zur Annahme berechtigt, auch diese Nachricht könne für ihn von Nutzen sein. Doch anstelle der ersehnten weiteren Bestätigungen seines Glaubens, von Elvire innig begehrt zu werden, wird Nicolo vielmehr

> unangenehm, nach einer sonderbaren schalkhaften Begrüßung Xavierens, (...) aus der Wiege genommen, als sie ihn lächelnd auf den Diwan, auf welchem sie saß, niederzog, und ihm sagte: sie müsse ihm nur eröffnen, daß der Gegenstand von

---

zuschreibt, ihre Person „ganz ohne [deren](...) Zutun zum bevorzugten Objekt einer dem Rachegefühl entsprungenen Begierde" (ebd., S. 235) zu machen.

Elvirens Liebe ein, schon seit zwölf Jahren, im Grab schlummernder Toter sei. (ebd.)

Über die Unbegründetheit ihrer Eifersucht und den Irrtum der Tochter unübersehbar triumphierend, scheint es Xaviera in ihrer Belustigung und Schadenfreude größten Genuss zu bereiten, Nicolo auf den Boden der Tatsachen zurückzuholen und aus dessen schwärmerischen Träumereien aufzuwecken, da sie sich zugleich von der Belehrung des Liebhabers erhoffen muss, nicht mehr weiter der Gefahr der Vernachlässigung ausgeliefert zu sein. Als sie jenem noch Namen, Herkunft und die Art der Verbindung des Ritters zu Elvire nennt und Nicolo um Geheimhaltung dieses Wissens bittet, hat dieser Mühe, Überraschung, Enttäuschung und Erschrecken über diese kalte Dusche noch länger zu kaschieren –

> indem Blässe und Röte auf seinem Gesicht wechselten, (...) und gänzlich außer Stand, wie er war, Xavierens schelmischen Blicken gegenüber, die Verlegenheit, in welche ihn diese Eröffnung gestürzt hatte, zu verbergen, schützte er ein Geschäft vor, das ihn abrufe, nahm, unter einem häßlichen Zucken seiner Oberlippe, seinen Hut, empfahl sich und ging ab. (II, 64)

Der Leser kann den vor den Kopf gestoßenen Nicolo, welcher soeben wie ein sich geliebt und geborgen geglaubtes Kind brutal und ohne Mitleid aus dem warmen Nest; „aus der Wiege genommen" worden ist, in seiner Enttäuschung nahezu vor sich sehen. Dennoch kommt er gar nicht erst dazu, aus dem soeben Erfahrenen zu folgern, dass die Aufklärung dieses Missverständnisses umgehend und endlich dazu führen würde, das aus der Bahn geratene Verhältnis des jungen Mannes zu seiner Stiefmutter ins Lot zurückzubringen, denn bereits im darauffolgenden Satz zeigt sich, dass die finsteren Absichten Nicolos, sich an Elvire zu rächen, nach dieser Erfahrung stärker sind denn je: „Beschämung, Wollust und Rache vereinigten sich jetzt, um die abscheulichste Tat, die je verübt worden ist, auszubrüten." (ebd.) Seine Erkenntnis bezüglich dem wahren Objekt ihrer Verehrung sowie ihrer Treue und Tugend lässt Nicolo zwar die unbefleckte Unschuld Elvires erkennen, kann ihn jedoch nicht dazu bewegen, sein Vorhaben zu verwerfen, im Gegenteil; vielmehr liefert diese ihm den für dessen Umsetzung hilfreichen Hinweis, „daß Elvires reiner Seele nur durch einen Betrug beizukommen sei" (ebd.).

Dass er Elvire nach wie vor nicht aufgeben will und kann, liegt unverkennbar in Nicolos – wegen seines unbefriedigt gebliebenen Verlangens nach echter Liebe –

noch immer andauerndem Sehnen nach dem Erlebnis tiefer und inniger Zuneigung, welches in naher Zukunft zu erhalten er sich von Elvire nach vielseitiger Prüfung endlich zu hoffen berechtigt geglaubt hat – bis zu dem Augenblick vor Xavieras Eröffnung, die kein anderes Ziel hat, als diesen erfüllt geglaubten Wunschtraum Nicolos wie eine Seifenblase zerplatzen zu lassen. Zutiefst erschüttert und wachgerüttelt sind es wohl die verschiedensten Eindrücke, die aufgrund der neuen Erkenntnis auf ihn einströmen: Zum einen die Gekränktheit, dass ein anderer als er – und gar ein Toter – der Gegenstand ihrer Liebe ist; zugleich das daraus resultierende Gelüst, sich dafür zu rächen, eben nicht wie angenommen der von ihr Geliebte zu sein; des weiteren die Enttäuschung der hämischen Hoffnung, Piachi über die Untreue und Untugenden seiner Gemahlin unterrichten zu dürfen und zuletzt das aus alledem motivierte Bestreben, dennoch mittels einer List zumindest die dem Toten geltende Liebe Elvires an sich zu reißen.

Bereits bei nächster Gelegenheit, die sich ihm bald darauf durch die mehrtägige Abwesenheit des Hausherrn bietet, wirft sich Nicolo hierzu erneut in die Verkleidung des genuesischen Ritters und begibt sich in Elvires Zimmer, um in der Nische vor dem zu diesem Zweck verhüllten Bild „ganz in der Stellung des gemalten jungen Patriziers(...) Elvirens Vergötterung" (ebd.) abzuwarten.
Er muss erkannt haben, auf diesem Weg – wenn ihm schon jede Liebe um seiner selbst willen versagt zu bleiben scheint – zumindest einen Kompromiss erreichen zu können. Zwar ähnelt die stellvertretende Entgegennahme der Liebe für Colino derjenigen der Liebe für Paolo, jedoch ist die Partnerschaftsliebe die sinnlichere und körperlich näher erfahrbare als die Elternliebe, die sich ihm gegenüber ausschließlich durch rein materielle Werte geäußert hat. Somit kann Nicolo – im Gegensatz zu der Beziehung mit Xaviera, in der er Liebe erhalten kann, die zwar für ihn bestimmt ist, aber nicht um seiner selbst willen besteht – durch Elvire immerhin eine Liebe erfahren, die zwar nicht für ihn bestimmt ist, dafür jedoch einem echten Gefühl der Zuneigung entspringt.

Kaum hat Elvire sich entkleidet und, den seidenen Vorhang öffnend, vermeintlich den lebenden Colino entdeckt, sinkt sie auch bereits, dessen Namen rufend, in Ohnmacht. Nachdem er sie auf das Bett gelegt und die Tür auf die Verriegelung hin geprüft hat, versucht Nicolo, „sicher, daß sie auch nach Wiederkehr ihrer verstörten Sinne, seiner phantastischen, dem Ansehen nach überirdischen Erscheinung keinen

Widerstand leisten würde," (II, 65) Elvire durch intensive Küsse aufzuwecken. Doch wieder ist es der Zufall, der Piachi – genau wie Hoango in der *Verlobung in St. Domingo* – verfrüht und ausgerechnet nachts von seiner Reise zurückkehren lässt. Nicolo, der sich von dem Alten – im Gegensatz zu Toni – aufgrund der in Rücksicht auf die schlafend vermutete Elvire geräuschlosen Entriegelung der Tür ohne Vorwarnung auf frischer Tat ertappt sieht, erkennt die einzige Möglichkeit seiner Rettung in der Heuchelei reuevollen und sich unterwerfenden Flehens um Vergebung.

> Und in der Tat war der Alte auch geneigt, die Sache still abzumachen; sprachlos(...) nahm er bloß(...) die Peitsche von der Wand, öffnete ihm die Tür und zeigte ihm den Weg, den er unmittelbar wandern sollte. (II, 65f.)

Ein letzter Perspektivenwechsel des Erzählers erfolgt just in dem Moment, als Nicolo den eingetretenen Piachi bemerkt, als ob der Schreck des hierauf „wie vom Donner (...)[G]erührt[en]" (II, 65) den Erzähler zugleich aus seinen Gedanken hinausschleuderte. Ab diesem Augenblick distanziert sich jener von den Figuren, um bis zum Ende der Novelle von einem neutralen Punkt aus Bericht zu erstatten.

4.2.9 Der letzte Schlag gegen den Vater – Missachtung, Auflehnung und Rache

Wie betäubt in seiner maßlosen Enttäuschung, Kränkung und der Erkenntnis der Sinnlosigkeit all seiner Mühen zur Erziehung des Jungen scheint Piachi nicht einmal mehr Zorn empfinden zu können; vielmehr wirkt er hier zerbrechlich, alt, unendlich müde und kraftlos – dass er sich in dieser Situation einem Instrument bedient, das Kraft und Macht symbolisiert, ist nur allzu verständlich[74].

Was hingegen sehr wohl verwundern muss, ist das Vorhandensein von Strick[75] bzw. Peitsche im Kleist'schen Schlafzimmer[76], wobei letztere wie selbstverständlich betrachtet, ersterer zumindest noch als glücklicher Zufall dargestellt wird. Tatsächlich

---

[74] Der deutende Vergleich der Geste Piachis mit dem emotionsgeladenen, zornigen Verhalten während des Verjagens eines Tieres, wie Schröder ihn äußert, erscheint mir daher, orientiert an einer möglichst präzisen Erfassung der Situation, eher unpassend. Vgl. Jürgen Schröder, a.a.O., S. 113: „Als hätte er einen Hund vor sich, nimmt er die Peitsche von der Wand und weist dem ‚Findling' die Tür."

[75] Die Rede ist von dem – „der Himmel weiß durch welchen Zufall" (II, 32) – in Gustavs Schlafgemach hängenden Strick, der Toni zur Rettung des Geliebten verhilft (*Die Verlobung in St. Domingo*).

[76] Bereits Doering hat in Bezug auf das *Erdbeben in Chili* seine Verwunderung über die Anwesenheit von Keulen in einer als Dankgottesdienst deklarierten Veranstaltung kundgetan. Vgl. Wolfgang Doering, a.a.O., S. 228.

jedoch sind beide Gegenstände in ihrem Umfeld deplaziert und zeigen wiederum deutlich den planvollen Einsatz von Zufällen. Der zufällig anwesende Strick ermöglicht in letzter Sekunde das spannende Fortbestehen des nahezu verloren geglaubten verdeckten Wettstreits zwischen den Verlobten und dem Elternpaar. Die indes hier gegen Nicolo zum Einsatz gekommene Peitsche ist vielmehr Zeichen dafür, wie geschwächt Piachi – der, diese Annahme bestätigend, zudem seit Betreten des Zimmers nahezu ausschließlich als „der Alte" beschrieben wird – tatsächlich ist, denn bereits die umgekehrte Aufforderung des sich weigernden Sohnes lässt ihn dieses potentielle Zwangsmittel kraft-, wehr- und machtlos unbenutzt aus der Hand legen:

> Doch dieser, eines Tartüffe völlig würdig, sah nicht sobald, daß auf diesem Wege nichts auszurichten war, als er plötzlich vom Fußboden erstand und erklärte: an ihm, dem Alten, sei es, das Haus zu räumen, denn er durch vollgültige Dokumente eingesetzt, sei der Besitzer und werde sein Recht, gegen wen immer auf der Welt es sei, zu behaupten wissen![77] – Piachi traute seinen Sinnen nicht; durch diese unerhörte Frechheit *wie entwaffnet, legte er die Peitsche weg* (II, 66; Hervorhebung von mir).

Noch immer darum bemüht, der Situation auf einem gewaltfreien Weg wieder Herr zu werden und offenbar zuversichtlich, das Recht unter diesen Umständen auf seiner Seite zu haben, bricht Piachi unverzüglich und unter Zurücklassung Elvires und Nicolos zu einem befreundeten Juristen auf. Zwar setzt sich dieser bereits am folgenden Morgen dafür ein, die Eigentumsüberschreibung rückgängig zu machen, doch da Nicolo sich in seinem Scharfsinn die Raffgier der Mönche zu Nutze zu machen weiß, indem er jene unter Vorweisung der testamentarischen Verfügung um ihren Schutz „gegen den alten Narren, [d]er ihn daraus vertreiben wolle" (II, 66) bittet, und er zuletzt einer Hochzeit mit Xaviera, welcher der Bischof überdrüssig geworden ist, zustimmt,

> siegte die Bosheit, und die Regierung erließ, auf Vermittelung dieses geistlichen Herrn, ein Dekret, in welchem Nicolo in den Besitz bestätigt und dem Piachi aufgegeben ward, ihn nicht darin zu belästigen. (ebd.)

---

[77] Hinsichtlich der Thematisierung des Hereinragens von „Strukturen der öffentlichen Macht" in das intime Familienleben bemerkt Stephens hierzu die Analogie des Verhaltens Nicolos gegenüber dem vorangegangenen von Seiten seiner Pflegeeltern (Anthony Stephens; „Das nenn ich menschlich nicht verfahren". Skizze zu einer Theorie der Grausamkeit im Hinblick auf Kleist, in: Dirk Grathoff (Hrsg.); Heinrich von Kleist: Studien zu Werk und Wirkung. Opladen 1988, S. 10-39). Nachdem jene nämlich anstelle persönlicher und „offene[r](...) Gespräche" (ebd., S. 21) den „institutionelle[n] Kommunikationsweg(...)" (ebd.) – nämlich den der gerichtlichen Überschreibung ihres Eigentums –

Auf die Frage, weshalb Nicolo, wo er sich doch eigentlich nach Liebe sehnt, an dieser Stelle solchermaßen auf den Besitz pocht, lassen sich durchaus Erklärungen finden. Zum einen muss der Findling eingesehen haben, dass Elvire von nun an unerreichbar für ihn sein würde. Da er unverkennbar demnach keine Liebe aus der Familie mehr mitzunehmen hoffen kann, ist anzunehmen, dass er – wenn ihm schon Ersteres vergönnt geblieben ist – nicht auch noch auf das verzichten will, was ihm bereits zugesichert worden ist. Als weiterer, willkommener Nutzen seiner Beharrlichkeit muss ihm die Möglichkeit der tiefen Erniedrigung Piachis gelten, welcher ihn nicht allein durch das Verbot seiner Bindung zu Xaviera zu stetem Versteckspiel gezwungen, sondern zudem die heiß ersehnte Vereinigung mit Elvire gestört und damit das erhoffte Erlebnis – wenngleich auch dieses Gefühl nicht seiner Person selbst gegolten hätte, so währe es doch von *ihr* aus ehrlich – wahrer, echter, inniger und materialungebundener Liebe, verhindert hat.

Zuletzt bleibt noch zu nennen, dass ihm durch die Bewahrung des Eigentums, wenn ihm schon das Erlebnis wahrer Liebe verwehrt zu bleiben scheint, zumindest die heuchlerische Zuneigung habgieriger Mitmenschen weiterhin garantiert bleibt; bliebe ihm auch diese noch versagt, stünde der Findling mit einem Male allein da.

Was sein Bedürfnis nach Zuneigung angeht, wird Nicolo inzwischen erkannt haben, dass ihm scheinbar niemals wahre Liebe entgegengebracht werden würde, die zugleich ihm selbst gelte. Überhaupt ist er während der gesamten Erzählung niemals für eigene Qualitäten mit Herzlichkeit entlohnt worden – die ihm auf der einen Seite entgegengebrachte Gunst basiert auf der Aussicht auf einer Teilhabe an dem ihm zustehenden Vermögen oder auf seiner Eigenschaft als Ersatz des Stief- bzw. eigenen Sohnes; auf der anderen offenbart sich die echte Anerkennung für sein Geschick zur Abwicklung der Geschäfte Piachis in der nüchternen und zugleich – wie zur Kompensierung der Unfähigkeit zur Elternliebe ihm gegenüber – nahezu allumfassenden Besitzüberschreibung. Darum auch hat er möglicherweise seine Hoffnung aufgegeben, das ersehnte Gefühl jemals erfahren zu dürfen und sich damit abgefunden, nicht mehr als den ihm stets als dessen Ersatz vorgeführten materiellen Reichtum erhalten zu können. Unter dieser Annahme ist es nur allzu verständlich, dass er zumindest auf diesen nicht verzichten will.

---

vorgezogen haben, bedient sich auch Nicolo, nach „eine[r] letzte[n] Verweigerung des Dialogs von Seiten Piachis" (ebd., S. 35), wie er es von diesem gelernt hat, der „institutionalisierten Sprache des Gerichts" (ebd.).

4.2.10 Explosion der unterdrückten Aggressionen

Piachi jedoch, der noch am Tag vor Aussendung jenes staatlichen Beschlusses, welcher ihn mit einem Schlag aus allem vertreibt, was er je gegründet, aufgebaut und erworben hat – Ehe, Haus und Vermögen – Elvire, gestorben „an den Folgen eines hitzigen Fiebers, das ihr jener Vorfall zugezogen hatte" (II, 66), hat begraben müssen, richtet sich unter Aufgabe seiner bisherigen Beherrschtheit mit seinem ganzen Zorn gegen jenen, durch dessen Adoption ihm all diese Verluste beschert worden sind.

> Durch diesen doppelten Schmerz gereizt, ging er, das Dekret in der Tasche, in das Haus, und stark, wie die Wut ihn machte, warf er den von Natur aus schwächeren Nicolo nieder und drückte ihm das Gehirn an der Wand ein. Die Leute die im Hause waren, bemerkten ihn nicht eher, als bis die Tat geschehen war; sie fanden ihn noch, da er den Nicolo zwischen den Knien hielt, und ihm das Dekret in den Mund stopfte. (II, 66f.)

Auslöser dieser Gewalt ist weniger die den Moment ausfüllende Raserei als vielmehr ein erlösendes Nachgeben gegenüber den zuvor durch Beherrschung in Zaum gehaltenen Emotionen; ein Ausgeliefertsein an die währenddessen aufgestauten Aggressionen, deren Ausbruch durch Vernunft nicht mehr aufzuhalten ist. ‚Wie von Sinnen', ‚blind vor Wut' – so lässt sich der Zustand Piachis, in welchem er seinen Rachegelüsten freien Lauf lässt, beschreiben. Die jüngsten Geschehnisse sind hierbei lediglich die sogenannten letzten Tropfen gewesen, die das Frustrationsfass zum Überlaufen gebracht und den unterdrückten Ärgernissen und Enttäuschungen – wie ein Dammbruch den herausdonnernden Wassermassen – den Riegel geöffnet, den Ausbruch ermöglicht haben. Nicht also der Umschlag der steten Beherrschtheit in die blinde Wut ist daher verantwortlich, dass es soweit hat kommen können – dieser macht Piachi lediglich zu einer solchen Tat fähig, liefert ihm den Anstoß zu deren Realisierung – sondern der Prozess, der im Vorfeld, über Jahre hinweg, zu der Anstauung eines solchen Potentials geführt hat. Die Gewalttat selbst ist lediglich der Indikator für die bis zur Überschreitung der Kapazität unter der Oberfläche verborgen gebliebenen Aggressionsansammlungen; sie – als das jenen Prozess abschließende Resultat – ist nicht mehr als ein Ausschnitt eines Ganzen. Eine isolierte Betrachtung derselben kann daher nicht weiterhelfen, vielmehr muss – um deren Entstehung, Veranlassung und Begründung im Denken der Figur Piachi gerecht werden zu können – der Zusammenhang; das der Tat vorausgegangene Geschehen, wie oben darzulegen versucht wurde, stets im Blick behalten werden.

Das explosionsartige Hervorbrechen der Erzürntheit Piachis zeigt dem Leser um so mehr das Ausmaß der Ansammlung all der unterdrückten Ärgernisse, wenn dieser bedenkt, wie wenig der alte Geschäftsmann ansonsten jedwede Emotion in seinem Denken und Handeln zugelassen hat – neben dem Mitleid für den noch pestkranken Nicolo, der Trauer um den Verlust des leiblichen Sohnes und der aus Demütigung motivierten Intrige gegen den jungen Witwer hat Piachi jede weitere Offenbarung von Empfindungen vermissen lassen – Vatergefühle gegenüber dem als Sohn angenommenen Waisenkind ebenso wie Liebe zu Elvire. Dabei sind es gerade die durch Gefühle veranlassten Taten, die dem Leser Positionen und Handlungsweisen der Figuren nachvollziehbar machen können – die Sehnsucht Nicolos nach wahrhafter Liebe (bis zu dem Punkt, an dem er willentlich Unrecht begeht) und dessen Rachegelüste dem hereingeplatzten Alten gegenüber ebenso wie die – unter Aufgabe jener nüchtern-kühler Beherrschtheit des Geschäftsmannes – hervorbrechende Mordsucht des Letztgenannten gegen denjenigen, der ihm die Adoption mit der Wegnahme allen Hab und Guts gedankt hat.

Der Schluss der Novelle ist geprägt von dem Wahn des zum Tode verurteilten Piachis – welchem der Mord an der vermeintlichen Quelle seines Unglücks offenbar nicht in adäquater Weise die Gelegenheit hat bieten können, das Potential des hervorquellenden gestauten Aggressionen zu erschöpfen und sich selbst somit neutralisierend in ein inneres Gleichgewicht zurückzubringen – seine Rache an Nicolo in der Hölle zu Ende bringen zu wollen. Um dies mit Gewissheit ausführen zu können, verweigert Piachi die Absolution. Da jedoch in dem Herrschaftsgebiet des Papstes eine solche jedweder Hinrichtung voranzugehen hat, wird der Unbußfertige an drei aufeinanderfolgenden Tagen, da das Scheitern jeden Versuchs, ihn zur Reue zu bewegen, seine Erhängung verbietet, jeweils unverrichteter Dinge vom Galgen zurück ins Gefängnis gebracht. Voller Verzweiflung hebt Piachi daraufhin

> mit einer grimmigen Gebärde, die Hände empor, das unmenschliche Gesetz verfluchend, das ihn nicht zur Hölle fahren lassen wolle. Er rief die ganze Schar der Teufel herbei, ihn zu holen, verschwor sich, sein einziger Wunsch sei, gerichtet und verdammt zu werden, und versicherte, er würde noch dem ersten, besten Priester an den Hals kommen, um des Nicolo in der Hölle wieder habhaft zu werden! (II, 68)

Erst auf den Befehl des hievon benachrichtigten Papstes wird Piachi schlussendlich ohne priesterliche Begleitung, Absolution und Publikum gehenkt.

Durch die stete Weigerung und schließlich noch die Androhung eines weiteren Mordes wird die Unbefriedigtheit der an Piachi zehrenden Rachegelüste noch ein letztes Mal betont – er scheint seinen Emotionen völlig ausgeliefert, so dass nicht einmal die Dauer von drei Tagen den von nicht mehr in Zaum zu haltenden Aggressionen Gequälten zur Vernunft bringen kann. Die Erfüllung der Hoffnung desselben auf die Wiedererlangung des seelischen Friedens durch eine Fortsetzung seiner Rache in der Hölle sieht Schröder[78] jedoch gefährdet. Er bezweifelt nämlich die Anwesenheit Nicolos in jener, indem er zwar ebenfalls äußeren Faktoren die Schuld an dessen Handlungen zuweist, dagegen allerdings den unbestreitbaren Tatbestand – dass die letzte Tat des Findlings sehr wohl aus dem Bewusstsein, Unrecht zu tun[79], entstanden und somit nicht mehr durch die Verschlossenheit Elvires ihm gegenüber zu rechtfertigen ist – mit der allgemeinen Verdrehtheit sämtlicher Ansichten von ‚Gut' und ‚Böse' durch die bzw. in der Novelle verteidigt.

4.2.11 Abschließende Betrachtungen

4.2.11.1 Verschärfung des Dilemmas durch wechselseitiges Aufstacheln

Auslöser der Gewalttat am Ende der Erzählung ist also die Explosion eines bis zum Bersten gefüllten Emotionsfasses, dessen Inhalt und Steigung des Pegels in Abhängigkeit jeweiliger Erlebnisse im Handlungsverlauf durch unterdrückte Frustrationen bestimmt worden sind. Das Verhalten sämtlicher Figuren ebenso wie die Zuspitzung der Lage ist demnach – auf Grundlage der familiären Situation als Nährboden für Missverständnisse und Aggressionen erzeugende Verhaltensweisen – in einem ständigen Wechselspiel stets durch Aktion und Reaktion[80] zwischen den Charakteren zustande gekommen, weshalb auch die Ursache des je aktuell *ausgelösten* Verhaltens außerhalb der Figur begründet liegt. Eine knappe

---

[78] Vgl. Jürgen Schröder, a.a.O., dessen Frage – „Aber landet Nicolo denn überhaupt in der Hölle?" (ebd., S.126) – jedoch in seiner Untersuchung unbeantwortet bleibt.

[79] Vgl. II, 64 nach Erkenntnis seines Irrtums über den tatsächlichen Gegenstand der Liebe Elvires: „Er fühlte wohl, daß Elvirens reine Seele nur durch einen Betrug beizukommen sei".

[80] Zu den gegenseitigen Auswirkungen der Handlungen auf die Verhaltensweisen der übrigen Figuren vgl. Jürgen Schröder, a.a.O. Schröder vergleicht den Stoff der Erzählung als „Energiespeicher, dessen Kräfte sich je nach dem Arrangement schwächen oder steigern, aufladen oder entladen, neutralisieren oder polarisieren." (ebd., S. 121) Zugleich spricht er ihnen m. E. unangebracht jeden eigenen Willen ab, indem er sie – als von der sie beherrschenden Situation abhängig – von außen gelenkten, wehrlosen Marionetten gleichsetzt. Nicolo gilt hierbei als neutraler Körper, der sich erst durch die Einfügung in die Familie mit Energie auflädt, die der des Vaters entgegengesetzt ist; mit Elvire dagegen trete er in ein „hochgespanntes Verhältnis" (ebd., S. 122). Auf dieser Grundlage erklärt Schröder schließlich den „Eindruck des Mechanisch-Konstruktiven und Maschinenmäßigen in Anlage und Ablauf" (ebd., S. 121) der Novelle.

zusammenfassende Darstellung der Etappen, die zur Eskalation hingeführt haben, soll dies verdeutlichen:

Auf Nicolos starre Mimik, das Verschweigen eigener Gedanken und Gefühle sowie dessen sichtliche Unfähigkeit zum Mitleid folgt zunächst die Einpressung desselben in eine vorgefertigte Rolle durch Piachi, in denen das erwartete Betragen bereits vorgegeben ist. Zugleich bringt er dem angenommenen Sohn die dem Geschäftsmann typischen Verhaltensweisen von kühler Distanziertheit, Desinteresse an der Person und Verbergung jedweder innerer Regung entgegen. Nicolo wiederum reagiert mit dem Ausbruch aus dem starren Rahmen und der Vorenthaltung elterlicher Zuneigung, indem er außerhalb der Familie Freundschaften knüpft. Da diese jedoch den vorgegebenen Rahmen sprengen, kontert Piachi, ohne irgendein Interesse an den Zusammenhängen, d.h. an den Ursachen deren Entstehung in Nicolos Persönlichkeit zu bekunden, hierauf mit einem strikten Verbot der unerwünschten Verhaltensweise; die willkommene der zufriedenstellenden Erledigung von Geschäften dagegen belohnt er, allerdings nicht mit stolzer und väterlicher Zuneigung, sondern mit der Überschreibung des Vermögens. Die Reaktion Nicolos auf das Verbot ist die Hintergehung von Eltern und Gemahlin. Die Verschlossenheit Elvires in Bezug auf Vergangenheit wie auch ihr gesamtes Gefühlsleben erzeugt in Nicolo den steten Zwang zur Interpretation ihrer jenem gegenüber uneindeutigen Verhaltensweisen. Umgekehrt führt dessen Zurückhaltung den Eltern gegenüber dazu, dass die hierdurch entstandenen Missverständnisse ungeklärt bleiben und sogar durch weitere Beobachtungen eine scheinbare Bestätigung erhalten. Den Tod Constanzas empfindet Nicolo als Freifahrschein für das erneut unverhüllte Nachgehen seiner Leidenschaften. Der sich hierdurch in seiner Ehre verletzt fühlende Vater setzt zum Gegenschlag an, indem er Nicolo das intrigante ‚Rendezvous' mit der Leiche der Gemahlin beschert. Dieses Erlebnis wiederum lässt Nicolo auf Rache sinnen, wenngleich sich diese aufgrund einer weiteren, durch eine Beobachtung rechtfertigte Fehlannahme gegen Elvire richtet. Zugleich zwingt ihn sein Bangen um den Erbteil an der Hinterlassenschaft Constanzas dazu, Piachi die zukünftige Enthaltsamkeit gegenüber Xaviera vorzuheucheln, was ihm zudem als Herausforderung zu geschickter Hintergehung zusätzlichen Spaß bereitet. Auf die Provokation Elvires zur Entdeckung der neuen Buchstabenordnung reagiert diese bewusst – trotz der offensichtlichen dringenden Notwendigkeit eines Gesprächs – mit Schweigen und Flucht. Ein ähnlich das angebrachte Handeln ignorierendes Bewusstsein legt Nicolo an den Tag, als er die Erkenntnis, dass Elvires Liebe nicht seiner, aber einer ihm äußerlich ähnelnden Person gilt, dahingehend nutzt, sich als jene auszugeben, um sich Elvires Liebe zu erschleichen.

Als Gegenschlag auf Piachis Hereinplatzen und dessen Verweis erwirkt Nicolo mit List einen Sieg im Kampf um das überschriebene Vermögen. Durch dies und den Tod Elvires endgültig überreizt, vollführt jener schlussendlich den Mord an seinem Pflegesohn.

4.2.11.2 Versuchte Lenkung durch Erzählerwertungen

Da, wie oben dargestellt – sowohl von der elterlichen als auch von der Seite des Pflegesohnes aus – das Führen von Gesprächen stets gemieden worden ist, fällt der Anteil wörtlicher Rede im Text entsprechend gering aus – umso mehr Spielraum bleibt dem Erzähler für die Darstellung aus seiner Sicht. Dazu lässt sich, ähnlich wie in der *Verlobung in St. Domingo* auch hier beobachten, dass der Leser – vorausgesetzt, auch er verfechtet die durch die vorliegende Studie vertretene Ansicht, dass den in extremem Maße liebesbedürftigen Findling die geringste Schuld an seinem Hineinschlittern in die ödipale Verhaltensweise trifft – wiederum gezwungen ist, gegen den Erzähler zu lesen, da dieser – ab der Stelle, an welcher Nicolo die Vertauschbarkeit der Buchstaben von Nicolo zu Colino erkennt und sich, auch durch Elvires direkte Reaktion hierauf, seiner Vermutungen erstmals sicher glaubt und diese für sich zu nutzen anstrebt – eigene Wertungen, die Nicolos Denken und Handeln verurteilen, in die Handlung einstreut, um den unter diesem Einfluss stehenden Leser von der abgrundtiefen Boshaftigkeit Nicolos zu überzeugen, als habe dieser es von Anfang an ausschließlich darauf angelegt, sich bei Piachi einzuschleichen, um an Frau und Besitztum desselben zu gelangen[81]. Die – in der bisherigen, am Text orientierten eingehenden Untersuchung des Sachverhalts – offengelegte, als gegeben anzunehmende Theorie, dass Nicolo vielmehr zu seiner Handlung, wenn auch unbeabsichtigt, getrieben worden ist, versucht der Erzähler damit zugleich aus den Gedanken des Lesers zu verbannen. Es ist jedoch tatsächlich die Kombination aus der liebessüchtigen Figur des Findlings mit den Figuren der

---

[81] Gemeint sind folgende, die Wertung des Erzählers beinhaltenden Beschreibungen Nicolos und seines Tuns, mit welchen jener sichtlich die Antipathie des Lesers gegenüber jenem zu wecken bemüht ist: „von rasenden Hoffnungen (...) getroffen" (II, 62), „in seiner schändlichen Freude" (II, 63), „seine unnatürlichen Hoffnungen" (II, 63), „unter einem häßlichen Zucken seiner Oberlippe" (II, 64), „die abscheulichste Tat" (ebd.), „den satanischen Plan" (ebd.), „im Scharfsinn seiner schändlichen Leidenschaft" (ebd.), (die im heutigen Sprachgebrauch nahezu ironisch anmutende

durchkonstruierten Zweckgemeinschaft – Elvire und Piachi –, welche letztendlich den Ausbruch der Denk- und Handlungsweise erstgenannter aus den geordneten Bahnen erzeugt.

Eine bewusste Entscheidung trifft Nicolo erst ab dem Zeitpunkt der Aufklärung durch Xaviera, als er beschließt, die Vorstellung, Elvire sei ihm in Liebe verfallen, trotz der erstmaligen Erkenntnis seines Irrtums nicht aufgeben zu wollen. Stattdessen scheint er wie befangen in seinem Wahn, sich an dem schönen Traum, der ihn noch eben in den höchsten Freudentaumel hat versetzen können, festzuklammern und sich notfalls die Grundlage, auf deren Annahme sich seine ganze zerbrechliche und unhaltbare Hoffnung hat stützen können, gewaltsam herbeizuführen; die Zuneigung Elvires zu sich listig zu erzwingen. Somit kann ihm – ähnlich wie Toni in Bezug auf ihre Beihilfe zum Mord – kaum eine Schuldfähigkeit an seinem der Anwendung von Gewalt entsprechenden und von sexueller Nötigung nicht allzu weit entfernten Täuschungsversuch zugerechnet werden; kein klarer Gedanke durchdringt mehr seine Manie, seine Besessenheit nach Befriedigung der Liebessucht.[82]

Bezeichnung) „die Büberei" (II, 65), „eines Tartüffe völlig würdig" (II, 66), „diese unerhörte Frechheit" (ebd.), „de[r](...) höllische(...) Bösewicht(...)" (ebd.).

[82] Auch Brun erklärt, mit einer Doering sehr ähnlichen Theorie, Nicolos Verhalten als „durch das Frustrationsgefühl erklärbar"; als Reaktionen auf sein Stellvertreterdasein, das ihn sich „des eigenen Ichs beraubt" fühlen lasse. (Jacques Brun, a.a.O., beides S. 206)

5 *Das Erdbeben in Chili*

5.1 Zusammenfassung

Im Vorfeld der Erzählung liegt die Entstehung einer gegen den elterlichen Willen aufrecht erhaltenen Liebesbeziehung zwischen Donna Josephe, Tochter aus reichem Hause, und deren Lehrer Jeronimo Rugera. Die Unterbringung Josephes in einem Kloster, in der Absicht, jede weitere Vertiefung jener zu unterbinden, kann die junge Liebe nicht daran hindern, sich im Dunkel der Nacht im Klostergarten ihren Weg zu suchen, so dass Josephe nach entsprechender Zeit ausgerechnet während einer Prozession „in Mutterwehen auf den Stufen der Kathedrale" (IV, 4) niedersinkt.

Zur etwa gleichen Zeit, als die zum Tode Verurteilte vor Augen der Schaulustigen der Stadt enthauptet werden soll – an dieser Stelle setzt die Erzählung ein – , wird der inhaftierte Jeronimo bei seinem Versuch, sich zu erhängen, durch ein heftiges Erdbeben gestört. Durch die einstürzenden Wände befreit, flieht er in plötzlicher Todesangst aus der im Zusammenbruch begriffenen Stadt. Erst als er zur Ruhe kommt und Gott für seine Gnade danken will, erinnert er sich Josephes. Durch einen winzigen Hoffnungsschimmer zur Suche angetrieben, findet er schließlich Frau und Kind. Glücklich planen die beiden, ihre kleine Familie, sobald die Beben abgeklungen sind, nach Spanien zu retten. Als Josephe am nächsten Tage von Don Fernando, einem Bekannten, gebeten wird, seinem Kind die – durch in der Katastrophe zugezogenen Verletzungen zum Stillen unpässlichen – Mutter zu ersetzen, und nach vollbrachter Tat eingeladen wird, sich zu seiner Familie hinzuzugesellen, erscheint es den beiden bald, als habe all das Unglück ein Paradies erzeugt. Sie sehen Menschen aller Stände sich gegenseitig Hilfe leisten und das letzte, das sie aus ihren einstürzenden Häusern haben retten können, miteinander teilen, „als ob das allgemeine Unglück alles, was ihm entronnen war, zu einer Familie gemacht hätte." (IV, 14) Hierdurch wie auch in der herzlichen Aufnahme durch die Familie Don Fernandos in der Hoffnung bestärkt, in der neu entstandenen Gemeinschaft akzeptiert zu sein, folgen die Liebenden dem in die letzte erhaltene Kirche pilgernden Volk, um Gott ihr Überleben zu danken. Der Priester jedoch erklärt das Erdbeben als Rache Gottes für den lästerlichen Frevel des jungen Paares. Das derart aufgehetzte Volk, das die Schuldigen gefunden zu haben meint, richtet seine gesammelte Gewalt auf die kleine Familie, und obgleich Don Fernando seine Freunde tapfer zu schützen versucht, kann er deren blutige Vernichtung nicht verhindern. Erst als ihm zuletzt noch wahllos eines der Kinder aus seinem Arm gerissen und in der falschen Annahme, es sei das Zeugnis jener Sündentat, brutal „an eines Kirchpfeilers Ecke zerschmettert" (IV, 21) worden ist, zerstreut sich die Menge. Die Erzählung endet damit, dass der um seinen Sohn Juan Trauernde gemeinsam mit seiner Gemahlin das kleine Waisenkind adoptiert, „und wenn Don Fernando Philippen mit Juan verglich, und wie er beide erworben hatte, so war es ihm fast, als müßt er sich freuen." (IV, 22)

5.2 Entstehung der Gewalt in der Erzählung

Anders als in den vorangegangenen Novellen, in denen das jeweilige Dilemma im Laufe der Handlung eine zunehmende Verschärfung erfährt, deren aufgestaute Energie sich durch die am Ende stehende Gewalttat zu entladen scheint, ist es im *Erdbeben in Chili* gerade das unvorhersehbare Unglück in deren Ausgang, das – gepaart mit kaltblütiger Brutalität – um so grausamer wirkt. Zudem ist in keiner der Erzählungen Kleists der Leser so sehr zu eigenen Interpretationen aufgefordert und auf diese angewiesen wie in dieser – provoziert durch die den Text durchdringende Konstruktion des „als ob"; enttäuscht ausgerechnet jeweils dann, wenn sie just im diesem vorangegangenen Augenblick als bestätigt angenommen worden sind.

Zu der – die scheinbare Faktizität in Zweifel ziehenden – durchgängig subjektiven Darstellung des Geschehens; der Beschreibung der *Wirk*lichkeit, bemerkt Altenhofer:

> Die Schilderung der Ereignisse ist von relativierenden oder perspektivierenden Formeln wie ‚es schien' oder ‚es war, als ob' durchsetzt, die das Objektiv-Eindeutige der Vorgänge in Frage stellen. (...) In der Bewertung der Ereignisse durch die Personen schieben sich ambivalente Urteile oder Gefühlsreaktionen so sehr vor das Ereignis selbst, dass dieses innerhalb der Konstruktion der Erzählung – also nicht nur in der Erfahrung der fiktiven Gestalten, sondern auch in der Perspektive des Lesers – Rätselcharakter gewinnt.[83]

Eben genau dieser „Rätselcharakter" ist es, der den – selbst durch den Erzähler kaum besser als die Figuren informierten – Leser zu ständigen Deutungsversuchen verleitet. Das Urteil Mosers zu den im Rahmen der „Berliner Abendblätter" veröffentlichen Anekdoten und Essays Kleists lässt sich uneingeschränkt auf *Das Erdbeben in Chili* übertragen: „Die (...) Kurztexte provozieren den Leser zur voreiligen Anwendung eines vermeintlichen Wissens und lassen dies zugleich ins Leere greifen."[84]

---

[83] Norbert Altenhofer; Der erschütterte Sinn. Hermeneutische Überlegungen zu Kleists ‚Das Erdbeben in Chili', in: David E. Wellbery (Hrsg.); Positionen der Literaturwissenschaft: Acht Modellanalysen am Beispiel von Kleists „Das Erdbeben in Chili", München 2001, S. 45.
[84] Christian Moser, a.a.O., S. 4.

Somit ist der Leser dem Geschehen weitgehend ebenso ahnungslos ausgeliefert wie die Figuren selbst, und um so direkter trifft daher auch ihn zuletzt die unvermutete Rezeption der Gewalttat. Um folglich zu analysieren, zu welchen Interpretationen Leser, Erzähler und Figuren während der Handlung durch Geschehen und Sprachstil verleitet werden – zumal das Geschehen wie in keiner der anderen Novellen von der direkten Reaktion der Gestalten auf die subjektive Deutung des jeweils Erlebten beherrscht ist[85] – und in welcher Art die Gewalt gerade durch die unerwartete Widerlegung jener eine Steigerung in ihrer Brutalität erfährt sowie für Ernüchterung bei Figuren und Leser sorgt, soll auch in diesem Fall eine am Handlungsverlauf orientierte Betrachtung die Klärung erleichtern.

5.2.1 Kriminalisierung und Sanktionierung einer Liebesbeziehung

In St. Jago, der Hauptstadt des Königreichs Chili, stand gerade in dem Augenblicke der großen Erderschütterung vom Jahre 1647, bei welcher viele tausend Menschen ihren Untergang fanden, ein junger, auf ein Verbrechen angeklagter Spanier, namens *Jeronimo Rugera*, an einem Pfeiler des Gefängnisses, in welches man ihn eingesperrt hatte, und wollte sich erhenken. (IV, 3)

Auf die Ankündigung des sogleich zu erwartenden Erdbebens folgt, den Leser auf diese Art in unbefriedigter Spannung haltend, zunächst ein Rückblick auf das Zustandekommen der geschilderten Situation. So erfährt der Leser, dass es sich bei dem Inhaftierten um den ehemaligen Hauslehrer Donna Josephes handelt, den ihr Vater, „einer der reichsten Edelleute der Stadt" (ebd.) etwa ein Jahr zuvor entlassen hat, als sich eine Liebesbeziehung zwischen den jungen Leuten anzubahnen schien. Offensichtlich widerstrebt ihm die Vorstellung einer Verbindung seiner Tochter zu einem minder begüterten Mann eines niederen Standes derart, dass ihm ein Hinweis „durch die hämische Aufmerksamkeit seines stolzen Sohnes" (ebd.) genügt, diesen Stein des Anstoßes – offenkundig weniger um Josephe als um das eigene Ansehen in Sorge – durch Einweisung jener in ein Kloster gewaltsam zu entfernen. Dass ihm dies jedoch selbst hiermit nicht gelungen ist, erfährt der Vater in jenem Moment, als Josephe ausgerechnet während der Prozession im Rahmen eines Kirchenfeiertages

---

[85] Zu der Abhängigkeit des Geschehens von dem unmittelbar reaktiven Verhalten der Figuren vgl. Bernd Fischer, a.a.O. Fischer nennt den Handlungsablauf in *Erdbeben in Chili* eine „blinde Kette von Stimulus und Response, die bestenfalls vom fast vorbewussten Egoismus des Urteilsvermögens der Figuren eine gewisse Steuerung erfährt. (...) Der Mensch reagiert, wo er meint selbstbestimmt zu handeln. Die Welt lässt sich nicht mehr zusammendenken, das Individuum kommt nicht zu sich selbst und erschöpft sich in zwanghaften Reaktionen auf Außen und Innen." (ebd., S. 21)

vor aller Augen in den Wehen zusammenbricht. Die „junge Sünderin" (IV, 4) wird hierauf zum Tode verurteilt; und da man „in der Stadt mit einer so großen Erbitterung von diesem Skandal [sprach], und die Zungen (...) so scharf über das ganze Kloster her[fielen], in welchem er sich zugetragen hatte" (ebd.), kann weder das überraschende Bittgesuch der Familie Josephes – durch deren selbstsüchtiger Willkür es schließlich überhaupt erst zu jenem Skandal hat kommen können – noch der Antrag selbst der Äbtissin, „welche das junge Mädchen wegen ihres sonst untadelhaften Betragens lieb gewonnen hatte" (ebd.) mehr als eine ehrenhaftere Art der Hinrichtung erreichen. Gerade in der Meinung der Klostervorstehenden bezüglich Josephes zeigt sich der Widersinn, dessen Opfer jene geworden ist. Hätte nämlich der Vater gar nicht erst durch die Ausnutzung der elterlichen Gewalt über das Liebesleben seiner Tochter zu bestimmen versucht und ihr die Enthaltsamkeit aufoktroyiert, wäre diese erst gar nicht in die Zwangslage gekommen, in der Liebe zu einem Mann ein Verstoß gegen das (Kirchen-)Gesetz bedeutet. In dieser Bredouille jedoch kann die junge Frau, die sich schmerzlich nach dem Geliebten sehnen muss, nicht umhin, entgegen ihrer braven Wesensart das Gesetz zu brechen. Somit ist es das eigenmächtige, selbstherrliche und gefühlskalte Verhalten der ausschließlich um ihr Prestige besorgten Familie, welches die Liebe eines artigen Mädchens zu einer Straftat und es selbst zu einer Sünderin macht, indem sie ihm den legalen Weg der Auslebung seiner Gefühle verwehrt.

In den Augen des empörten Volkes jedoch, das sich anmaßt, hierüber zu urteilen, geschieht es in der Übereinkunft mit Gott, jene „Sünderin" zu bestrafen. Wie um die Wiederherstellung der Reinheit des beschmutzten Namens Gottes zu überwachen, scheint es ihm größte Genugtuung zu bereiten, die Hinrichtung mitzuerleben. Um daher so viele Menschen wie möglich hieran teilhaben zu lassen, wird die zum Tode Verurteilte dem Volk gar ebenso wie in einer kirchlichen Prozession vorgeführt:

> Man vermietete in den Straßen, durch welche der Hinrichtungszug gehen sollte, die Fenster, man trug die Dächer der Häuser ab, und die frommen Töchter der Stadt luden ihre Freundinnen ein, um dem Schauspiele, das der göttlichen Rache gegeben wurde, an ihrer schwesterlichen Seite beizuwohnen. (IV, 4f.)

5.2.2 Errettung der Liebenden durch die Naturgewalt: Das Eingreifen Gottes?

Hiermit kehrt die Erzählung wieder zu dem aktuellen Geschehen zurück, zu dem Augenblick, in dem die „Glocken, welche Josephen zum Richtplatze begleiteten" (IV, 5) dem verzweifelten Jeronimo ankündigen, dass neben all seinen gescheiterten

Fluchtversuchen zur Rettung der Geliebten auch seine Gebete an die „heilige(...) Mutter Gottes" (ebd.) erfolglos geblieben sind. Just in dem Moment jedoch, als er, sein Leben verfluchend, zur Vollstreckung schreiten will, scheint höhere Gewalt in das Geschehen eingreifen zu wollen. Ein gewaltiges Erdbeben, das den größten Teil der Stadt und mit ihm alles darauf befindliche Leben in die Tiefe reißt, lässt die Wände des Gefängnisses derart zusammenstürzen, dass sie dem mit einem Male von Todesangst erfassten Jeronimo für die kurze Zeit, die er zur Flucht benötigt, eine Öffnung freigeben, bevor der Bau endgültig in sich zusammenbricht. Der Leser, der durch die Augen Jeronimos das durch die Katastrophe entstandene Unglück wahrnimmt und erlebt, wie jener – im Gegensatz zu all den vom „allgemeinen Verderben" (IV, 6) betroffenen toten und verwundeten Menschen, denen er begegnet – stets unbeschadet aus stürzendem Gestein, Flammen und über die Ufer getretene Wassermassen hervorgeht, kann kaum umhin, in der Hoffnung, dass das Beben auch Josephe vor dem Tod hat bewahren können, an göttliche Fügung zur Rettung der Liebenden zu glauben. Gerade die Darstellung all des Grauens und dem Ergehen seiner Mitmenschen hebt kontrastierend die Unversehrtheit Jeronimos hervor:

> Besinnungslos, wie er sich aus diesem allgemeinen Verderben retten würde, eilte er, über Schutt und Gebälk hinweg, indessen der Tod von allen Seiten Angriffe auf ihn machte, nach einem der nächsten Tore der Stadt. Hier stürzte noch ein Haus zusammen, und jagte ihn, die Trümmer weit umherschleudernd, in eine Nebenstraße; hier leckte die Flamme schon, in Dampfwolken blitzend, aus allen Giebeln, und trieb ihn schreckenvoll in eine andere; hier wälzte sich, aus seinem Gestade gehoben, der Mapochofluß auf ihn heran, und riß ihn brüllend in eine dritte. Hier lag ein Haufen Erschlagener, hier ächzte noch eine Stimme unter dem Schutte, hier schrieen Leute von brennenden Dächern herab, hier kämpften Menschen und Tiere mit den Wellen, hier war ein mutiger Retter bemüht, zu helfen; hier stand ein anderer, bleich wie der Tod, und streckte sprachlos die Hände zum Himmel. (ebd.)

Nicht allein die in all der Schreckensdarstellung eher untergehende Beschreibung der Geste des Letztgenannten scheint wie eine versteckte Aufforderung an den Leser, die Ursache des Bebens nicht allein in der Natur zu suchen; auch der aus der Stadt entflohene Jeronimo „senkte sich so tief, daß seine Stirn den Boden berührte, Gott für seine wunderbare Errettung zu danken" (IV, 7). Überhaupt scheinen die Figuren Gott für alles Geschehen verantwortlich zu halten, denn kaum kehrt die Erinnerung des Geretteten an seine Liebste zurück, fängt ihn auch schon „sein Gebet (...) zu reuen an, und fürchterlich schien ihm das Wesen, das über den Wolken waltet." (ebd.)

Als es Jeronimo jedoch nach langer, verzweifelter Suche gelingt, Josephe mit dem kleinen Philipp auf dem weiten Feld vor der Stadt unter all den vielen Menschen lebendig anzutreffen, fühlt sich nicht allein der Leser in seiner Vermutung bestätigt: „Mit welcher Seligkeit umarmten sie sich, die Unglücklichen, die ein Wunder des Himmels gerettet hatte!" (IV, 8) Neben der Annahme, das Erdbeben sei ein Eingriff Gottes zur Rettung der Liebenden vor dem menschlichen Gericht, scheint auch die Scheinheiligkeit des Volkes belegt; die selbstherrliche Überzeugung, den Willen Gottes zu kennen, in der jenes sich auf den Richtersitz emporgeschwungen hat, wirkt wie entlarvt. Tatsächlich sogar scheint in dem Erdbeben der wahre Wille Gottes zum Ausdruck zu kommen; einerseits sein Zorn über die Anmaßungen des Volkes, andererseits, als „[b]ombastische(...) Befreiung[sinszenierung]"[86], der Schutz zweckfreier, wahrhaftiger Liebe und die Einebnung der Standesordnung durch Verschüttung des Besitzes.

Die auf das glückliche Wiedersehen folgende Schilderung des Bebens aus Josephes Sicht zieht die noch eben gefestigte Überzeugung des Lesers von einer Tat Gottes in Zweifel – als die junge Mutter, um das der Äbtissin angesichts der Hinrichtung anvertraute Kind mitzunehmen, in das Zentrum des Bebens zurückeilen muss, findet sie „das ganze Kloster schon in Flammen" (IV, 9). Zwar gelingt es Josephe, den kleinen Philipp „gleich, als ob alle Engel des Himmels sie umschirmten" (ebd.) aus dem im Zerfall befindlichen Gotteshaus zu retten; als sie sich jedoch bei der Äbtissin bedanken und von ihr verabschieden möchte, muss sie mit ansehen, wie „diese, mit fast allen ihren Klosterfrauen, von einem herabfallenden Giebel des Hauses, auf eine schmähliche Art erschlagen" (ebd.) wird. Nicht allein die mutwillige Zerstörung des Hauses, in dem sein Wort als oberstes Gesetz gilt und der grausame Tod der darin lebenden Frauen steht im Widerspruch zu der vermuteten Fügung Gottes – dass überdies gar die Äbtissin sterben muss, die sich Josephe gerade *nach* Entdeckung der begangenen Sünde durch ihren unveränderten Wohlwollen und ihre Hilfsbereitschaft jener gegenüber hervorgetan hat, lässt sich überhaupt nicht hiermit vereinbaren. Vielmehr zeigt auch das folgende Geschehen, dass die Opfer des Bebens unwillkürlich getroffen und eben nicht nach Erfüllung jedweder Kriterien ausgewählt werden bzw. gar ausschließlich Menschen sind, die dem Leser als selbstherrlich, ungerecht oder unnachgiebig bekannt geworden sind. Erst nachdem er von dem ihn

---

[86] Gerhard Gönner, a.a.O., S. 88

verwirrenden Tod der Nonnen hat erfahren müssen, offenbart sich dem Leser auch das Ergehen jener Personen, von denen er ausschließlich geglaubt hat, dass ihnen solcherlei Unglück widerfahre. Der Erzbischof, auf dessen Befehl Josephe „der geschärfteste Prozeß gemacht" (IV, 4) worden ist, hat den Einsturz der Kathedrale nicht überlebt; „der Gerichtshof, in welchem ihr das Urteil gesprochen worden war, stand in Flammen, und an die Stelle, wo sich ihr väterliches Haus befunden hatte, war ein See getreten, und kochte rötliche Dämpfe aus." (IV, 9). Wiederum jedoch ist auch vom Untergang des Anwesens eines Fürbitters Josephes die Rede – des Vizekönigs nämlich, der zumindest und dazu „zur großen Entrüstung der Matronen und Jungfrauen von St. Jago" (IV, 4) die Milderung ihrer Hinrichtungsart hat erwirken können. Aber sollte es demnach reiner Zufall sein, dass die Liebenden der Gewalt der Katastrophe nicht allein unbeschadet haben entkommen können, sondern sie ihr Leben vielmehr ausgerechnet dieser zu verdanken haben? Mit einem Augenmerk darauf, welche Hinweise Leser, Erzähler und Figuren zur weiteren Deutung des Geschehenen an die Hand gelegt werden, soll diese Frage weiterhin im Blickpunkt bleiben.

5.2.3 Glück und Paradies – Wiederherstellung des natürlichen Urzustandes

Von ihren Gefühlen der Erleichterung und Glückseligkeit, den jeweils todgeglaubten Partner[87] wiedergefunden zu haben, beeinflusst, ändert sich auch die Wahrnehmungsweise der Verliebten ihrer Umwelt. So schließt sich, übergeleitet durch die Bezeichnung der Gegend, in welcher die beiden sich wiedergefunden haben, als „das Tal von Eden" (IV, 10), die romantische Darstellung einer traumgleichen Idylle an die Schilderung Josephes an, welche die kleine Familie das erlebte Übel vergessen lässt. Über den Erzähler, der durch dieselbe „rosarote Brille" wie das von jeder Sorge befreite Liebespaar zu blicken scheint, erlebt der Leser ebenso aus dessen Sicht das dieses umgebende Paradies:

> Indessen war die schönste Nacht herabgestiegen, voll wundermilden Duftes, so silberglänzend und still, wie nur ein Dichter davon träumen mag. Überall, längs der Talquelle, hatten sich, im Schimmer des Mondscheins, Menschen niedergelassen,

---

[87] Wie überaus groß die Freude der Liebenden sein muss, lässt sich zumal im Hinblick darauf vermuten, dass nicht allein die je eigenen Befürchtungen den Verdacht des Todes des/r Geliebten geschürt haben, sondern beiden Figuren zudem noch während ihrer Suche ein jeweils scheinbar bestimmter Beweis desselben geliefert worden ist – Jeronimo durch die Worte einer Frau, die dem schüchtern Fragenden „im Vorbeigehen, als ob sie es selbst angesehen hätte[, versicherte]: daß sie enthauptet worden sei" (IV, 7); Josephe durch den grauenvollen Anblick des eingestürzten Gefängnisgebäudes.

und bereiteten sich sanfte Lager von Moos und Laub, um von einem so qualvollen Tage auszuruhen. Und weil die Armen immer noch jammerten; dieser, daß er sein Haus, jener, daß er Weib und Kind, und der dritte, daß er alles verloren habe: so schlichen Jeronimo und Josephe in ein dichteres Gebüsch, um durch das heimliche Gejauchz ihrer Seelen niemand zu betrüben. Sie fanden einen prachtvollen Granatapfelbaum, der seine Zweige, voll duftender Früchte, weit ausbreitete; und die Nachtigall flötete im Wipfel ihr wollüstiges Lied. Hier ließ sich Jeronimo am Stamme nieder, und Josephe in seinem, Philipp in Josephens Schoß, saßen sie, von seinem Mantel bedeckt, und ruhten. (IV, 10f.)

Das Bild absoluter Stille, Ruhe und Glücks, einem Moment völligen Stillstands gleich, das sich dem Leser hier bietet, erinnert an den Augenblick, den Toni in der Betrachtung des schlafenden Verlobten erlebt (*Die Verlobung in St. Domingo*). Ähnlich wie jene – ebenfalls nächtliche – Szene den Kontrast zu dem unmittelbar folgenden Geschehen nach der verfrühten Ankunft Hoangos bildet, ist auch dieser Schauplatz der Romantik Gegenpol zu den Unruhen des vorangegangenen Bebens – in beiden Fällen zu Lärm, Unruhe und Ausbruch von Hektik in Anbetracht der Lebensgefahr.

Bis in die frühen Morgenstunden erzählen sich die beiden in der lauschigen Umgebung
von den Erlebnissen während ihrer Trennung, „und waren sehr gerührt, wenn sie dachten, wie viel Elend über die Welt kommen mußte, damit sie glücklich würden!" (IV, 11) Die Gewissheit, dass es ausschließlich ein Wunder hat sein müssen, um die Liebenden aus der aussichtslosen Situation, in der sie sich noch zu Beginn der Erzählung befunden haben, zu retten, regt zusammen mit dem Erleben ihrer tatsächlichen Rettung erneut zu Spekulationen an, dass das Erdbeben möglicherweise doch zu ihrer Rettung hereingebrochen ist, obgleich die Beobachtung der nicht verschonten Gottesgläubigen und Barmherzigen gegen die Vermutung einer Fügung Gottes spricht.

Um sich in Frieden eine sichere Existenz für das gemeinsame Leben gründen zu können, beschließt das Paar zuletzt, nach Beruhigung der Erderschütterungen zu Verwandten Jeronimos nach Spanien auszuwandern. Erst gegen Mittag wachen die hierauf glücklich eingeschlafenen Liebenden auf. Gerade als Jeronimo zur Nahrungssuche aufbrechen will, tritt ein gutgekleideter junger Mann zu ihnen und bittet Josephe, den Knaben, den er bei sich trägt, zu stillen, da jener aufgrund dessen verletzter Mutter „seit jener Stunde, die uns alle unglücklich gemacht hat" (IV, 11), keine Nahrung mehr erhalten habe. Da sie den Herangetretenen sogleich als Freund ihrer Familie wiedererkennt, zögert jene zunächst „ein wenig verwirrt" (ebd.), reicht dem Kind dennoch schließlich die Brust, als sie bemerkt, dass auch er sie erkannt hat: „ich schwieg – aus einem andern Grunde, Don Fernando" (ebd.). Offenbar ist Josephe unsicher gewesen, ob tatsächlich jemand sie um einen Gefallen bitten würde, der weiß, dass sie diejenige ist, der bis zuletzt Empörung und Zorn der gesamten Stadt gegolten hat; da er sie jedoch auf ihr Zögern mit ihrem Namen anspricht, scheint sie sich der Annahme berechtigt zu glauben, jener teile nicht die Meinung der Allgemeinheit.

Zum Dank für die Verpflegung des Kleinen lädt Don Fernando die beiden ein, ihn zu seiner Familie zu begleiten, um das dort am Feuer bereitete Frühstück mit ihnen zu teilen. Und auch dort werden beide nicht im geringsten abgelehnt, sondern gar

> auf das innigste und zärtlichste von Don Fernandos beiden Schwägerinnen, die (...)[Josephe zudem] als sehr würdige junge Damen kannte, empfangen (...). Donna Elvire, Don Fernandos Gemahlin, welche schwer an den Füßen verwundet auf der Erde lag, zog Josephen, da sie ihren abgehärmten Knaben an der Brust derselben sah, mit vieler Freundlichkeit zu sich nieder. Auch Don Pedro, sein Schwiegervater, der an der Schulter verwundet war, nickte ihr liebreich mit dem Haupte zu. (IV, 12).

Die Eindrücke, die diese Erfahrung uneingeschränkter und ungetrübter Liebenswürdigkeit, in den Gedanken der beiden hinterlassen, animieren sie zu Deutungsversuchen des ihnen entgegengebrachten Verhaltens und wecken neue Hoffnungen in ihnen:

> Wenn sie sich mit so vieler Vertraulichkeit und Güte behandelt sahen, so wußten sie nicht, was sie von der Vergangenheit denken sollten, vom Richtplatze, von dem Gefängnisse, und der Glocke; und ob sie bloß davon geträumt hätten? Es war, als ob die Gemüter, seit dem fürchterlichen Schlage, der sie durchdröhnt hatte, alle versöhnt wären. (ebd.)

Nicht allein beginnen die zuvor vom Volk Geahndeten und Verachteten, sich seit der Gefangennahme allmählich wieder sicherer zu fühlen, auch scheint nicht allein das Geschehene in ihrer Erinnerung zu verblassen; gegenüber den aktuellen Erlebnissen, die doch eigentlich viel mehr einem schönen Traum ähneln, zweifeln sie an der Wahrhaftigkeit der vorherigen. Der schöne Schein der paradiesischen Idylle, in der allen das gleiche Los beschieden und jeder von dem selben Schicksal betroffen ist; in der „sich niemand[weigert], von dem, was er besitzen mag, mitzuteilen" (IV, 11f.), lässt sie ihre Furcht und ihre Scheu dem auf sie wie ausgesöhnt wirkenden Volk gegenüber vergessen.

Zwar erscheint der auf diese Gedanken folgende, vermeintlich unscheinbare Einschub des Erzählers wie eine Warnung vor übereilter Unbedachtsamkeit bzw. eine Ermahnung, das Geschehene nicht aus der Erinnerung entschwinden zu lassen, wird aber sogleich als Randerscheinung in ihrer Bedeutsamkeit relativiert:

> Nur Donna Elisabeth, welche bei einer Freundin, auf das Schauspiel des gestrigen Morgens, eingeladen worden war, die Einladung aber nicht angenommen hatte, ruhte zuweilen mit träumerischem Blicke auf Josephen; doch der Bericht, der über irgend ein neues gräßliches Unglück erstattet ward, riß ihre, der Gegenwart kaum entflohene Seele schon wieder in dieselbe zurück. (IV, 12)

Nicht allein holt der Erzähler dem Leser gegenüber mit dieser Mitteilung seiner – Jeronimo und Josephe verborgen bleibenden – Beobachtung die Wahrhaftigkeit der beinahe zum Vollzug gebrachten Hinrichtung und – durch Nennung des seither vergangenen Zeitraums – die Aktualität der noch lange nicht verjährten Begebenheit in Erinnerung zurück; auch liefert er jenem zugleich den Hinweis, dass es sich möglicherweise bei der gesamten Familie, die das Paar so freundlich aufnimmt, um eine seltene Ausnahme handele, denn die dem übrigen Volk als Genugtuung geltende Möglichkeit zur Teilhabe an dem Hinrichtungsgeschehen ist von Donna Elisabeth ausgeschlagen worden. Ein skeptischer Leser wird daher durchaus die Repräsentativität dieser Familie für das übrige Volk in Zweifel ziehen und bereits erahnen, welcher Irrtum des Liebespaares sich unter Annahme dieser Befürchtung anzubahnen droht.

Während des lebhaften Austauschs der Gesellschaft zu dem beobachteten Verhalten der Einwohner auf das erste Beben hin kommt die Hinrichtung auch Josephe gegenüber noch einmal zur Sprache. Als letztere die Frage Donna Elvires,

> wie es denn ihr an diesem fürchterlichen Tag ergangen sei(...), mit beklemmtem Herzen, einige Hauptzüge davon angab, so ward ihr die Wollust, Tränen in die Augen dieser Dame treten zu sehen; Donna Elvire ergriff ihre Hand, und drückte sie, und winkte ihr, zu schweigen. (IV, 13)

Dass dies für Josephe als weitere Legitimation ihrer Vermutung gelten muss, in der aktuellen Situation nach dem Erlebnis einer solchen Katastrophe sehe niemand mehr ihr einstiges Vergehen im Klostergarten als Anlass zur Missgunst ihr gegenüber an, bestätigt sich in ihren Gedanken: „Josephe dünkte sich unter den Seligen. Ein Gefühl, das sie nicht unterdrücken konnte, nannte den verfloßnen Tag, so viel Elend er auch über die Welt gebracht hatte, eine Wohltat, wie der Himmel noch keine über sie verhängt hatte." (ebd.)

Erneut wird wieder der Wille eines Außenstehenden hinter dem Beben vermutet, und wie zuvor handelt es sich, hier in indirekter Bezeichnung, um den Willen Gottes, dessen Beteiligung der aufmerksame Leser nach wie vor bezweifelt. Die auf Josephes Vermutung folgenden, auf Beobachtungen beruhenden Erfahrungen allerdings wirken wie an jenen gerichtete Hinweise darauf, dass Josephe mit ihren zunächst als übereilt beargwöhnten Ahnungen und trotz der oben aufgedeckten dagegensprechenden Anzeichen möglicherweise doch im Recht sein könnte:

> Und in der Tat schien, mitten in diesen gräßlichen Augenblicken, in welchen alle irdischen Güter der Menschen zu Grunde gingen, und die ganze Natur verschüttet zu werden drohte, der menschliche Geist selbst, wie eine schöne Blume, aufzugehn. Auf den Feldern, so weit das Auge reichte, sah man Menschen von allen Ständen durcheinander liegen, Fürsten und Bettler, Matronen und Bäuerinnen, Staatsbeamte und Tagelöhner, Klosterherren und Klosterfrauen: einander bemitleiden, sich wechselseitig Hülfe reichen, von dem, was sie zur Erhaltung ihres Lebens gerettet haben mochten, freudig mitteilen, als ob das allgemeine Unglück alles, was ihm entronnen war, zu *einer* Familie gemacht hätte. (IV, 13f.)

Wenngleich auch durch den steten Gebrauch der relativierenden Form des „es schien" allen Beobachtungen ein subjektives Moment anhaftet, das einen letzten Zweifel an der fehlenden Distanz nicht auszulöschen erlaubt, so wird dem Leser dennoch an dieser Stelle die Glaubwürdigkeit der Vermutungen Josephes nahegelegt. Durch die Erweiterung seines bisher auf die Familie eingeschränkten Horizonts durch die Miteinbeziehung des zuvor ignorierten und ausgegrenzten, die Familie umgebenden umliegenden Geschehens in die Schilderung erfährt der Leser zum ersten Mal auch von dem zum Positiven veränderten Verhalten der Allgemeinheit. Gerade der Kontrast zu den in den Gesprächen noch eben erwähnten massenhaften Diebstählen während des Erdbebens und der Erhängungen auch übereilt unschuldig Ergriffener zur Vermeidung derselben legt – ebenso wie etwa die eingangs geschilderte Sensationslüsternheit des Volkes – den Vergleich mit der Kunde jener biblischen Städte nahe, in der Gott sich zur Beendigung all der Unmenschlichkeit einzig durch eine Sintflut zu helfen gewusst habe. So bietet sich dem Leser auch hier an Stelle gegenseitiger Verachtung, Missgunst, Egoismus und Ausnutzung der durch eine höhere Stellung in der Gesellschaft verfügbaren Macht ein einheitliches Bild von

Brüderlichkeit, Mitgefühl, Hilfsbereitschaft und Güte der mit einem Schlage auf den gleichen Level gebrachten Menschen unterschiedlichster sozialer Herkunft.

Auch die weitere Schilderung scheint zu belegen, dass der Respekt in der neu entstandenen Ordnung nicht länger der ehemals vertretenen Position in der Gesellschaft, sondern der Hilfsbereitschaft und Barmherzigkeit gilt, deren sich nicht wenige rühmen können:

> Beispiele zu Haufen von Unerschrockenheit, von freudiger Verachtung der Gefahr, von Selbstverleugnung und der göttlichen Aufopferung, von ungesäumter Wegwerfung des Lebens, als ob es, dem nichtswürdigsten Gute gleich, auf dem nächsten Schritte schon wiedergefunden würde. Ja, da nicht einer war, für den nicht an diesem Tage etwas Rührendes geschehen wäre, oder der nicht selbst etwas Großmütiges getan hätte, so war der Schmerz in jeder Menschenbrust mit so viel süßer Lust vermischt, daß sich, wie sie meinte, gar nicht angeben ließ, ob die Summe des allgemeinen Wohlseins nicht von der einen Seite um ebenso viel gewachsen war, als sie von der anderen abgenommen hatte. (IV, 14)

Ein neuer Reichtum ist an die Stelle des alten materiellen getreten und ersetzt ihn mindestens gleichwertig, indem nicht länger demjenigen das Ansehen gilt, der Macht über die meisten Menschen ausübt, sondern vielmehr jenem, der mit diesen zusammenhält. Nicht länger Neid, Konkurrenzkampf, Unterdrückung, Willkür und Missgunst werden geschürt, sondern Wärme, Güte und Menschlichkeit sind gefragt. Wie können sich Figuren, Erzähler und zuletzt auch der Leser angesichts eines solchen Wandels noch länger im Zweifel darüber befinden, dass dies ein Werk Gottes ist? Und für dessen Umsetzung er, gleich dem Beispiel der Sintflut, in der Notwendigkeit unzähliger Opfer auch Einbußen wie das des voll besetzten Klosters hat erleiden müssen?

Durch all diese Beobachtungen bestärkt, nimmt Jeronimo glückserfüllt die Geliebte zur Seite, um sie davon zu unterrichten, dass er unter den neuen Umständen keinerlei Notwendigkeit mehr für die Umsetzung ihres Vorhabens einer Auswanderung sehe und daher „vor dem Vizekönig, der sich seiner Sache immer günstig gezeigt, falls er noch am Leben sei, einen Fußfall wagen würde" (IV, 14), um von diesem eine offizielle Beglaubigung in dieser Sache zu erhalten. Ähnlich zuversichtlich äußert sich daraufhin auch Josephe, die ihrerseits „auch nicht mehr, falls ihr Vater nur noch am Leben sei, ihn zu versöhnen zweifle" (ebd.). Dennoch schlägt sie – offenbar noch nicht restlos von der Beständigkeit jenes Wandels der sich bislang als von Rachsucht erfüllt dargestellten Menschen überzeugt – in Bezug auf die öffentliche Regelung der Angelegenheit vor, an Stelle eines persönlichen Vorstelligwerdens zunächst eine von der Hafenstadt La Conception aus entsandte Bittschrift an den Vizekönig aufzugeben, um sich für den Notfall den Fluchtweg offen zu halten.

5.2.4 Rückkehr in die Stadt

In freudiger Erwartung auf die Zukunft kehren die beiden daraufhin zu der Gesellschaft zurück, in deren Umfeld die Menschen sich, durch eine kursierende Nachricht angeregt, in regem Aufbruch zur Stadt befinden – wo, da das Beben nachgelassen hat, in der einzig verschont gebliebenen Kirche ein Gottesdienst stattfinden soll – , um „den Himmel um Verhütung ferneren Unglücks anzuflehen." (IV, 15)

Donna Elisabeth jedoch ruft den Freunden, als auch in Don Fernandos Familie erwägt wird, sich dem Volk anzuschließen,

> mit einiger Beklemmung[in Erinnerung], was für ein Unheil gestern in der Kirche vorgefallen sei; daß solche Dankfeste ja wiederholt werden würden, und daß man sich der Empfindung alsdann, weil die Gefahr schon mehr vorüber wäre, mit desto größerer Heiterkeit und Ruhe überlassen könnte. (ebd.)

Josephe hingegen wirft, von plötzlichem Eifer erfasst, hierauf ein, „daß sie den Drang, ihr Antlitz vor dem Schöpfer in den Staub zu legen, niemals lebhafter empfunden habe, als eben jetzt, wo er seine unbegreifliche und erhabene Macht so entwickle." (ebd.) Als erlaube dieses Bedürfnis keinerlei Aufschub und als könne sie jenes ausschließlich im der Umgebung einer Kirche befriedigen, bekundet auch Donna Elvire ihren Wunsch, der Messe gemeinsam beizuwohnen.

Das Verhalten der sich daraufhin ebenfalls erhebenden Donna Elisabeth allerdings wirkt wie eine erneute Warnung:

> Da man jedoch letztere, mit heftig arbeitender Brust, die kleinen Anstalten zum Aufbruche zaudernd betreiben sah, und sie, auf die Frage: was ihr fehle? antwortete: sie wisse nicht, welch eine unglückliche Ahndung in ihr sei? so beruhigte sie Donna Elvire, und forderte sie auf, bei ihr und ihrem kranken Vater zurückzubleiben. (IV, 16)

Doch selbst nach Aufbruch der kleinen, von Don Fernando geführten Gemeinschaft gebietet ein weiterer Hinweis der von Unruhe geplagten Zurückgelassenen der Gruppe Einhalt:

> Sie waren kaum funfzig Schritte gegangen, als man Donna Elisabeth welche inzwischen heftig und heimlich mit Donna Elvire gesprochen hatte: Don Fernando! rufen hörte, und dem Zuge mit unruhigen Tritten nacheilen sah. Don Fernando hielt, und kehrte sich um; harrte ihrer, ohne Josephen[, welcher er zuvor den Arm geboten,] loszulassen, und fragte, da sie, gleich als ob sie auf sein Entgegenkommen wartete, in einiger Ferne stehen blieb: was sie wolle? Donna Elisabeth näherte sich ihm hierauf, obschon, wie es schien, mit Widerwillen, und raunte ihm, doch so, daß Josephe es nicht hören konnte, einige Worte ins Ohr. Nun? fragte Don Fernando: und das Unglück, das daraus entstehen kann? Donna Elisabeth fuhr fort, ihm mit verstörtem Gesicht ins Ohr zu zischeln. Don Fernando stieg eine Röte des Unwillens ins Gesicht; er antwortete: es wäre gut! Donna Elvire möchte sich beruhigen; und führte seine Dame weiter. (IV, 16f.)

Die zitierte Textstelle ist voll von Andeutungen, deren Bedeutung dem Leser verborgen bleiben. Wieder ist er ausschließlich auf eigene Vermutungen angewiesen, um herauszufinden, was sich hier zwischen Donna Elisabeth, Donna Elvire und Don Fernando zugetragen hat, wobei ein Rückblick auf das erste Lautwerden der Befürchtungen Donna Elisabeths hilfreich sein könnte.

Zu deren erstem Bekunden eines unguten Gefühls angesichts des „Unheil[s] gestern in der Kirche" (IV, 15) fällt dem Leser das Ergehen der Äbtissin und der Nonnen im Kloster ein sowie der Zusammenbruch der Kathedrale, welcher den Tod des Erzbischofs verursacht hat. Da unter einem Kloster sämtliche zu einer die Einheit zusammengefassten Gebäude eines Ordens, also neben der Kirche auch etwa das Novizenhaus, Speise- und Schlafsaal, Hof usw. verstanden werden, eine Kathedrale dagegen als Bischofskirche[88] gilt, sind die Worte Donna Elisabeths vermutlich auf letztere bezogen.

Mit der Anspielung auf den Aufschub des Besuchs an einen späteren Zeitpunkt, zu dem „die Gefahr schon mehr vorüber wäre" (ebd.) sollten in diesem Zusammenhang die erst allmählich nachlassenden Erdstöße zu verstehen sein.

Obgleich Donna Elvire zunächst nicht allein ebenso wie Josephe jener Warnung wenig Beachtung schenkt, sondern dieser zudem die bestimmte Aufforderung – „Sie *bestand* darauf, daß man die Messe hören sollte" (IV, 16; Hervorhebung von mir) –

---

[88] Die Begriffsklärungen zu „Kloster" und „Kathedrale" sind orientiert an den jeweiligen Einträgen in: Lexikon-Institut Bertelsmann (Hrsg.); Das moderne Lexikon, Gütersloh 1981, Bd. 9 und 10.

zu einem gemeinschaftlichen Aufbruch entgegensetzt, ist sie es, die im nächsten Augenblick, da Donna Elisabeth ihre lebhafte Unruhe nicht überwinden kann, mit dieser zurückzubleiben beschließt.

Schließlich erfährt der Leser von einem sonderbaren und geheimnisvollen Wortwechsel zwischen diesen beiden Frauen – „Donna Elisabeth (...)[hat] inzwischen heftig und heimlich mit Donna Elvire gesprochen" (ebd.) – , welcher schließlich dazu führt, dass auch Elvire um das Wohl der bereits aufgebrochenen Gesellschaft bangt, was sich dem Leser in Don Fernandos abweisendem „Donna Elvire möchte sich beruhigen" (IV, 17) offenbart. Auch die übrigen Worte Donna Elisabeths, deren Sorge offenbar so schwer wiegt, dass sie die Gruppe gar zur Umkehr bewegen will, kann der Leser ausschließlich aus den Reaktionen dieses zu lesen versuchen. Da jedoch neben seiner barschen Abfuhr nicht mehr von ihm zu vernehmen ist als sein beinahe erheitert wirkendes: „Nun? (...); und das Unglück, das daraus entstehen kann?" (IV, 16), bleiben dem Leser lediglich unbestätigte Mutmaßungen, zu welchen er zwar durch all die Andeutungen und Geheimniskrämereien durchaus angeregt wird, ihm auf der anderen Seite jedoch nicht die geringsten Hinweise betreffend ihrer Art und letztendlich ihrer Richtigkeit geboten werden.

Sowohl aus der Aufgebrachtheit Donna Elisabeths im Allgemeinen als auch aus der Heimlichtuerei Josephe gegenüber lässt sich vermuten, dass sie einer anderen, ebenfalls gewichtigen Ursache als jener der genannten Furcht vor weiteren Beben entspringe. Möglicherweise könnte gar bereits der zuerst hervorgebrachte Verweis auf das „Unheil gestern in der Kirche" lediglich ein Vorwand gewesen sein, um – ohne die tatsächliche Ursache der „unglückliche[n] Ahndung" nennen zu müssen – einen Aufschub des Gottesdienstbesuches an einen späteren Zeitpunkt zu erreichen, zu dem die „Gefahr schon mehr vorüber wäre": Die Reaktion der übrigen Bürger auf den Anblick des mit dem Leben davongekommenen Paares Jeronimo und Josephe.

Zwar findet sich keinerlei gültige Bestätigung einer solchen Vermutung, andererseits ist sie jedoch ebenfalls nicht von der Hand zu weisen. Zum einen nämlich haben beide Damen dem Leser während der wenigen Stunden, in denen die Liebenden bei ihnen verweilt haben, die Hinrichtung in Erinnerung gerufen und somit deren noch geltende Aktualität, Unvergessenheit und ihre Beschäftigung mit jener attestiert; zum anderen ist jenem tatsächlich für die Zeit nach Ausbruch des Bebens und somit Abbruch der Hinrichtung ausschließlich die Reaktion der Familie Don Fernandos auf den persönlichen Kontakt mit den Liebenden bekannt. Dass diese für den Rest der

Gemeinde nicht repräsentativ sein kann, ergibt sich zum einen aus der Verpflichtung zur Dankbarkeit gegenüber der den abgemagerten Juan stillenden Josephe und zum anderen aus der Angehörigkeit zu einem Stand, in welchem auch beherrschte Zurückhaltung zu dem sich geziemenden ‚würdigen' Benehmen zählt. Zwar hat der Leser jene – die Familie auf dem freien Feld außerhalb der Stadt umgebenden – versammelten Menschen unterschiedlicher Herkunft untereinander ausschließlich als gütig und barmherzig kennen gelernt, jedoch – aufgrund des Ausbleibens jeglichen direkten Kontaktes zu dem Paar – keinerlei Erfahrungen zu dem Verhalten jenem gegenüber machen können. Die Folgen eines solchen Aufeinandertreffens Jeronimos und Josephes mit dem Volk aller Klassen, zu dem es in der Kirche unweigerlich kommen wird, sind daher schwer einschätzbar. Möglicherweise liegt es also in der Absicht der Damen, das liebgewonnene Paar – ein Vorhandensein derartiger Sympathie äußert sich etwa in den Gedanken Don Fernandos, dem Josephes „ganze Würdigkeit und Anmut ihres Betragens sehr" (IV, 16) gefällt – vor dem in einem solchen Umfeld nicht unwahrscheinlichen Erleiden entgegengebrachter Verachtung, Ablehnung oder gar Böswilligkeit beschützend zu bewahren.

Auch wenn nichts gegen eine derartige Auslegung des sonderbaren Verhaltens der beiden Damen spricht, so bleiben sie mangels bestätigender Anhaltspunkte dennoch zugleich spekulativ. Kleist hat dem Leser ausschließlich ein Rätsel aufgegeben, Hinweise zu dessen Lösung liefert er dagegen keine. Da Don Fernando die Ermahnungen jedoch ohnehin nicht ernst nimmt, sie vielmehr als unbegründet abtut und den Gang zur Kirche fortsetzt, bleibt dem Leser nichts anderes übrig, als abzuwarten, ob sich etwas ereignet, das Inhalt der Warnungen gewesen sein könnte bzw. durch Befolgung derselben verhindert worden wäre.

Wie erwartet, ist die Kirche brechend voll. Ausführlich schildert der Erzähler die Herrlichkeit und Spannungsgeladenheit der traumähnlichen Atmosphäre[89] durch die Effekte von Musik und Licht, welches aus den Kronleuchtern strahlt und die gläserne Rose im Hintergrund der Kirche zum Glühen bringt. In der andächtigen und

---

[89] Im Gegensatz zu Gerhard Gönner (a.a.O.), der bereits in der Schilderung der örtlichen Begebenheiten eine „unheilsdrohende Kulisse für die(...) [darauf folgende] ‚höllische Inszenierung'" (ebd., S. 93) sieht, entspricht sie m. E. zu diesem Zeitpunkt eher einer zwar unwirklich erscheinenden und emotionsgeladenen, aber noch nicht als bedrohlich zu beurteilenden Stimmung, die vielmehr erst mit dem folgenden Geschehen von einer traumähnlichen Wirklichkeit in einen Albtraum umschlägt.

ehrerbietenden Stille, die das Schweigen der Orgel hinterlässt, wirken die eindringlichen Worte des Erzählers wie ein Donnerschlag oder die stimmgewaltige, dröhnende Mahnrede eines wetternden Predigers:

> Niemals schlug aus einem christlichen Dom eine solche Flamme der Inbrunst gen Himmel, wie heute aus dem Dominikanerdom zu St. Jago; und keine menschliche Brust gab wärmere Glut dazu her, als Jeronimos und Josephens! (IV, 17)

5.2.5 Aufhetzung der Masse und Anstiftung zum Mord im Namen Gottes

In ähnlicher Geste, wie diese Worte des Erzählers begleitet haben könnte, wird der Kirchenherr während der hierauf folgender Predigt beschrieben, welche den Gottesdienst eröffnet:

> Er begann gleich mit Lob, Preis und Dank, *seine zitternden, vom Chorhemde weit umflossenen Hände hoch gen Himmel erhebend*, daß noch Menschen seien, auf diesem, in Trümmer zerfallenden Teile der Welt, fähig, zu Gott empor zu stammeln. (ebd.; Hervorhebung von mir)

Anstelle mit der erwarteten Bitte Gottes um Verschonung vor weiterem Unglück fährt er seine Rede mit der Interpretation des Bebens als noch harmlose Ankündigung des bevorstehenden Jüngsten Gerichts fort, das er im Folgenden „auf das Sittenverderbnis der Stadt(...)[und] Greuel, wie Sodom und Gomorrha sie nicht sahen" (IV, 18), zurückführt; dass überhaupt noch Leben an diesem Orte zurückgeblieben sei, verdanke man ausschließlich Gottes unendlicher Geduld.

Der Leser ahnt bereits, auf was konkret der Prediger hier anspielt, und tatsächlich lässt er es nicht auf der allgemeinen Ermahnung beruhen, vielmehr beschwört er zum Erschrecken des Paares ohne Umschweife und in aller Ausführlichkeit in den Erinnerungen der Anwesenden die Empörung über jene Tat erneut hervor, die zur Verurteilung Josephes geführt hat, indem er weiterhin „die Schonung, die (...)[sie] bei der Welt gefunden hatte, gottlos nannte, und in einer von Verwünschungen erfüllten Seitenwendung, die Seelen der Täter, wörtlich genannt, allen Fürsten der Hölle übergab!" (ebd.)

Wie blind die Menschen in ihrem Gottesglauben sind, scheinen sie selbst nicht zu bemerken – bereits zu Beginn der Erzählung zeigt sich in ihrem Urteil, dass sie stets darauf bedacht sind, Gottes Wille zu achten und alles Geschehen danach zu deuten, dass Gott damit etwas bezwecke. Allerdings lassen sie hierbei oftmals wesentliche Begebenheiten und logische Konsequenzen außer Acht. Zunächst interpretieren sie die eigene Empörung gegen den Bruch eines Kirchengesetzes als Notwendigkeit, nach dieser vermeintlichen Beschmutzung und Verlästerung dessen Namens jene ‚Sünde' stellvertretend für Gott zu rächen. Allein bereits dies, dass sie glauben, selbst tätig werden zu müssen, bedeutet zugleich die Unterstellung, Gott könne seine Rache nicht selbst vollziehen und steht somit im Widerspruch mit dem ansonsten unerweichlichen Glauben, Gott sei allmächtig und allein dessen Macht und Wille stehe hinter allem Geschehen. Des Weiteren sind sie in ihren eigenen Interpretationen inkonsequent. So sehen sie sich zwar einerseits dazu verpflichtet, stellvertretend für Gott Rache üben zu müssen, beklagen sich paradoxerweise jedoch andererseits – übersehend, dass das Beben die Ausführung der menschlichen Rache verhindert hat – die Tat habe „bei der Welt" Schonung erfahren und sehen zugleich das Beben als Hinweis auf den Zorn Gottes über die Tat Josephes an. Die nüchterne Betrachtung der tatsächlichen Ereignisse dagegen zeigt, dass die menschliche Tat der Hinrichtung ausschließlich durch das Beben in der Ausführung verhindert; das ‚sündig' gewordene Paar demnach gerettet worden ist. Der Widerspruch ergibt sich daher in der als gottlos und irdisch verurteilten Schonung, die keine andere Ursache als die des zugleich als von Gott entsandt dargestellten Erdbebens hat.

Deutlicher als in dieser offensichtlichen Übergehung jeglicher Überprüfung der aufgestellten Deutungsversuche kann sich die Scheinheiligkeit gar nicht mehr präsentieren, um offen zu legen, dass Gott nicht mehr als lediglich ein Vorwand für die Durchsetzung eigener Interessen ist, welche augenscheinlich ihre tatsächliche Verletzung in der gegen die Konventionen verstoßende Verbindung Jeronimos und Josephes erfahren hat.

Doch im Volk, dem Handlungsinstrument der Wortführenden, stellt niemand die Wahrhaftigkeit des Gottesglaubens in Frage; im blinden Glauben, Gott zu dienen, ist der derart gegen das Paar aufgestachelte Mob für jede Tat bereit.

So lässt jener den Priester gar nicht länger zu Wort kommen; kaum wird das Paar, welches Don Fernando vergebens aus der Kirche zu schleusen versucht, von Umstehenden entdeckt, lautstark herausgedeutet, wird es auch schon mit Worten und Taten skrupellos angegriffen und gleich einem ansteckendem Keim abgewehrt:

> *Weichet fern hinweg*, ihr Bürger von St. Jago, hier stehen diese gottlosen Menschen! Und als eine andere Stimme *schreckenvoll*, indessen sich *ein weiter Kreis des Entsetzens* um sie bildete, fragte: wo? hier! versetzte ein Dritter, und zog, *heiliger Ruchlosigkeit voll*, Josephen bei den Haaren nieder (IV, 18; Hervorhebung von mir).

Tatsächlich denkt niemand im Volk über das Paradoxon der Interpretation des Bebens als Zorn Gottes gegen das Paar, obwohl hierdurch gerettet worden, nach; vielmehr nimmt es dankbar, endlich eine Erklärung für das Unglück erhaltend, jene Deutung als bare Münze an, um – in vermeintlicher Berechtigung durch die Worte des Chorherren und die eigene Überzeugung, dem Willen Gottes zu entsprechen – ungehemmt an einem Sündenbock nicht allein die ausgestandene Angst und den Ärger über Verluste auszulassen, sondern auch in dem Glauben, aktiv für die Vermeidung weiteren Unglücks beizutragen, indem man die Stadt von der Schwachstelle bereinigt, die als Quelle des Unmuts Gottes gilt.

Erschreckt von der auf diese Art heraufbeschworene ungezügelte Bereitschaft zur Gewalt versucht Don Fernando Josephe zu schützen, indem er sich und seine Position in der Gesellschaft zu erkennen gibt. Hierauf meldet sich ein Schuster zu Wort; doch auch, dass er Josephe aus seiner Kundschaft kennt, hindert ihn nicht daran, forsch den Namen des Vaters des Knaben zu erfragen. Jene, die – da Juan, seitdem sie ihn gestillt hat, nicht mehr ihren Arm hat verlassen wollen – den eigenen Sohn bereits zur Zeit des Aufbruchs an Jeronimo gereicht hat, versucht verzweifelt zu erklären, dass das Kind auf ihrem Arm nicht ihr eigenes ist und der Mann zu ihrer Seite Don Fernando Ormez. Da unter den Umstehenden jedoch niemand anwesend zu sein scheint, der jenen wiedererkennt, und die Frage nach Jeronimo Rugera laut wird, genügt der aufgebrachten Menge die Geste des durch den Aufruhr erschreckten kleinen Juan, sich von Josephes Brust abkehrend ängstlich Don Fernando entgegenzustrecken, diesen zwar zutreffend für dessen Vater, jedoch in der Annahme, es sei ihr beider Kind, fälschlicherweise zugleich für Jeronimo zu halten. Indem sich das Volk gegenseitig aufschaukelt, folgen bereits rasch nach Verkündung der vermeintlichen Erkenntnis – „er *ist* Jeronimo Rugera!" (IV, 19) die Rufe: „sie *sind* die gotteslästerlichen Menschen! (...) und: steinigt sie! steinigt sie! die ganze im Tempel Jesu versammelte Christenheit!" (ebd.) Scheinbar erst hierauf aus einer Starre des Schrecks erwacht, schreitet Jeronimo ein und gibt sich dem „wütende[n] Haufen" (ebd.) mit der Aufforderung, vom unschuldigen Don Fernando abzulassen, zu erkennen.

Die Befürchtung des über die Absichten des Volkes informierten Lesers, Jeronimo und Josephe seien damit endgültig dem Zorn desselben ausgeliefert, wird jedoch zunächst widerlegt, als durch einen Wortwechsel zwischen Don Fernando und einem herangetretenen hoch angesehenen Marineoffizier Rettung zu nahen scheint, indem ersterer, befreit von den zerrenden Händen der Meute, jenem

> mit wahrer *heldenmütiger* Besonnenheit [erzählt]: „Ja, sehen Sie, Don Alonzo, die *Mordknechte*! Ich wäre verloren gewesen, wenn dieser würdige Mann sich nicht, die *rasende Menge* zu beruhigen, für Jeronimo Rugera ausgegeben hätte. Verhaften Sie ihn, wenn Sie die Güte haben wollen, nebst dieser jungen Dame, zu ihrer beiderseitigen Sicherheit; und diesen Nichtswürdigen', indem er Meister Pedrillo ergriff, ,der den ganzen Aufruhr angezettelt hat!' (IV, 19f.; Hervorhebung von mir)

An dieser Stelle lässt sich unschwer erkennen, wie sehr Don Fernando danach bestrebt ist, sich als Held gegen den von Hysterie ergriffenen Mob darzustellen und die Gehetzten durch seine List vor dem Tode zu bewahren. Rückblickend liegt die Vermutung nahe, dass dies der Grund für sein Abwinken gegenüber der aufgebrachten Donna Elisabeth sein könnte: Es ist anzunehmen, dass sie zumindest einzelne Bösartigkeiten gegen das Paar vermutet hat, die er jedoch – indem er sich selbst als für ausreichend einflussreich und mächtig zu halten scheint, um das Paar angemessen vor solcherlei Angriffen beschützen zu können – als eigenmächtig abwendbar eingeschätzt und darum nicht als zwingenden Anlass dafür angesehen hat, von der Veranstaltung fernzubleiben.

Der sich vermutlich in diesem Augenblick sowohl vor dem Paar als auch vor den beiden besorgt zurückgelassenen Frauen bereits als Held und Retter fühlende Don Fernando hat jedoch nicht mit dem Scharfsinn des Schusters gerechnet, der die Menge seinerseits im Griff behält und deren Potential stellvertretend für den Chorherren weiterhin geschickt zu lenken weiß. Die erwünschte Reaktion Don Alonzos; sein Zögern auf Pedrillos an dessen Gewissen appellierende Frage nach der Identität der ihm gegenüberstehenden jungen Frau, löst im Volk eine neue Woge der Mordlust aus: „sie ists, sie ists! und: bringt sie zu Tode!" (IV, 20). Josephe, die begreift, das nichts mehr sie vor der rasenden Menge würde schützen können, versucht durch eine ähnliche Täuschung wie zuvor Don Fernando zumindest ihr Kind am Leben zu erhalten, indem sie es Jeronimo abnimmt und es – neben Juan setzend – als Don Fernandos bezeichnet und diesen zu seiner und der Kinder Rettung zum Gehen auffordert. Der jedoch, noch immer bestrebt nach der Heldenwürde, bietet Josephe erneut den Arm, in der Absicht, alle seine Schützlinge durch den vom Offizier geliehenen vorgehaltenen Degen sicher aus der Kirche zu geleiten. Wiederum sieht es fast so aus, als seien sie gerettet. Doch auf dem ebenfalls dicht besiedelten Vorplatz der Gotteshauses angekommen, stürzt mit einemmal „aus dem rasenden Haufen, der sie verfolgt hatte, [ein Mann hervor](...): dies ist Jeronimo Rugera, ihr Bürger, denn ich bin sein eigner Vater! und [streckt jenen](...) an Donna Constanzens Seite mit einem ungeheuren Keulenschlage zu Boden" (IV, 20) Von dieser Tat an hält nichts mehr das im blinden Blutrausch befangene Volk von dem enthemmten Gemetzel ab: Mit dem Ruf: „Klostermetze!" (ebd.) trifft es die verängstigt zu Don Fernando eilende Donna Constanze, und erst ein Unbekannter verkündet lautstark den Irrtum. Doch anstelle von betretenen Einhaltens peitscht die skrupellose Rechtfertigung Pedrillos zu weiterer Unruhe an: „Warum belogen sie uns! (...); sucht die rechte auf, und bringt sie um!" (ebd.), und als Josephe bemerkt, dass auch Don Fernandos zornige Degenhiebe die Menge nicht zurückzudrängen vermag, wirft sie sich freiwillig unter die „blutdürstenden Tiger" (IV, 21), in der Überzeugung, zumindest das Überleben ihres Kindes mittels der hierdurch beabsichtigten Beendigung der Hetze zu sichern. Doch Pedrillo, nachdem er sie eigenhändig und mit einer solchen Wucht der Keule niedergestreckt hat, dass er „ganz mit ihrem Blute besprützt" (ebd.) ist, duldet keinerlei Rückzug. Da er ebenso wie das Volk weiß – sich durch die Hetzpredigt des Kirchenherrn in seinem Handeln rechtfertigt fühlend – , für seine auch nach Niederstreckung Jeronimos und Josephes „noch ungesättigte Mordlust" (ebd.) anstelle von Bestrafung vielmehr den Dank des Gesetzes ernten zu werden, ruft er nun dazu auf, zuletzt deren „Bastard zur Hölle nach[zuschicken]" (ebd.).

Don Fernando jedoch, „dieser göttliche Held" (ebd.) gibt sein letztes, dies zu verhindern. Den Rücken an der Kirchenwand, „in der Linken (...) die Kinder, in der Rechten das Schwert" (ebd.), wehrt er tapfer die zudringliche Menge ab. Doch Pedrillo lässt sich weder von der wachsenden Zahl der Toten noch einer eigenen Verletzung von seinem Vorhaben abbringen: „[Er] ruhte nicht eher, als bis er [wahllos und hasserfüllt] der Kinder eines bei den Beinen von seiner Brust gerissen, und, hochher im Kreise geschwungen, an eines Kirchpfeilers Ecke zerschmettert hatte" (ebd.)
Als sei der „versammelte[n] Christenheit" (IV, 19) mit dieser Tat schlagartig die Grausamkeit und Gottlosigkeit der Hetze ins Bewusstsein gerufen worden, ist es plötzlich still, wortlos zerstreut sich die Menge. Zurück bleibt, zwischen all den Leichen, Don Fernando, der „seinen kleinen Juan vor sich (...) mit aus dem Hirne vorquellenden Mark" (IV, 21) liegen sieht und zudem erkennen muss, dass er außer

dem kleinen Philippe keinen seiner Schützlinge gegen den Blutrausch des Mobs zu bewahren vermocht hat. Von solchen, offensichtlich auf die Missachtung jener Warnung anspielenden Schuldgefühlen geplagt – „weil er auch nicht wußte, wie sie sein Verhalten bei dieser Begebenheit beurteilen würde" (IV, 22) – , schiebt Don Fernando die Benachrichtigung Donna Elvires zunächst hinaus. Am Ende doch in Kenntnis gesetzt, kommt es zwischen den Eltern zur wortlosen Versöhnung und einer Adoption des kleinen Philipps.

5.2.6.1 Ergänzungen zur Ursache der Entstehung der Gewalt

Vom Ende her betrachtet werfen sich dem Leser verschiedene Fragen auf, weshalb es zu jener Gewalt hat kommen können. Da es keinerlei Anhaltspunkt dafür gibt, dass das Geschehen durch eine dritte Kraft, Gott, aktiv beeinflusst und gelenkt worden ist, stehen sich nüchtern betrachtet in und vor der Kirche zwei polarisierte Gruppen gegenüber: Die Gemeinschaft aus Josephe, Jeronimo, Don Fernando, Donna Elisabeth und der beiden Kinder auf der einen, das versammelte Volk auf der anderen Seite. Zwischenpositionen fallen weg, da selbst ein Sympathisant der kleinen Gruppe wie etwa der Offizier Don Alonzo sich im Ernstfall ebenfalls stillschweigend und tatenlos in die Masse einfügt.

Das Verlangen nach der Bestrafung des Paares gründet sich zu Beginn der Erzählung auf dem in der Gemeinde einheitlichen Gefühl der Empörung innerer Moral durch dessen Gesetzesbruch. (Wodurch die Liebe des Paares überhaupt in das Gericht der Öffentlichkeit hat kommen können – die Furcht des gutsituierten Vaters vor Einbußen in Prestige und Wohlstand sowie der Bedrohung der Ständegesellschaft durch Eheschließung mit dem mittellosen Hauslehrer – , wurde bereits oben dargestellt.) Obwohl es sich um ein von der Ordnungseinrichtung Kirche – demnach von Menschenhand – geschriebenes Gesetz, das Zölibat[90], handelt, wird dessen Bruch

---

[90] Der Lexikoneintrag zu dem Begriff des Zölibats lautet wie folgt: „Zölibat (...), *in der latein. kath. Kirche* von allen Klerikern mit höheren Weihen *verlangte* Ehelosigkeit (theolog. Begründung auf Mt. 19, 12 u. 1. Kor. 7, 32-34 zurückgehend)(...) Die ev. Kirchen lehnen den Z. ab." (Lexikon-Institut Bertelsmann (Hrsg.); Das moderne Lexikon, a.a.O., Bd. 20; Hervorhebung von mir). Es handelt sich demnach um ein von der Institution Kirche geschriebenes Gesetz, das mit einer Bibelstelle gerechtfertigt wird, das offensichtlich nicht – wie dagegen etwa die Zehn Gebote – als verbindliche Forderung Gottes an den christlich handelnden Menschen anzusehen ist.
Die Bibelstellen, auf die sich dieses Kirchengesetz gründet, sind im Folgenden aufgeführt.
„Es gibt verschiedene Gründe, warum jemand nicht heiratet. Manche Menschen sind von Geburt an eheunfähig, manche – wie die Eunuchen – sind es durch einen späteren Eingriff geworden. Noch andere verzichten von sich aus auf die Ehe, weil sie ganz davon in Anspruch genommen sind, dass Gott jetzt seine Herrschaft aufrichtet. Versteht es, wenn ihr es könnt!" (Die Gute Nachricht nach Matthäus 19, 12);

in dem offenbar streng gläubigen Volk als Sünde; als Gotteslästerung und –verrat empfunden und von der „religiös stimulierten und moralisch-selbstgerecht gelenkten Blutsgerichtsbarkeit in Volkes und Gottes Namen"[91] geahndet. Am Ende der Erzählung wird jene, aufgrund der vorenthaltenen Genugtuung der Hinrichtung Josephes noch immer – wenn auch in dem Umsturz aller Ordnung aus dem Bewusstsein verdrängten – unausgesühnt gebliebene Empörung[92] durch die Hetzpredigt des Chorherren erweitert. In dem Glauben, auch das Erdbeben Gottes dem Verhalten des Paares verdanken zu haben, äußert sich das anfängliche Sehnen nach dessen Bestrafung durch die Institution Kirche hier in der Bereitschaft zu eigenem, selbsttätigem Handeln gegen jenes.

Auf die unerweichliche Gottesgläubigkeit jener bauend, wird das Aggressionspotential der Masse zunächst durch die „feierliche Messe" (IV, 15) geschürt, indem sie das Erdbeben als einen gegen die Sünde des Paares gerichteten Racheakt eines strafenden Gottes im alttestamentarischen Sinne auslegt. Die Gemeinde, die auf eine Erklärung für das ihr widerfahrene Unglück gehofft haben muss, ergreift dankbar und ohne jeden Zweifel an der Richtigkeit der Worte des

---

„[32]Ich möchte, dass ihr frei von unnötigen Sorgen seid. Wenn einer unverheiratet ist, bemüht er sich, zu leben, wie es dem Herrn gefällt. [33]Aber wenn einer verheiratet ist, sorgt er sich um andere Dinge, denn er möchte tun, was seiner Frau gefällt. [34]So zieht es ihn nach beiden Seiten. Ebenso ist es mit der Frau. Wenn sie unverheiratet ist, ist sie darum besorgt, dass ihr Tun und ihre Gedanken dem Herrn gefallen. Wenn sie dagegen verheiratet ist, hat sie andere Sorgen; denn sie möchte tun, was ihrem Mann gefällt." (Der 1. Brief an die Korinther 7, 32-34) (Deutsche Bibelgesellschaft (Hrsg.); Die Bibel in heutigem Deutsch: Die Gute Nachricht des Alten und Neuen Testaments, Stuttgart 1982.)

In dem Zölibat ebenso wie in den zitierten Stellen ist Ehe gleichbedeutend mit dem Akt der körperlichen Vereinigung. Im biblischen Verständnis gründet sich die Ehe darauf, Kinder zeugen zu wollen, ohne diese Absicht ist eine Ehe sinnlos. Wer demnach nicht zeugungsfähig ist, gilt als eheunfähig. Darum auch versteht etwa der jetzige Papst den Geschlechtsakt in einer Ehe, der ohne die Absicht der Kindeszeugung vollzogen wird, als Sünde; auch die Umschreibung ‚die Ehe vollziehen' als Bezeichnung für den Sexualverkehr entstammt diesem Verständnis. Aus diesem Grund zählt zu dem Begriff der im Zölibat verlangten Ehelosigkeit entsprechend bereits der Verzicht auf körperliche Vereinigung.

[91] Gerhard Gönner, a.a.O., S. 88

[92] In diesem Zusammenhang vermutet Alison Lewis (a.a.O.), dem Volk gelte das Verhalten Josephes – als Ergebnis sowohl der Widersetzung gegen das elterliche Verbot und das klösterliche Gesetz als auch der Entweihung des sakralen Ortes und der heiligen Institution der Ehe – gar als Herausforderung der „Wertordnung der Gemeinschaft" (ebd., S. 212) und empfinde es somit als „Bedrohung für die bestehende Gesellschaftsordnung" (ebd.). Indem Josephe zudem ihrer Strafe hat entkommen können, und dies nicht durch Begnadigung, sondern durch das Erdbeben, stelle sie in den Augen des Volkes noch eine weitere Ordnung in Frage; die juristische (vgl. ebd., S. 213).

Predigers[93] diesen ‚Strohhalm‘, der ihr durch Herausdeutung eines Sündenbocks die unangenehme Suche nach Fehlern in dem eigenen Verhalten als unnötig verkündet und erspart. Zugleich löst diese Erkenntnis zweierlei aus: Einerseits den Umschlag der Empörung gegenüber dem Paar in tödlichen Hass angesichts der vermeintlich durch dessen Handeln erlittenen Verluste, andererseits die Annahme, Gott in seinem Zorn durch die endgültige Vernichtung desselben besänftigen und sich selbst vor weiteren – die in dem Erdbeben erlebte Gewalt übertreffenden – Offenbarungen seiner Macht schützen zu können: Ziel ist die „Wiederherstellung von Ordnung durch ein Opferritual"[94].

Es ist also der blinde Gottesglaube, der das Volk antreibt, über das Verhalten des Paares zu urteilen und zu richten. Hierbei bemerkt es nicht einmal, dass es in seiner vermessenen und selbstherrlichen Überzeugung, den Wille Gottes genauestens zu kennen und stellvertretend für diesen richten zu können und zu müssen, jenen vielmehr selbst durch eine derartige Absprechung seiner Allmacht in Frage stellt. Jene in seinem Hochmut ausbleibende Erkenntnis von der Gottlosigkeit des eigenen Verhaltens ist es zudem, die es zum einen davor schützt, die Richtigkeit desselben anzuzweifeln und zum anderen dazu prädestiniert, die Interessen der Institution Kirche in die Tat umzusetzen. Zusätzliche Förderung erfährt diese Bereitschaft durch den blinden Gehorsam des Volks gegenüber Gesetz und Handlung der Körperschaften Kirche und Staat, der jegliche Hinterfragung von Recht und Ordnung derselben ausschließt.

Paradoxerweise ist es ausgerechnet der Name Gottes, durch dessen Missbrauch Hemmschwelle und ethisches Empfinden ausgeschaltet werden und mit welchem das gottlose, grausame Vergnügen[95] an der persönlichen Teilhabe sowohl an einem Hinrichtungsgeschehen als auch an einem kaltblütigen und brutalen Gemetzel in

---

[93] Gerhard Gönner (a.a.O.) verweist darauf, dass demzufolge umgekehrt der Priester leichtes Spiel gehabt haben muss, die – „um von den Eingeweihten zu erfahren, wie sie das Furchtbare zu deuten" (ebd., S. 94) habe – in der Kirche versammelte Gemeinde gegen das Paar aufzuhetzen.

[94] René Girard; Mythos und Gegenmythos. Zu Kleists ‚Erdbeben in Chili‘, in: David E. Wellbery, a.a.O., S. 130-148, hier S. 142. Zitiert aus: Gerhard Gönner, a.a.O., S. 227.

[95] Auch Fischer und Lewis weisen auf die Wollust des Volkes während der Lynchjustizszenen hin. Während Fischer hierbei Kleists „erstaunliche[s](...) Gefühl für sozialpsychologische Zusammenhänge von Triebunterdrückung, Hass und Sadismus" (Bernd Fischer, a.a.O., S. 24) offen legt, kann in Anlehnung an Lewis das Morden als genussvolle Genugtuung verstanden werden (paradoxerweise mittels „lustvoller Überschreitung des moralischen Gesetzes" (Alison Lewis, a.a.O., S. 216)), Recht und Ordnung wiederherzustellen, da sich nach Lewis die „moralische(...) Entrüstung" (ebd.) des wütenden Pöbels ausschließlich dadurch stillen und befriedigen lasse, den

Selbst- bzw. Lynchjustiz rechtfertigt wird. Es ist nämlich jene Einbildung, der Erwartung Gottes gemäß zu handeln, die das Volk glauben lässt, zur Erfüllung dieses Zwecks zweifellos zur Wahl eines jeden Mittels berechtigt zu sein. Und genau durch dieses Gedankengut – der Zweck heilige die Mittel – ist die Bereitschaft zu uneingeschränkter Brutalität und Grausamkeit geschaffen, welche sich die Kirche zunutze zu machen gewusst hat: Um die unverzügliche Vollendung der durch das Beben unterbrochenen Hinrichtung zu legitimieren[96] und zugleich durchzusetzen, ohne erneut selbst richten zu müssen, appelliert der „Prälat(...) des Klosters selbst" (IV, 15), der ebenfalls „eher mit dem Teufel als mit Gott im Bunde zu stehen scheint"[97], in seiner Hetzpredigt erfolgreich an eben diesen Glauben. Ohne seine Absicht wörtlich aussprechen zu müssen, erreicht er mit seinem Diktat den gewünschten Effekt, die Masse, die nach Doerings Frustrations-Aggressions-Hypothese[98] ohnehin – auf der Suche nach einem Ziel für die Entladung aufgestauter Frustrationen – leicht lenkbar ist, im Namen Gottes zu dem ‚heiligen' Mord an dem Paar anzustiften. Der Schustermeister, der die Leitung in dieser Sache bald übernimmt, ist – nicht mehr als der Rest des Volkes – gelenktes Opfer der Kirche, der sich lediglich in der Übernahme der Führungsposition die persönliche Genugtuung verschafft, mit der Unterstützung eines ganzen Volkes gegen die höhere Klasse richten zu dürfen[99].

Auslösern jener, d.h. den Störfaktoren der Gesellschaftsordnung, „Schmerz und Leid" (ebd.) zuzufügen (vgl. ebd.).

[96] In Anlehnung an Alison Lewis, a.a.O., S. 217: „Die Masse wird hier zum Exekutor eines grausamen Gesetzes, das bereits vor dem Erdbeben vorherrschte und das durch die Predigt in Erinnerung gerufen und legitimiert wird."

[97] Wolfgang Doering, a.a.O., S. 233f.

[98] Vgl. Wolfgang Doering, a.a.O.

[99] Zur Wirkungsweise der Masse und des Protagonisten aus dem Handwerkergenre in Bezug auf die Novellen *Kohlhaas* und *Das Erdbeben in Chili* vgl. Christian Moser, a.a.O., S. 199f. Moser sieht den Protagonisten, der den Mord vollzieht, ebenfalls nicht als von sich aus Handelnden, sondern als vermittelnder Vertreter eines vorgegebenen, von außen an ihn herangetragenen Gedanken an. „Der Protagonist befiehlt nicht. Er repräsentiert. Das Mitglied der Masse handelt nicht aus Gehorsam, sondern kraft einer Spontaneität, die in paradoxer Weise nicht die eigene ist, aus einer Willensregung heraus, die den individuellen Willen übersteigt, ohne diesem als äußerlicher Zwang zu begegnen. Darin gerade besteht die ungeheuerliche Schlagkraft und Gefährlichkeit der Masse: Sie setzt die politische Idee der Repräsentation wie auch die im moralischen Diskurs wirksame Perhorreszenz des Leiblichen auf mörderische Weise in die Tat um." (ebd., S. 202) Dass es dabei gerade die Meister sind, die sich gegen die „ständisch Privilegierten" (ebd.) richten, erklärt Moser mit den durch die Reformen eingetretenen „Verschiebungen innerhalb der Wertordnung und des diskursiven Gefüges" (ebd.). Die Unzufriedenheit mit der eigenen Position in der neuen Gesellschaftsordnung „wird unter den Händen der Kleistischen Meister zur tödlichen Waffe des Aufruhrs." (ebd.) Mosers Ansicht dagegen, dass es die Moral sei, die es das Volk „gegen die Vorrechte der Nobilität" (ebd., S. 203) durchzusetzen dränge und gegen dessen Verletzung durch

Von der Seite der Opfer der Bluttat her betrachtet, lässt sich unschwer erkennen, dass von diesen zwar weder jegliche Provokation zur Entstehung der Gewalt ausgegangen ist, noch dass sie deren Begehren aktiv hätten aufhalten können, andererseits jedoch haben sie jene Möglichkeit, den Ausbruch derselben zu umgehen, ungenutzt gelassen: Geblendet durch die augenscheinliche Umorientierung der von der Gesellschaft angestrebten Werte – von Eigentum, Ständebewusstsein, Prestige und Macht zu Humanität, Mitleid, Hilfs- und Opferbereitschaft – verblasst mit der Erinnerung an Hass und scheinheiliger Rachsucht des Volkes auch das Gefühl der Furcht vor jenem und somit ein natürlicher Selbstschutzmechanismus. Mit der Nachricht des bevorstehenden Gottesdienstes gerät nicht allein der Grund für die einstige Besorgnis in Vergessenheit, sondern auch das Vorhaben der sicheren Flucht, und ebenso ahnungslos stürzt das Paar letztlich, in Verkennung der drohenden Gefahr, seinem Verderben entgegen. Aber auch bei dessen Begleiter lässt der schöne Schein des friedlichen Miteinanders selbst Warnungen auf taube Ohren stoßen; die beinahe unwirklich anmutende Idylle, der Traum vom Paradies, wirkt letztlich realistischer als die aus der Erinnerung verdrängten tatsächlichen Begebenheiten.

In der Umgebung der Stadt wird das Volk zu Beginn und Ende der Erzählung in seinem Verhalten jeweils von der Kirche gelenkt; in der freien Natur entzieht es sich deren Einfluss und kehrt selbst in eine Art Naturzustand zurück, in der nicht Stand und Besitz, sondern Mensch- und Brüderlichkeit von Bedeutung sind. Mit der Rückkehr in die Stadt jedoch fügt sich das Volk erneut in die alte, von materiellen Werten bestimmte Gesellschaftsordnung ein.

In Bourkes[100] Auslegung der Novelle als Kritik des Dichters am Rousseau'schen Optimismus erfährt die Gewalt in der Erzählung zudem eine Begründung – durch Erkenntnisse aus dessen Briefen – vor dem Hintergrund des Lebens Kleists. Der paradiesartige Mittelteil der Erzählung lasse Elemente der Ideologie Rousseaus[101]

---

das Vergehen des Paares es rebelliere, ist m.E. unstimmig, da bereits das Rezipieren, demnach erst Recht der aktive Vollzug jener Bluttat jedem moralischen Empfinden widerstrebt.

[100] Vgl. Thomas E. Bourke; Vorsehung und Katastrophe. Voltaires *Poème sur le désastre de Lisbonne* und Kleists *Erdbeben in Chili*, in: Karl Richter/ Jörg Schönert; Klassik und Moderne: Die Weimarer Klassik als historisches Ereignis und Herausforderung im kulturgeschichtlichen Prozess. Walter Müller-Seidel zum 65. Geburtstag, Stuttgart 1983, S. 228-253.

[101] Laut Bourke gründet sich Rousseaus Weltanschauung auf die Annahme der Vorhersehung durch Gott. Leid und Tod erklärt er mit der Nichtigkeit des Einzelnen vor Gott; ihm sei es an Erhalt der Arten und Gattungen gelegen, nicht an dem Individuum. Vielmehr trage das „persönliche Leid des Einzelnen (...) zum allgemeinen Wohl bei" (Thomas E. Bourke, a.a.O., S. 235); das Leben folge daher Gottes Wille und Ordnung.

wiedererkennen, welcher Kleist einst selbst gefolgt sei, die er allerdings aufgrund verschiedenster Erfahrungen noch vor Entstehung des *Erdbebens in Chili* aufgegeben habe. Die Folgen jener veränderten Einstellung zeigten sich in der Wandlung sowohl der Beurteilung Gottes – von einem guten, väterlichen Herrscher hin zu einem unbegreiflichen Wesen, als auch in der Deutung des Lebens nicht länger als geordnet, sondern wirr.

Mit seiner Erzählung reagiere Kleist daher auf die zu seiner Zeit aktuelle Frage nach dem Sinn des Lebens. Stellvertretend für seine Zeitgenossen habe bereits Fario Cordeiro formuliert, dass „eine Welt, in der Freude so schnell in Leiden und Schrecken umschlagen könne, ein entsetzlicher Ort sei"[102]. Als ebenso undurchschaubar, unnachvollziehbar und unlogisch stelle Kleist demnach sowohl Leben als auch mögliche Handlungen Gottes in seiner Erzählung dar. Zugleich sei diese durch die Provokation des Lesers zur Deutung des Geschehens und zum Aufwerfen von Fragen und Theorien, denen er anstelle von Erklärungen ausschließlich Widersprüche und Verwirrung zum Ergebnis biete, vielmehr Kleists Hinweis darauf, dass auch das Leben, die Realität, rätselhaft und unbegreiflich sei. Die Logik also, die hinter dem Auslegen seiner ins Nichts führenden Spuren stehe, sei diejenige, aufzuzeigen, dass es eben auch in der Wirklichkeit keine Logik gebe. Insofern sei es nicht allein gerechtfertigt, sondern gar erforderlich, auch im Erzählexperiment das größte Glück des vorangehenden Augenblicks im folgenden in das größte Unglück umschlagen zu lassen bzw. das größte Glück des einen zugleich als das größte Leid des anderen darzustellen.

Es sei nicht die Utopie, die Kleist darstellen wolle, sondern die gnadenlose, widersprüchliche, brutale und grausame Realität. Hätten sich die Liebenden wie in ihrem Vorhaben gerettet, hätte das Erdbeben seinen Sinn behalten, doch da das wahre Leben keinen derartigen Sinn enthalte[103], sei Kleist in seiner Absicht geradezu gezwungen, selbst wenn er sich eine solche wünsche, mit der paradiesischen Vorstellung „im dritten Abschnitt schonungslos ins Gericht"[104] zu gehen, da sich in

---

[102] Fario Cordeiro in T. D. Kendrick; The Lisbon Earthquake, London 1956, S. 117, zitiert aus: Thomas E. Bourke, a.a.O., S. 233.

[103] Passend zu der Aufgeladenheit des Textes mit nur scheinbar auf einen übergeordneten Bedeutungszusammenhang hinweisenden Einzelereignissen und der jeweils darauf folgenden Zerstörung der hieraus entstandenen Erwartungshaltung bezeichnet Schuller, wenn auch in Bezug auf die Novelle *Der Zweikampf*, Kleists „Erzählen ‚selbst' als Kampf zwischen Sinnverlust und Bedeutungsfülle" (Marianne Schuller; Pfeil und Asche: Zu Kleists Erzählung ‚Der Zweikampf', in: Günter Blamberger (Hrsg.); Kleist-Jahrbuch 1999, Stuttgart 2000, S. 194-202, hier S. 202).

[104] Thomas E. Bourke, a.a.O., S. 245.

der Realität Konventionen und Institutionen nicht dauerhaft außer Kraft setzen ließen[105]. Bourke liefert zudem den Hinweis darauf, dass die Art und Weise, mit der Kleist die Liebenden ihrem Unglück schlussendlich entgegenschicke, derjenigen entspreche, mit der er sie im ersten Abschnitt vor jeglicher Versehrung geschützt habe – einer Kette aneinandergereihter Zufälle.

5.2.6.2 Wirkung der Gewalt

Die Intensität der Empfindung, welche die Rezeption der Gewalt im Text beim Leser hinterlässt, liegt im *Erdbeben in Chili* im Wesentlichen in zwei Merkmalen der Novelle begründet; zum einen in der „schroffe[n](...) Wechselfolge"[106] zweier Extreme – größter Hoffnung in bittere Enttäuschung, scheinbare Ausweglosigkeit in Glückseligkeit – , zum anderen in der steten Gezwungenheit des Lesers zur Interpretation, die jedoch stets ins Leere läuft und die Gewalt, da unvorhergesehen, jenen umso unvorbereiteter trifft.

Gerade durch die sich in diesem rigorosen Umschlag äußernde Unbeständigkeit von Gewalt und Glück und zugespitzt durch die Wechselwirkung – in deren Folge zwar auch das Glück umso unermesslicher erscheint – offenbart sich die erneut nachfolgende Gewalt umso aufrüttelnder und grausamer: Während auf der einen Seite jenes Moment, wie knapp das Paar dem Tod entronnen ist, das Glück des erneuten Miteinanders umso vollkommener macht; lässt andererseits wiederum dies, gepaart mit der Aussicht, sich die bereits aufgegebene Hoffnung einer gemeinsamen Zukunft erfüllen zu können, die kaltblütige Niederstreckung am Ende umso brutaler wirken.

Zu Beginn seiner Darstellung, die bereits in dem Titel die Untersuchung von „Glück und Gewalt" ankündigt, beschreibt Doering dieses Phänomen treffend: „Heinrich von Kleist erzeugt Entsetzen und Rührung zugleich durch kontrastierende Bilder rasender, grauenhafter Gewalt und zartem, ephemeren Glücks."[107] Während jener die

---

[105] Zudem weist Bourke darauf hin, dass Kleist mit einem den „frommen Lesern die Schreckensszene in der Kirche ersparen[den]" (ebd.) veränderten Ausgang der Erzählung – etwa der tatsächlichen Auswanderung des Paares, wie ihn Sembdner in einem katholischen Familienblatt gefunden habe – zwangsläufig nicht allein *für* sowohl eine sinnhafte Vorsehung des Schicksals (bzw. hier: der Rettung) als auch die Rousseau'sche Haltung Position bezogen, sondern auch „Tiecks leise Kritik bestätigt [hätte], dass er einen geträumten und unmöglichen Naturstand höher stelle als alle Kultur" (ebd.).

[106] René Girard; a.a.O., S. 136. Zitiert aus: Gerhard Gönner, a.a.O., S. 224.

[107] Wolfgang Doering, a.a.O., S. 1.

gegensätzliche Entwicklung in erster Linie auf gesellschaftliche Wirklichkeit bezieht, geht Bohrer auf die „Umschlägigkeit der physischen Identität"[108] ein, wobei er diese jedoch, da er sie ausschließlich aus dem konträren Wechsel der Gesichtsfarbe – Erröten vs. Erbleichen – ableitet, in ihrer Bedeutung auf die Anspielung auf „die Übergangsthematik vom Diesseits zum Jenseits"[109] reduziert, ohne auf den ebenfalls in den Novellen zu beobachtenden Umschlag eines Charakters in sein Gegenteil einzugehen – wie etwa jenen der den Schwarzen dienenden Toni in eine „weiße(...) Braut"[110] bzw. den des „guten Alten" (II, 49); Piachis, in einen „monströse[n](...), unersättliche[n](...) Mörder"[111].

Die Interpretationen, zu denen der Leser im Laufe der Erzählung stets von Neuem angeregt wird, finden ihren Ursprung zum einen in der Ungewöhnlichkeit der Begebenheiten[112], zum anderen, damit zusammenhängend, in den Gedanken von Erzähler und Figuren, welche selbst bemüht sind, das Erlebte zu deuten und deren Sinn aufzudecken. Zumeist wird dem Leser hierbei von vorneherein nicht ein objektives Bild des Geschehens vermittelt, sondern – in Form des „als ob" – das aus der bereits gedanklich verarbeiteten Interpretation aus der Perspektive der Figuren hervorgehende, was jenem die eigene Auslegung zusätzlich erschwert bzw. gar unmöglich macht.

Da sich der Leser hierdurch kaum einen Wissensvorsprung gegenüber den Figuren erarbeiten kann, trifft ihn, der den selben Irrtümern unterliegt wie jene, die auch für ihn nicht vorhersehbare Gewalt nicht vorbereiteter als deren Opfer – zumal sich selbst dessen Deutungsversuche im Nachhinein nicht selten als zweifelhaft herausstellen. So wird just im Anschluss an jenen Augenblick, in dem der Leser seine Interpretation als bestätigt betrachtet, diese bereits wieder widerlegt. Als er sich der Sache gewiss glaubt, das Beben sei ein zur Rettung der Liebenden entsandtes Zeichen Gottes, erfährt der Leser, dass jener Katastrophe sowohl Gotteshäuser und –gläubige als auch Gönner des Paares zum Opfer fallen. Vermutet er hingegen später, Gott habe

---

[108] Karl Heinz Bohrer; Kleists Selbstmord, in: Walter Müller-Seidel (Hrsg.); Kleists Aktualität: Neue Aufsätze und Essays 1966-1978, Darmstadt: Wissenschaftliche Buchgesellschaft, 1981, S. 281-306; hier S. 296.
[109] ebd.
[110] Hansjörg Bay, a.a.O., S. 102
[111] Jürgen Schröder, a.a.O., S. 112. Auch Schröder stellt sich an dieser Stelle die Frage, welche Ursache den Umbruch in Piachi bewirkt haben möge.
[112] Auch Gerhard Gönner (a.a.O.) beurteilt die Umschlägigkeit als Ursache dafür, „dass eine Reflexion des Lesers auf ein mögliches höheres Wirken implizit erzwungen und so am Ende um so wirkungsvoller desavouiert wird." (ebd., S. 91)

vielmehr das selbstherrliche Volk in seine Schranken weisen und die menschliche Seite in ihnen hervorkehren wollen, wird er auf brutalste Weise von deren Unmenschlichkeit in Kenntnis gesetzt. Ähnlich verhält es sich mit seiner Überzeugung, das Paar sei gerettet. Alles in allem; nachdem der Leser, dieses begleitend, all jene Erlebnisse desselben – die Lebensrettung durch das Erdbeben; das Überleben der Flucht aus den Gefahren der erschütterten Stadt; das Zusammenfinden in der freien Natur; die unproblematische Wiederaufnahme und Akzeptanz des Paares in bzw. von der Gesellschaft; selbst zuletzt die Errettung aus dem Kirchengebäude – hat verfolgen können, stellt dessen hierdurch entstandene Überzeugung, kein Unglück könne den Liebenden je gefährlich werden, ebenfalls wie jenes vernichtende Gemetzel in jedem Fall eine unerwartete Überraschung dar[113].

In noch fundamentalerer Weise jedoch legt das bereits erwähnte Faktum, das überhaupt erst die Basis für das Begehen jener ‚Sünde‘ geschaffen hat, die Sinnlosigkeit und Brutalität des Geschehens offen: Ausschließlich aus Furcht, das eigene Ansehen könnte durch die Bindung seiner Tochter zu einem Angehörigen eines niedrigeren Standes Einbußen erfahren, hat ihr Vater sie überhaupt erst einer Situation ausgeliefert, in der jegliche Aufrechterhaltung ihrer Liebe zwangsläufig in das Licht der Öffentlichkeit geraten muss. Dass somit die Hetze des Volkes gegen jene überhaupt erst ermöglicht, wenn nicht gar provoziert worden ist, erweitert die grausamen Erfahrungen des Paares zusätzlich durch den Faktor der Ungerechtigkeit.

Aber auch Jeronimos Vater scheint der Rettung der eigenen Ehre größeren Wert beizumessen als der familiären Bindung, so dass jener sich gar durch die Hetzpredigt dazu anstacheln lässt, den eigenen Sohn vor dem unsicheren Volk als den Gesuchten zu identifizieren und eigenhändig „mit einem ungeheuren Keulenschlage zu Boden" (IV, 20) zu strecken.

Ein weiterer die Gewalt in ihrer Wirksamkeit potenzierender Aspekt ist die erst im Rückblick gewonnene Erkenntnis, dass die einzige Möglichkeit, jenen Ausbruch zu verhindern, trotz des Wissens um deren Existenz ungenutzt geblieben ist: das – in der Euphorie hinsichtlich des angekündigten Gottesdienstes – mit einem Male in

---

[113] Treffend hebt eine Bemerkung Thomas E. Bourkes (a.a.O.) die Folgen der wirkungsvollen Zerstörung aller Deutungen hinsichtlich jeglichen Eingreifens Gottes in der Erzählung durch deren Ende hervor: „Wenn man Gott als nichtauftretende Person dieser Novelle auffassen will, was angesichts der vielen Anspielungen auf ihn und der Invokationen legitim wäre, so ist er am Ende der Geschichte noch viel ferner und unverkennbarer als am Anfang." (ebd., S. 247)

Vergessenheit geratene Vorhaben der sicheren Flucht. S. W. Howard[114] weist in dem Zusammenhang jener Leichtsinnigkeit und Unbedachtheit der Figuren in zweierlei Hinsicht auf deren Verkennung der Situation hin; zum einen auf deren voreilige Beurteilung des augenscheinlichen Glücks als beständig, zum anderen auf die unzureichende Selbsteinschätzung Don Fernandos als Held und Beschützer der von ihm geführten Gesellschaft, welche ihn dazu verführt, die an ihn herangetragene Sorge unüberlegt zurückzuweisen[115].

Auch hier, wie bereits in den vorangegangenen Erzählungen offen gelegt, wird das Sträuben gegen eine mögliche Erkenntnis, welche zwangsläufig ein unerwünschtes Eingeständnis mit sich brächte, ersichtlich[116]. So ist es in diesem Fall Donna Elisabeths böse Vorahnung, die bei Don Fernando auf taube Ohren stößt, der, jene verkennend, von einer Überschätzung der eigenen Macht und der Qualität als Beschützer nichts wissen will. Somit misslingt ihr Versuch der Überzeugung dessen zur Umkehr, und durch die Vermeidung jeder weiteren Ausführung ihres Vorhabens bleibt ihre Mitteilung gegenüber Don Fernando in unbeachteten Andeutungen verhaftet und dem Leser vorenthalten.

Zur Ergänzung soll an dieser Stelle, obgleich ihre Begründung außerhalb des Textes liegt, ein erneuter Rückgriff auf die Theorie Bourkes der Ergänzung dienen. Unter Annahme jener, welche hinter der Erzählung Kleists Absicht zur Darstellung der wenig sinnreichen Realität sieht, erscheint, im Hinblick auf das Ende, mit einemmal jedwede Aufzeigung möglichen Heils – da jenes, als Ironie des Schicksals, von vornehrein zum Scheitern bestimmt ist – wie der blanke Hohn. Die aus all jenen beseligenden Erlebnissen während des ersten und zweiten Abschnittes der Erzählung hervorgehende Empfindung größten Glücks hat niemals ungetrübt und beständig bleiben sollen. Die Geschehensfolge ist an keiner Stelle mehr gewesen als ein bloßes Konstrukt, um durchzuspielen, welcher Gestalt das Leben sein könnte, folge es einem Sinn. Opfer dieses Versuchsaufbaus sind Figuren und Leser, die – um Handeln bzw. Erwartungshaltung danach ausrichten zu können – von Bestehen und Beständigkeit

---

[114] Susan Wells Howard; Die Gewalt der Geschichte: The role of historical consciousness as a model of intelligibility in selected stories of Heinrich von Kleist, Diss. Austin, University of Texas, 1989, Ann Arbor, Michigan 1989.

[115] Bernd Fischer (a.a.O.) sieht in dem Scheitern des heroischen Ideals Don Fernando(s) Kleists Absicht, eben jenes zu seiner Zeit beliebte Idealbild des „tragischen Helden der klassischen Tragödie" (ebd., S. 30) in Frage zu stellen, indem er im Gegensatz zu jenem in Don Fernando „Noblesse und Vernunft" (ebd., S. 31) voneinander trennt, um ihn anschließend für sein unangemessenes Verhalten „offensichtlich nicht ohne schadenfrohes Vergnügen schmoren" (ebd.) zu lassen.

[116] Vgl. Christian Moser, a.a.O., S. 115

eines Sinns ausgehen, ohne zu ahnen, dass jede logische Deutung ausschließlich provoziert wird, um sie letzten Endes zu widerlegen.

Selbst zurück auf textimmanenter Ebene bestätigt die Untersuchung der Funktion Gottes in der Erzählung diese Annahme: Rückblickend von dem Erlebnis der skrupellosen Gewalt erscheint nicht allein die im Laufe des Geschehens wiederholt aufkeimende Vermutung, das Paar habe seine häufige Errettung und Bewahrung vor jeder Bedrohung und allem Unglück durch Gott erfahren, mehr als fragwürdig; vielmehr gerät generell die durch Figuren und Erzähler wiederholt beteuerte, der Willensoffenbarung dienliche aktive Teilhabe Gottes an dem Geschehen in den Zweifel, ob nicht eher alles Geschehen unabhängig von einer solchen Führung eintritt. Zwar gilt den Figuren Gott nicht allein als Erklärung für überraschende Wendungen, Glück und Leid, sondern zudem als Wesen, dem sie zu gefallen wünschen und nach dessen vermeintlichen Willen sie ihr Leben zu gestalten suchen; jedoch führt unter Annahme der These, dass Gott als unsichtbare Instanz tatsächlich einen steten Einfluss auf den Handlungshergang ausübe, jedweder Versuch einer logischen Auslegung zu Lücken und Widersprüchen.

Dass die Auslegung des Predigers, Gott habe das Beben geschickt, um jene Tat zu bestrafen, einen Widerspruch in sich selbst darstellt, indem ausschließlich durch dieses die Rettung der Liebenden möglich gemacht worden ist, wurde bereits oben gezeigt. Selbst wenn Gott auf das Handeln der Masse gerechnet bzw. sie gar wie Marionetten gelenkt und durch sie gesprochen haben sollte, um die Hinrichtung zu planen und letztlich zu vollenden, ist es paradox, sich zuvor durch das Beben selbst Steine in den Weg geworfen zu haben.

Ebenso wenig hilfreich ist die umgekehrte Deutung des Bebens als Rettung der Liebenden. Wenn Gott nicht davor zurückgeschreckt sein sollte, gar eine ganze Stadt samt Kloster und Kathedrale erzittern zu lassen, um ein einziges Paar vor einem scheinheiligen Volk zu schützen, ist es absurd, dass er sie zuletzt nicht vor der rasenden Gemeinde rettet. Die einzige Erklärung, die sich für diese Auslegung liefern lässt, ist die Möglichkeit des wenig gottgleichen Verhaltens eines schadenfrohen und grausamen Wesens, das Paar zunächst zu retten, um ihm durch ein kurzzeitiges Vorgaukeln von Sicherheit und Glück ein umso schmerzhafteres Ende zu bereiten.

Alle diese Betrachtungen sprechen gegen die Vermutung, dass hinter dem Geschehen in der Novelle ein aktiver Einfluss von Gott steht bzw. deuten darauf hin, dass, falls es einen solchen Einfluss geben sollte, er jeder Logik entbehrt. Da Kleist allerdings selbst, wie bereits zitiert, Gott für ein unverstandenes Wesen[117] und auch das Leben für ungeordnet und *sinn*los erklärt hat, kann letztlich keine der beiden Theorien eindeutig als falsch verworfen werden.

Umso paradoxer wirkt es zum einen, dass die Figuren der Erzählung sich dem Willen jenes Wesens stets so sicher sind und umso unfassbarer das Ausmaß der mit dessen Namen rechtfertigten Gewalt zum anderen.

---

[117] Vgl. Abschnitt 3.2.8

6 Schlussbetrachtungen

Wie die Analyse der Erzählungen zu Auftreten, Entstehung, Rechtfertigung und Nachvollziehbarkeit der Gewalt durch die jeweilige Handlung gezeigt hat, sind es – obgleich sich deren Entwicklung bis hin zu dem am Ende stehenden Ausbruch jeweils in unterschiedlicher Weise präsentiert[118] – häufig die gleichen Ursachen, die für die aktive Auslösung bzw. die passive Zulassung jener verantwortlich sind. Um letztlich aus diesen Ausarbeitungen auf die Funktion der Gewalt schließen zu können, sollen zunächst die während der Analyse offen gelegten Ursachen noch einmal vergegenwärtigt werden. Dazu dient die folgende knappe Übersicht.

Eine zusätzliche Erinnerungshilfe zu dem konkreten Auftreten der jeweiligen Faktoren in den Erzählungen bietet die im Anhang befindliche tabellarische Nebeneinanderstellung, die zudem den direkten Vergleich der jeweiligen Artung der einzelnen Merkmale ermöglicht.

6.1 Nährböden der Gewalt in den Erzählungen

6.1.1 Beeinflussung von Figuren und Handlung durch die Umwelt

6.1.1.1 Extremsituationen als Ausgangsbasis

Schon zu Beginn jeder der drei Erzählungen steht der Entwurf einer bereits an sich katastrophalen Situation, bei der es sich, stets um den Umsturz vorhergehender Verhältnisse[119] handelt. Wie ein Vorbote kündigt jener Nährboden der Gewalt die Wahrscheinlichkeit eines in naher Zukunft eintretenden Unglücks an, so dass es den hiermit konfrontierten Leser nicht allzu unerwartet treffen sollte, wenn tatsächlich der Ausbruch der Gewalt erfolgt – würde Kleist nicht zumindest die Möglichkeit aufgezeigt haben, dass selbst diese seltsamen Konstrukte durchaus zu einem guten Ende führen *könnten*. Um so schlimmer kann der Dichter den Rezipienten schließlich doch noch treffen, wenn er ihm diesen Genuss nicht gönnt und im letzten Augenblick dem Unglück Vorrang gewährt – gewaltsam und schonungslos holt er Figuren und Leser auf den Boden der ungeschönten Tatsachen, in die nüchterne Realität zurück,

---

[118] Wie gezeigt worden ist, baut sich die Gewalt in der *Verlobung in St. Domingo* latent im Hintergrund und unerkannt in Gustavs Gedanken auf, die in der Erschießung Tonis gipfelt; im *Findling* erfährt sie dagegen zusehends ein stetes Wachstum durch den sich mehr und mehr zuspitzenden Konflikt zwischen Piachi und Nicolo; im *Erdbeben in Chili* letztlich beschreibt sie – gleich einer Berg-und-Tal-Fahrt – eine jähes Auf und Ab, das mit dem Untergang der gerettet geglaubten Protagonisten endet.

[119] Zum Umsturz der Verhältnisse und der Orientierungsnot der Figuren „in einer ins Wanken geratenen Welt" (S. 106) und deren Ordnungen vgl. Hansjörg Bay, a.a.O., S. 104f.

indem er sich letzten Endes nach Darstellung der best- und schlimmstmöglichsten Entwicklung der Handlung für letztere entscheidet.

6.1.1.2.1 Zufall und Experiment

Die immer wieder betonte Experimentierfreudigkeit Kleists[120] äußert sich unter anderem in dem uneingeschränktem und unermüdlichen Einsatz des Zufalls. Daran hindert den Dichter augenscheinlich nicht einmal die größte Unwahrscheinlichkeit des erdachten Geschehens, solange es ihm nur möglich ist, hierdurch der Entwicklung der jeweiligen Handlung ein nach allen Extremen hin ausgeleuchtetes Feld zu erschaffen. So gelingt es ihm nicht allein, mittels dem Experiment und dem unausgesprochenen Vorwand ‚wie es der Zufall so will' die unerwartetsten Wendungen und Handlungsfortgänge zu rechtfertigen, sondern zugleich die Spannung zu steigern und das Geschehen so reizvoll wie möglich immer wieder kippen zu lassen.

Hierbei leitet der Erzähler die Zufälle zumeist entweder durch die ankündigende Wendungen wie „Aber wer beschreibt das Entsetzen" (II, 31) bzw. „Es traf sich" (II, 54)[121] ein oder deklariert sie explizit als solche; nur selten beläßt er sie unkommentiert. Während einige Zufälle zu einer Ballung des Geschehens in kurzer Zeit führen, lösen andere fehlerhafte Interpretationen bei Figuren und Leser aus. Hierbei lässt sich etwa die überraschende Rückkehr Hoangos dem ersten Typus; Tonis Entdeckung des Stricks, Nicolos Erkenntnis der „logogriphische[n] Eigenschaft" (II, 62) seines Namens oder die Rettung durch das Erdbeben letzterem zuordnen.

---

[120] Vgl. Jürgen Schröder, a.a.O. und Jacques Brun, a.a.O. Schröder unterstellt Kleist eine solche Experimentierfreudigkeit in Bezug auf die elektrischen Ladungen der Körper der Figuren im *Findling* und belegt jene mit dem Hinweis auf dessen Gedankenspiel im „Allerneuesten Erziehungsplan(...)" (Jürgen Schröder, a.a.O., S. 121), in welchem unter anderem wörtlich die Rede von einer „Experimentalphysik, in dem Kapitel von den Eigenschaften elektrischer Körper" (ebd.) ist. Allgemeiner deutet Brun die „Vorliebe des Dichters für zugespitzte Ausnahmefälle" (Jacques Brun, a.a.O., S. 195) durch den Vergleich desselben mit einem Versuchsleiter: „(...); der Dichter stellt imaginäre Experimente an und ist wie ein Naturwissenschaftler dazu geneigt, die Gegensätze zu polarisieren, die Spannung zu verschärfen. In den so entstandenen Ausnahmesituationen spiegelt sich die dramatische Beziehung des Individuums zu seiner Umwelt wider. Kleist hat als Erzähler Goethes Forderung nach einer ‚unerhörten Begebenheit' wie kaum ein anderer Autor erfüllt. Seinen Gestalten hat er das Äußerste zugemutet." (ebd.)

[121] Vgl. auch Jacques Brun, a.a.O., S. 195.

6.1.1.2.2 Die Umschlägigkeit[122]

Die plötzliche Verwandlung einer Situation in das ihr entgegengesetzte Extrem – von größter Gefahr in zartes Glück bzw. von Hoffnung in tiefste Verzweiflung – entsteht, etwa durch eine der o.g. Phrasen gekennzeichnet, zumeist durch Zufälle; der Umschlag in den Personen als Reaktion auf äußere Einflüsse hingegen entweder durch den jähen, gewaltsamen Ausbruch gestauter Frustrationen und Aggressionen oder durch (Selbst-)Täuschung. Im Fall der unerwarteten Gewalttätigkeit sind die mordsüchtigen Personen selbst als Opfer ihrer eigenen Gefühle anzusehen; sie sind ihren nicht länger kontrollier- bzw. beherrschbaren Reaktionen[123] auf die äußeren – auf jene einwirkenden – Umstände ausgeliefert, an denen sie zuletzt zerbrechen[124]. Indem der Ausbruch der Gewalt ausschließlich einer im Affekt und blinder Raserei vollzogenen Entladung entspricht und sich unter Ausschluss jeglicher Vernunft vollzieht, lässt sich den hierdurch marionettengleichen Figuren keine Schuldfähigkeit für die begangene Tat zuweisen. Jenes Handeln im Affekt ist es auch, das derartige Grausamkeiten ermöglicht[125].

6.1.1.3 Befehlsgewalt von Kirche und Staat

Kleists „feines Gefühl für das verwickelte Verhältnis von Recht, Ethik und Politik"[126] kommt etwa in der Kirche und Staat zukommenden Herrschaftsposition in den Erzählungen zum Tragen, denen die Figuren hilflos ausgeliefert sind.[127] Hierzu zählt

---

[122] Im Rahmen der Darstellung des Grenzverletzungsmotivs hat bereits Brun (Jacques Brun, a.a.O.) darauf hingewiesen, dass die „plötzliche Aufhebung früherer Verhältnisse" (ebd., S. 196) im Mittelpunkt der Novellen steht.

[123] Wenn auch in seiner Betrachtung ausschließlich auf die Fähigkeit zur Kriegsführung bezogen, so beschreibt Wolf Kittler (a.a.O.) dieses Phänomen dennoch treffend: „Hier, in der epischen Gattung, entfaltet Kleist das ganze Filigran der Triebe und Instinkte" (ebd., S. 323).

[124] Zum Begriff des Zerbrechens vgl. Gerhard Gönner, a.a.O. Gönner untersucht die Gewalt in den Werken Kleists in Anlehnung an das griechische Lexem „diabolé" unter dem Aspekt des Zerbrechens.

[125] Auch in dem Sprachstil, der dies zu erfassen versucht, schlägt sich solches – in der restlosen Ausgeliefertheit an das Gefühl von jeglicher Vernunft abgekehrte – Agieren nieder. Dazu Hugo Dittberner (a.a.O.): „Immer wieder heißt es nur ‚ungeheuer', ‚schrecklich', ‚furchtbar'. (...) Als Kraftwörter sind sie der Inbegriff von Kleists Programm: Empfindungen, aber mit ihrer ganzen Kraft." (ebd., S. 21) Auch Kleists weiter oben erwähnte „Lust an der Gebärde" (ebd., S. 5) findet ihren Ursprung in eben jener Gefühlbestimmtheit der Figuren.

[126] Jacques Brun, a.a.O., S. 196

[127] Zur Kritik Kleists an den „Institutionen des Rechts, der Justiz und der bestehenden Staatsformen" vgl. Walter Müller-Seidel; Todesarten und Todesstrafen, a.a.O.(, hier S. 20). Müller-Seidel schreibt im Rahmen der Beantwortung dessen, was „Kritik der Gewalt" (ebd., S. 15) zu bedeuten habe, „dass Gewalttaten zwar nicht ausdrücklich rechtfertigt werden, aber doch als etwas Verständliches und Verstehbares aufzufassen sind – als Folge von etwas, auf das die Kritik in erster Linie zielt; und sie zielt auf

neben der in blindem Gehorsam vom Volk unhinterfragten Endgültigkeit, Richtigkeit und Allgemeingültigkeit von Vertrag, Recht und Gesetz[128] auch der Einsatz des Potenzials des aufgehetzten Kollektivs zur Durchsetzung politischer Interessen. Unter Ausnutzung des Pflichtbewusstseins der ‚braven Bürger‘ und deren fraglosen Einigkeit im blinden Vertrauen auf Recht und Ordnung des jeweils betreffenden geltenden Gesetzes provozieren und entschuldigen die die Herrschaft von Kirche und Staat ausübenden Personen die unbegrenzte Gewaltbereitschaft jener, welche es gar gelingen lässt, die rasende Meute, rechtfertigt durch dessen Gesetzesbruch, selbst gegen ein jener von Angesicht unbekanntes Ziel zu lenken und die zugleich garantiert, dass sich der wütende Haufen in seinem Blutrausch erst nach dessen Befriedigung durch Vernichtung des ihm diktierten Opfers bzw. eines angemessenen Stellvertreters desselben (Mariane für Gustav; Juan für Philipp) zur Ruhe bringen lässt und zerstreut.

6.1.2 Durch Figuren geschaffene Gewaltgrundlagen

6.1.2.1 Erzeugung von Missverständnissen

In der *Verlobung in St. Domingo* ebenso wie im *Findling* ist es das Ausbleiben klärender Gespräche, welches Missverständnisse erzeugt und nährt bzw. wodurch die Figuren gezielt jegliches Aufkeimen von – den Rollenerwartungen widersprechenden[129] – Eigenheiten zu vermeiden versuchen.

---

diejenigen Einrichtungen und Ordnungen der Gesellschaft vor allem, aus denen Gewalttaten hervorgehen. Es handelt sich mithin um Formen der Gesellschaftskritik(...) – um die schärfste, die es in Texten der sogenannten Goethezeit gibt." (ebd.) An späterer Stelle heißt es des Weiteren: „Schriftlich fixiertes Recht ist herrschendes Recht, wie es von vorhandenen Institutionen ausgeübt wird, die sich zu seiner Durchsetzung der Gewalt bedienen, über die sie verfügen. Diesen Institutionen gegenüber verhält sich Kleist (...) misstrauisch und nicht selten ablehnend. Die in seinen Dramen wie in seinen Erzählungen erkennbare Gesellschaftskritik ist in hohem Maße Institutionenkritik (...). Sie äußert sich wiederholt entschieden und radikal." (ebd., S. 19) Auch in den Briefen Kleists findet Müller-Seidel dies bestätigt: „(...) Ich finde viele ihrer Einrichtungen so wenig meinem Sinn gemäß, daß es mir unmöglich wäre, zu ihrer Erhaltung oder Ausbildung mitzuwirken. Dabei wüßte ich doch oft nichts Besseres an ihre Stelle zu setzen –" ((zitiert nach Kleist, nach der Ausgabe Helmut Semdners; Sämtliche Werke und Briefe, 3. Auflage, München 1964, S. 692) ebd.).

[128] Müller-Seidel weist zudem auf die Enttäuschung der Figuren hin, anstelle personaler Rechtssprechung und Mündlichkeit ausschließlich schriftlich fixiertes Recht zu erfahren, wodurch die jeweils agierende Rechtsperson anonym und unerreichbar bleibt (vgl. Walter Müller-Seidel; Todesarten und Todesstrafen, a.a.O., S. 17f.). Die etwa im Findling thematisierte Unfähigkeit der herrschenden Obrigkeit, ein je adäquates Urteil zu finden und zu fällen bzw. überhaupt erst zu suchen, drückt sich unter anderem in Ryans (Lawrence Ryan; Zur Kritik der Gewalt bei Heinrich von Kleist, in: Hans Joachim Kreutzer (Hrsg.); Kleist-Jahrbuch 1981/82, a.a.O., S. 349-357) Hervorhebung der „erstarrten Ordnung der Gesetze" (ebd., S. 357) und der zugehörigen „Unterdrückung der Spontaneität" (ebd.) in Kleists Werk aus, woran jener die Kritik des Dichters ausmacht.

[129] Zur Erzeugung von Konflikten durch Grenzübertretungen vgl. Jacques Brun, a.a.O.

Gepaart mit dem in allen drei Novellen zu findenden, gewollten wie ungewollten blinden Verkennen[130] von Situationen bzw. Charakteren und Absichten ist deren Folge das (Fehl-)Interpretationen provozierende Unwissen über Geschehnisse, Gedanken und Individuen.

Zudem birgt das fehlende Vertrauen Gustavs in Toni (*Verlobung in St. Domingo*) eine fatale Wechselwirkung in sich: Zum einen bietet es den Missverständnissen eine ideale Angriffsfläche; zum anderen nährt, steigert und verfestigt es jene.

6.1.2.2 Minderwertigkeit der familiären Bindung

Die geringwertige Familienbindung zwischen Eltern und Kindern (die Adoptivfamilie mit einbezogen) ermöglicht nicht allein gegenseitigen Verrat und Auslieferung an die Gewalt Dritter, sondern zudem – meist im Zusammenhang mit verletztem Ehrgefühl – die Bereitschaft zu eigenhändigem Mord.

6.1.2.3 Entladung gestauter Aggressionen

Ist die Gewalttätigkeit Folge des Ausbruchs eines Gefühlsstaus, so steht sie am Ende einer Reihe von Enttäuschungen, Niederlagen bzw. Ärgernissen.[131]

6.1.2.4 Unkritischer Gottesglaube

Einige Figuren der Erzählungen *Die Verlobung in St. Domingo* und *Das Erdbeben in Chili* geben vor, sich vor Gottes Zorn zu bewahren, indem sie Gottes Wille zu kennen und zu befolgen behaupten, ohne zu hinterfragen und zu bemerken, welche Gebote sie zugleich brechen.

6.1.2.5 Fraglose Einigkeit betreffs geltender Gesetze

Einigkeit stabilisiert zwar die Gemeinschaft, verhindert jedoch auch die aktive Auseinandersetzung mit Recht und Ordnung geltender Werte und Gesetze. Durch Diskussionen und Argumentationen dagegen können die fraglichen Normen kritisch hinterfragt und auf deren tatsächliche Rechtmäßigkeit hin überprüft werden.

---

[130] Ein Anlass zur Darstellung von Verkennen und Versehen der Figuren liegt in Kleists Auffassung begründet, die Ursache der Verständnislosigkeit gegenüber dem Unglück in der Welt sei nicht etwa in dem Verhalten Gottes zu finden, sondern ausschließlich in der menschlichen Erkenntnisschwäche. Unmittelbar damit zusammen hängt die in seinen Novellen zum Tragen kommende Unfähigkeit zur *adäquaten* Interpretation der Erlebnisse. Vgl. hierzu Bernd Fischer, a.a.O., S. 19f.

[131] Zu dem Zusammenhang von Frustration und Aggression vgl. Wolfgang Doering, a.a.O.

Diktaturen haben ausschließlich eine Angriffsfläche, wenn sie sich frag- und kritikloser Einigkeit sicher sein können; nur so kann es zu einer derartigen Aufhetzung des Volks kommen wie in der Binnenerzählung der *Verlobung in St. Domingo* und am Ende der Novelle *Das Erdbeben in Chili*.

6.1.2.6 Erzwingung oder Verbot von Zuneigung bzw. Liebe

Aufoktroyierte Empfindungen lassen letztlich an deren Echtheit zweifeln, umgekehrt lässt sich das starke Gefühl der Zuneigung nicht durch die bloße Unterbindung der Liebesbeziehung oder durch dagegensprechende Vernunft erfolgreich unterdrücken; Liebe sucht sich ihren Weg durch Hintergehung jener Auflage, was wiederum Konflikte erzeugt.

6.2 Funktion der Gewalt in den Erzählungen

An den hier gesammelten Umständen, die in ihrer Eigenschaft entweder Angriffsfläche für oder Auslöser von Gewalt sind, lässt sich nicht allein erkennen, wodurch die Gewalt in den Erzählungen entstanden und gerechtfertigt ist, sondern auch, welchen menschlichen Verhaltensweisen als Reaktion auf ihre Umwelt Kleists Kritik zukommt; was er folglich durch die Darstellung der Gewalt anzuprangern bemüht ist.

Indem der Dichter also in seinen Erzählungen aufzeigt, was schlimmstenfalls passieren kann, wenn diese – ein friedliches Zusammenleben gefährdenden – Umstände herrschen, übt er Kritik an

- dem Ausbleiben von Gesprächen,
- dem Aufzwingen und Einpressen anderer in ein Wunschverhalten bzw. Benutzung von Personen gegen deren Eigenart,
- Kirche und Staat; deren alleinige Befehlsgewalt und Korruption[132],
- sturem Beharren auf unrechten Gesetzen von Seiten eben dieser Einrichtungen; dem unkritischen Gehorsam gegenüber jenen von Seiten des Volks,
- unkritischem Gottesglaube, naiver Überzeugtheit von Schicksalsbestimmung und Sinngebung durch Gott sowie von einem gerechten und lenkenden Gott,
- Erzwingung bzw. Verbot von Liebe,

---

[132] Vielfach wird dies auch allgemeiner als Kleists Kritik an der Gesellschaft bezeichnet (vgl. u.a. Walter Müller-Seidel; Todesarten und Todesstrafen (a.a.O.); Gerhard Gönner, a.a.O.; Alison Lewis, a.a.O.)

- Unaufmerksamkeit, Blindheit, Naivität, Gutgläubigkeit, Leichtsinnigkeit, Unüberlegtheit, Hintanstellung der Vernunft durch Gefühlsüberschwemmtheit – kurz: der unbewussten Bereitschaft, sich täuschen zu lassen, entstanden durch das Versäumnis kritischer Hinterfragung bzw. durch die Untugend, sich von seinem Wunschdenken, dem Willen zum Wissen, allzu sehr in Beschlag nehmen zu lassen (ähnlich der Wendung ‚Hier ist der Wunsch Vater des Gedankens‘).

Die Kritik Kleists mittels jener Darstellungen von Gewalt präsentiert sich hierbei als umso eindringlicher, je mehr der Dichter durch Anbindung der Novellen an historische Begebenheiten mit scheinbarer Faktizität[133] die Glaubwürdigkeit auch der jeweiligen Handlung und deren Entwicklung erhöht. Indem er die Handlungen der *Verlobung in St. Domingo* und des *Erdbebens in Chili* vor dem Hintergrund wahrer Geschehnisse spielen lässt, regt Kleist den Leser zum einen zum Nachdenken an, ob sich das Gelesene nicht tatsächlich zugetragen haben könnte; zum anderen erreicht er ein größeres Maß an Lebensnähe als mit einem völlig erdachten zeitlichen und geschichtlichen Hintergrund und damit – in Anbetracht der Gewalt – die umso dringlichere Furcht vor Bewahrheitung eines solchen Geschehens.

Was der Dichter, um zuletzt die Konsequenz aus der dargestellten Kritik zu ziehen, demnach offenbar zur Verhinderung solcher Entwicklungen für notwendig hält, ist die Vermeidung jener gewaltfördernden bzw. –verursachenden Faktoren. Die an den Leser gerichteten Appelle[134], welche sich hieraus folgend – gleich einem Entwurf für

---

[133] In ähnlicher Art, in der sich *Die Verlobung in St. Domingo* des historischen Geschehens auf dem heutigen Haiti als in die Handlung hereinragender Erzählhintergrund bedient, orientiert sich auch die Darstellung des Erdbebens an wahren Begebenheiten. Bezüglich letzterem jedoch (vgl. Thomas E. Bourke, a.a.O.) wird in der Forschung davon ausgegangen, dass dem Dichter nicht „das 1647er Erdbeben von Santiago als wirkliche Vorlage zum Novellenstoff gedient" (ebd., S. 228) habe, sondern vielmehr das 1755 in Lissabon ausgebrochene; unter anderem auch dadurch begründet, dass zu Kleists Lebzeiten über Letztgenanntes eine Fülle von Berichten und literarischen Aufarbeitungen existiert hat, währenddessen zu der Katastrophe in Chile ausschließlich ein einziger Text vorgelegen haben und überdies in spanischer Sprache verfasst gewesen sein muss. Dass Kleist das Erdbeben dennoch in Chile stattfinden lässt, liegt aller Wahrscheinlichkeit nach darin begründet, dass im 17.Jahrhundert, in welches der Zeitraum der Handlung fällt, der katholische Glaube in Chile Staatsreligion und das Übertreten der kirchlichen Gebote wahrhaftig gleichbedeutend damit war, „die Gesetze des Staates zu verletzen. Die Brechung eines Klostergelübdes wurde daher wie ein öffentliches Vergehen geahndet." (Klaus Göbel und Wolfgang Schemme (Hrsg.); Heinrich von Kleist: Das Erdbeben in Chili mit Materialien zusammengestellt von Horst Flaschka. Lesehefte für den Literaturunterricht, a.a.O., S. 32)

[134] Diese Annahme stützend, wenn auch aus der Haltung negativer Kritik heraus, beschreibt auch Hugo Dittberner (a.a.O.) das Werk Kleists, dessen Streben nach dem Ideal hervorhebend, als „voll

die Ausgestaltung eines harmonischen gesellschaftlichen Miteinanders – als in seiner Kritik enthalten vermuten lassen, werden im Folgenden ausgeführt.

Unter Annahme der dargelegten Absicht Kleists hält jener es folglich für unabdingbar,

- Gespräche zu führen, den Kontakt zu den Mitmenschen zu suchen. Anstatt das Gegenüber zu beeinflussen zu versuchen, sollten die Gesprächspartner neugierig aufeinander sein, das Gegenüber es selbst sein lassen, um es zum einen selbst kennen lernen zu können und es zum anderen unter Aufzeigung der eigenen Wertschätzung spüren zu lassen, akzeptiert zu sein. Eine Aussprache auf dieser Basis bietet zugleich die Grundlage zur Vermeidung von Missverständnissen und unterdrückten Frustrationen. Zum anderen kann im offenen Gespräch gemeinsam erarbeitet werden, die Änderung welcher Verhaltensweisen zur Erhaltung bzw. Realisierung eines harmonischen Miteinanders für alle Beteiligten, in erster Linie jedoch für die betreffende Person selbst, wünschenswert sein bzw. dieser zugute kommen könnte;

- in aktiver Auseinandersetzung mit Rechts-, Staats- und Justizverhältnissen[135] – evtl. mit Hilfe einer kritischen Instanz – das Ausmaß der Macht von Kirche und Staat zu überwachen und zu kontrollieren; zu überprüfen, was rechtens ist bzw. an welchen Stellen Ausnahmen vonnöten sind, um Missbrauch zu verhindern und Unschuldige bzw. Geprellte zu schützen. Ein wichtiges Kriterium der jeweiligen Urteilsfällung in der konkreten Praxis müsste Menschlichkeit sein, damit, falls notwendig, um einen Sieg der „Bosheit" (II, 66) über die Gerechtigkeit zu verhindern, durchaus auch einmal Gnade vor Recht ergeht, anstatt ausnahmslos auf Vertrag oder Gesetz als unabänderliche, einzig gültige und letzte Instanz zu pochen. Jene unabhängige Kontrollinstanz sollte ähnlich einem Verbraucherschutz

---

tönender Lehrsätze, (...) vor allem aber bei Übertretung der unsichtbaren Grenzen mit radikalen Sanktionen, scheußlichen, abschreckenden Taten bei der Hand" (ebd., S. 8). Auch weitere seiner Hinweise – sowohl, dass Kleist seine Novellen „moralische Erzählung[en]" (ebd., S. 22) nennt, als auch, dass es (vgl. ebd., S. 9f.) eines der größten Ziele Kleists gewesen sei, das Pflichtbewusstsein zu fördern, in dem Glauben, in der „Erfüllung der Pflicht" (ebd., S. 10) das Glück finden zu können – untermauern diese Vermutung.

[135] In Anlehnung an Alison Lewis, a.a.O., S. 198: „Dort [in der Novelle *Michael Kohlhaas*] zum Beispiel ist die Totschlägerreihe durchaus im Sinne einer Gesellschaftskritik zu verstehen, die zur Auseinandersetzung mit Fragestellungen von herrschendem Recht und Gerechtigkeit, Staatsgesetzen und Staatsgewalt anregt."

die allmächtige Befehlsgewalt und Alleinherrschaft der Körperschaften, wie sie in den Erzählungen dargestellt sind, einschränken und unterbinden;

- kritisch gegenüber aufoktroyierten Anordnungen zu sein, nicht fraglos mit der Masse zu laufen, sondern argumentativ die Rechtmäßigkeit des verlangten Handelns zu überprüfen, um Missstände aufdecken, öffentlich anprangern und beenden zu können. Als eine geeignete Möglichkeit, das Monopol jener Einrichtungen in Frage zu stellen, ist etwa die Herrschaftsform der Direkten Demokratie[136] zu nennen, wie sie etwa in der Schweiz herrscht und in der das Volk als letzte Instanz bei Entscheidungen über Verfassung und Gesetzgebung maßgeblich beteiligt ist bzw. selbst zu deren Reformierung auffordern kann. Nicht allein kommt dies dem Volk bezüglich der Erweiterung ihrer eigenen politischen Kompetenz und Urteilsfähigkeit zugute; auch ist nun umgekehrt jene Einrichtung gefordert, Überzeugungsarbeit zu leisten, um mit ihren Vorschlägen und angestrebten Neuerungen bei dem Volk – der Entscheidungsgewalt – auf Akzeptanz zu stoßen und die Aufnahme und Realisierung jener erreichen zu können. Im ständigen Blickpunkt und Vordergrund steht also hierbei konsequenterweise das, was letztendlich die Gewalt jener Gesetze zu spüren bekommt und mit dem Ziel, dieses schützend zu organisieren und zu leiten jene Gemeinschaften überhaupt gegründet werden bzw. worden sind: Sämtliche normative Bestimmungen dienen dem Wohle und Nutzen des Volkes und nicht etwa privilegierten Mitgliedern der Obrigkeit;
- den Missbrauch der Macht zu verhindern, etwa jenen der Aufwiegelung und Aufhetzung des Volkes zur Durchsetzung eigener Interessen unter hinterhältiger Ausnutzung des Gottesglaubens und des Potentials kollektiver Aggression als Kriegsinstrument durch Kirche und Staat oder jenen der elterlichen Gewalt etwa durch Benutzung des Kindes – in Anstiftung der Beihilfe zum Mord – als Kriegsinstrument und zugleich Hure bzw. durch Verbot der Liebesbeziehung desselben;
- das Leben selbst in die Hand zu nehmen, anstatt auf göttliche Fügungen zu warten. Das muss nicht zwangsläufig eine absolute Abkehr vom Gottesglauben bedeuten; vielmehr wird ein Umdenken erforderlich. Ähnlich wie Brun in dem Zusammenhang der Auslegung des „idyllische[n] Glück[s] im Geschmack

---

[136] Die folgenden Erläuterungen zu der Herrschaftsform der Direkten Demokratie sind orientiert an: Andreas Gross; Volkes Stimme zählt: Warum Deutschland Direkte Demokratie wagen sollte, in: Reader's Digest Deutschland (Hrsg.); Reader's Digest 5, Stuttgart 2002, S. 13-16.

Rousseaus (...)[als] der ferne Hintergrund und der utopische Kontrapunkt jeder erzählten Tragödie"[137] hierzu bemerkt, dass „von einer höheren Instanz (...) schwerlich eine Behebung der diesseitigen Missstände zu erwarten"[138] sei bzw. „dass [aus Kleists eigener Erfahrung] vom Himmel mehr Verwirrung zu erwarten ist als eigentliche Hilfe"[139], sollte sich der handelnde Mensch, um auf einen Slogan von „Brot für die Welt" zurückzugreifen („Gott behüte, Mensch bewahre"), der eigenen Verantwortung seines Tuns bewusst werden anstatt paradoxerweise darüber zu hadern, weshalb Gott nicht eingreife, um, nachdem er sie allen Lebewesen zum Geschenk gemacht hat, auch noch das zumeist von jenen selbst geschaffene Unheil auf der Welt zu verhindern. Ohne die Möglichkeit des Eintretens unvorhersehbarer bzw. unbeeinflussbarer positiver wie negativer Ereignisse völlig zu ignorieren, verleugnen oder unterschätzen (Begebenheiten wie soziale Herkunft, Geschlecht, Gesundheit, Leistungsfähigkeit, Talent; Zufälle wie überraschende Glückserlebnisse, ‚Pechsträhnen', überraschende Krankheit, Tod oder aber Genesung usw.) und sonstige äußere Einflüsse zu übersehen (durch Institutionen, Höhergestellte, Ämter, Naturereignisse usw.), sollte man die Möglichkeit, sein Leben zu einem großen Teil selbst bestimmen zu können, wahrnehmen. Um die Angriffsfläche für böse Überraschungen zu verringern, lassen sich etwa durch Aufrichtigkeit, Offenheit und Ehrlichkeit die Gefahren vermeiden, mit einem unrechten Vorhaben aufzufliegen, bei einer schlechten Tat erwischt oder etwa für ein begangenes Vergehen hart bestraft zu werden;

- keine Gewalt an Liebe auszuüben; sie also weder einem Gegenüber aufzudrängen und in diesem zu erzwingen, noch eine vorhandene Liebe zu verbieten bzw. zu unterbinden versuchen. Selbst wenn der erstgenannte Versuch gelingt, gerät früher oder später die Echtheit jenes Gefühls in Zweifel; der zweitgenannte bleibt in jedem Fall erfolglos, da sie Gefühle nicht erzwingen lassen; der dritte lässt sich ausschließlich oberflächlich realisieren, denn auch hier lässt sich das Gefühl nicht durch Gewalt beeinträchtigen. Die Sehnsucht treibt die Liebenden wie willenlose Marionetten ihrem Gefühl ausgeliefert, zueinander;

- Vernunft zu üben und Vorsicht walten zu lassen, anstatt hinterher das Nachsehen haben zu müssen. Nicht gedankenlos, sondern besonnen und wohlüberlegt zu handeln, d.h. bereits vor dem Agieren nachzudenken erspart folgenschwere

---

[137] Jacques Brun, a.a.O., S. 207.
[138] ebd.
[139] ebd., S. 204.

Leichtsinnigkeitsfehler. Die Bewahrung einer natürlichen Portion Skepsis und Pessimismus, welche bloße Vermutungen nicht unüberprüft als gegeben akzeptiert, bietet Sicherheit und schützt vor bösen Überraschungen.

Die in den Erzählungen auftretende Gewalt kann daher als durch die Absicht Kleists rechtfertigt betrachtet werden, dem Leser nicht allein eindringlich offen zu legen, welche Verhaltensweisen und Begebenheiten als Quelle der Gewalt für Missstände verantwortlich sind; sondern diesem, unter Vorhaltung des Schreckensbildnisses jener Entwicklungen, zugleich den Anstoß zu liefern, selbst aktiv zu werden und jene zu ändern.

Durch eine solche Bewusstwerdung und die Bereitschaft zum Handeln könne in der Realität kein derartiger Ausbruch grausamer, sich jeder Kontrolle entziehender und zuletzt in der Katastrophe gipfelnder Gewalt entstehen, wie sie in den Novellen – aufgrund des geballten Aufeinandertreffens all jener Ursachen, die sich letztendlich verselbständigt und aus den Figuren willenlose, ausschließlich im Affekt handelnde Marionetten gemacht haben – ermöglicht worden ist.

7 Bibliographie

Göbel, Klaus und Wolfgang Schemme, Hrsg. <u>Heinrich von Kleist: Das Erdbeben in Chili</u> mit Materialien zusammengestellt von Horst Flaschka. Lesehefte für den Literaturunterricht. Stuttgart: Ernst Klett, 1980.

Kleist, Heinrich von. <u>Der Zweikampf. Die heilige Cäcilie. Sämtliche Anekdoten. Über das Marionettentheater und andere Prosa.</u> Um Anmerkungen ergänzte Ausgabe. Stuttgart: Philipp Reclam, 1998.

Kleist, Heinrich von. <u>Die Marquise von O.....</u> Erzählung. Hrsg. Joseph Kiermeier-Debre. München: dtv, 1998.

Kleist, Heinrich von. <u>Die Verlobung in St. Domingo. Das Bettelweib von Locarno. Der Findling: Erzählungen.</u> Um Anmerkungen ergänzte Ausgabe. Stuttgart: Philipp Reclam, 1996.

Kleist, Heinrich von. <u>Michael Kohlhaas: Aus einer alten Chronik.</u> Um Anmerkungen ergänzte Ausgabe. Stuttgart: Philipp Reclam, 1993.

Sekundärliteratur:

Altenhofer, Norbert. „Der erschütterte Sinn. Hermeneutische Überlegungen zu Kleists *Das Erdbeben in Chili*". <u>Positionen der Literaturwissenschaft: Acht Modellanalysen am Beispiel von Kleists *Das Erdbeben in Chili*.</u> Hrsg. David E. Wellbery. München: Beck, 2001. 39-53.

Arnold, Heinz Ludwig und Heinrich Detering, Hrsg. <u>Grundzüge der Literaturwissenschaft.</u> 2. Auflage. München: dtv, 1997.

Bauer, Gerhard. „Die Kunst und die Künstlichkeit des Hasses". <u>Text + Kritik. Zeitschrift für Literatur. Sonderband.</u> Hrsg. Heinz Ludwig Arnold. München: edition text + kritik, 1993. 49-59.

Bay, Hansjörg. „„Als die Schwarzen die Weißen ermordeten': Nachbeben einer Erschütterung des europäischen Diskurses in Kleists ‚Verlobung in St. Domingo'". Kleist-Jahrbuch 1998. Hrsg. Günter Blamberger. Stuttgart: Metzler, 1998. 80-108.

Bohnert, Joachim. „Kohlhaas der Entsetzliche". Kleist-Jahrbuch 1988/89. Hrsg. Hans Joachim Kreutzer. Berlin: Erich Schmidt, 1988. 404-431.

Bourke, Thomas E. „Vorsehung und Katastrophe. Voltaires *Poème sur le désastre de Lisbonne* und Kleists *Erdbeben in Chili*". Klassik und Moderne. Die Weimarer Klassik als historisches Ereignis und Herausforderung im kulturgeschichtlichen Prozess. Walter Müller-Seidel zum 65. Geburtstag. Hrsg. Karl Richter und Jörg Schönert. Stuttgart: Metzler, 1983. 228-253.

Brun, Jacques. „Das Grenzverletzungsmotiv in Kleists Erzählungen". Kleist-Jahrbuch 1981/82. Hrsg. Hans Joachim Kreutzer. Berlin: Erich Schmidt, 1983. 195-209.

Conrady, Karl Otto. Einführung in die Neuere deutsche Literaturwissenschaft. Mit Beiträgen von Horst Rüdiger und Peter Szondi und Textbeispielen zur Geschichte der deutschen Philologie. Hrsg. Ernesto Grassi. Reinbek bei Hamburg: Rowohlt, 1966.

Deutsche Bibelgesellschaft, Hrsg. Die Bibel in heutigem Deutsch: Die Gute Nachricht des Alten und Neuen Testaments. 2., durchgesehene Auflage. Stuttgart: Deutsche Bibelgesellschaft, 1982.

Dittberner, Hugo. „Der Sensationsdichter: Zu Kleist". Text + Kritik. Zeitschrift für Literatur. Sonderband. Hrsg. Heinz Ludwig Arnold. München: edition text + kritik, 1993. 5-25.

Doering, Wolfgang. Glück und Gewalt bei Heinrich von Kleist: Die Frustrations-Aggressions-Hypothese als literaturpsychologischer Ansatz. (Diss. Los Angeles, Univ. of California, 1995.) Ann Arbor, Michigan: University Mikrofilms International, 1995.

Ewertowski, Ruth. Das Außermoralische: Friedrich Nietzsche – Simone Weil – Heinrich von Kleist – Franz Kafka. (Diss. Frankfurt am Main, Univ.) Heidelberg: Winter, 1994.

Fischer, Bernd. Ironische Metaphysik: Die Erzählungen Heinrich von Kleists. München: Wilhelm Fink, 1988.

Frevert, Ute. „Die Sprache der Ehre: Heinrich von Kleist und die Duellpraxis seiner Zeit". Kleist-Jahrbuch 1999. Hrsg. Günter Blamberger. Stuttgart: Metzler, 2000. 215-221.

Frommel, Monika. „Die Paradoxie vertraglicher Sicherung bürgerlicher Rechte: Kampf ums Recht und sinnlose Aktion". Kleist-Jahrbuch 1988/89. Hrsg. Hans Joachim Kreutzer. Berlin: Erich Schmidt, 1988. 357-374.

Gönner, Gerhard. Von ‚zerspaltenen Herzen' und der ‚gebrechlichen Einrichtung der Welt': Versuch einer Phänomenologie der Gewalt bei Kleist. Stuttgart: Metzler, 1989.

Gross, Andreas. „Volkes Stimme zählt: Warum Deutschland Direkte Demokratie wagen sollte". Reader's Digest 5. Hrsg. Reader's Digest Deutschland. Stuttgart: Das Beste, 2002. 13-16.

Hamacher, Werner. „Das Beben der Darstellung". Positionen der Literaturwissenschaft: Acht Modellanalysen am Beispiel von Kleists Das Erdbeben in Chili. Hrsg. David E. Wellbery. München: Beck, 2001. 149-173.

Howard, Susan Wells. Die Gewalt der Geschichte: The role of historical consciousness as a model of intelligibility in selected stories of Heinrich von Kleist. (Diss. Austin, Univ. of Texas, 1989.) Ann Arbor, Michigan: University Mikrofilms International, 1989.

Kittler, Wolf. „Insurrektion als staatsbürgerliche Pflicht". Die Geburt des Partisanen aus dem Geist der Poesie: Heinrich von Kleist und die Strategie der Befreiungskriege. Wolf Kittler. Freiburg im Breisgau: Rombach, 1987. 291-324.

Konersmann, Ralf. „Das Versprechen der Wörter: Kleists erste und letzte Dichtung". Text + Kritik. Zeitschrift für Literatur. Sonderband. Hrsg. Heinz Ludwig Arnold. München: edition text + kritik, 1993. 100-124.

Korte, Hermann. „Eichendorffs Kleist". Text + Kritik. Zeitschrift für Literatur. Sonderband. Hrsg. Heinz Ludwig Arnold. München: edition text + kritik, 1993. 177-191.

Krüger-Fürhoff, Irmela Marei. „Den verwundeten Körper lesen: Zur Hermeneutik physischer und ästhetischer Grenzverletzungen im Kontext von Kleists ‚Zweikampf'". Kleist-Jahrbuch 1998. Hrsg. Günter Blamberger. Stuttgart: Metzler, 1998. 21-36.

Kuhn, Barbara. „Familienstrukturen, Ordnungszerstörung und narrative Verfahren in Erzählungen Heinrich von Kleists". [Masch.-schr.] Staatsexamensarbeit Frankfurt am Main, Univ.; Fachbereich Neuere Philol., 1995.

Lewis, Alison. „Der Zwang zum Genießen: Männliche Gewalt und der weibliche Körper in drei Prosatexten Kleists". Kleist-Jahrbuch 2000. Hrsg. Günter Blamberger. Stuttgart: Metzler und Carl Ernst Poeschel, 2000. 198-222.

Lexikon-Institut Bertelsmann, Hrsg. Das moderne Lexikon in zwanzig Bänden. Gütersloh: Bertelsmann, 1981.

Microsoft Encarta Enzyklopädie 2001. © Microsoft Corporation. 1993-2000.

Moser, Christian. Verfehlte Gefühle: Wissen – Begehren – Darstellen bei Kleist und Rousseau. (Diss. Bonn, Univ., 1991.) Würzburg: Königshausen und Neumann, 1993.

Müller-Seidel, Walter. „Todesarten und Todesstrafen: Eine Betrachtung über Heinrich von Kleist. Für Karl Otto Conrady zum 60. Geburtstag". Kleist-Jahrbuch 1985. Hrsg. Hans Joachim Kreutzer. Berlin: Erich Schmidt, 1985. 7-38.

Osterkamp, Ernst. „,Wandlung einer Seele aus Extrem in Extrem': Rudolf Borchardt über Heinrich von Kleist". Kleist-Jahrbuch 1983. Hrsg. Hans Joachim Kreutzer. Berlin: Erich Schmidt, 1983. 10-42.

Ott, Michael. „,... Ich *will* keine andre Ehre mehr, als deine Schande ...': Zu Ehre, Duell und Geschlechterdifferenz in Kleists Erzählungen". Kleist-Jahrbuch 1999. Hrsg. Günter Blamberger. Stuttgart: Metzler, 2000. 144-165.

Ryan, Lawrence. „Zur Kritik der Gewalt bei Heinrich von Kleist". Kleist-Jahrbuch 1981/82. Hrsg. Hans Joachim Kreutzer. Berlin: Erich Schmidt, 1983. 349-357.

Redaktion für Literatur des Bibliographischen Instituts unter der Leitung von Gerhard Kwiatkowski, Hrsg. Schülerduden: Die Literatur. Mannheim, Wien, Zürich: Bibliographisches Institut, 1980.

Schmidhäuser, Eberhard. „Das Verbrechen in Kleists ‚Marquise von O...': Eine nur am Rande strafrechtliche Untersuchung". Kleist-Jahrbuch 1986. Hrsg. Hans Joachim Kreutzer. Berlin: Erich Schmidt, 1986. 156-175.

Schröder, Jürgen. „Kleists Novelle ‚Der Findling': Ein Plädoyer für Nicolo". Kleist-Jahrbuch 1985. Hrsg. Hans Joachim Kreutzer. Berlin: Erich Schmidt, 1985. 109-127.

Schuller, Marianne. „Pfeil und Asche: Zu Kleists Erzählung ‚Der Zweikampf'". Kleist-Jahrbuch 1999. Hrsg. Günter Blamberger. Stuttgart: Metzler, 2000. 194-202.

Stephens, Anthony. „,Das nenn ich menschlich nicht verfahren.' Skizze zu einer Theorie der Grausamkeit im Hinblick auf Kleist". Heinrich von Kleist: Studien zu Werk und Wirkung. Hrsg. Dirk Grathoff. Mit Beitr. von Klaus-Michael Bogdal u.a. Opladen: Westdeutscher Verlag, 1988. 10-39.

Zimmermann, Hans Dieter. „Der Tod am Wannsee". Kleist, die Liebe und der Tod. Hans Dieter Zimmermann. Frankfurt am Main: Athenäum, 1989. 7-16.

8 Anhang

Übersicht konkreter Beispiele der in Abschnitt 6.1 genannten Gewalt auslösenden bzw. jene in ihrer Wirksamkeit verstärkenden Faktoren in den jeweiligen Erzählungen

	Die Verlobung in St. Domingo	Der Findling	Das Erdbeben in Chili
Extremsituationen als Ausgangsbasis der Handlung und Folge des Umsturzes vorhergehender Verhältnisse	Kriegsgeschehen: Mordbefehl gegen alle Weißen; Aufhebung von Unterdrückung und Sklaverei	Pseudofamilie als Ergebnis des versuchten Wiederaufbaus der durch Tod zerbrochenen: Stellvertretung Verstorbener	bevorstehende Hinrichtung/ zerstörerische und zugleich rettende Naturkatastrophe
jähe Entscheidung gegen die Möglichkeit eines glücklichen Ausgangs der Erzählung	nach Bewältigung aller Gefahren erfolgt der Doppelmord durch Gustav	obwohl wider Erwarten letztlich von seinem Irrtum in Kenntnis gesetzt, bemächtigt sich Nicolo Elvires und leitet hiermit selbst das grausame Ende ein	anstatt die Möglichkeit der sicheren Flucht wahrzunehmen, liefern sich Jeronimo und Josephe dem wütenden Mob aus
Zufall	Ähnlichkeit Tonis mit Mariane; verfrühte Wiederkehr Hoangos; Entdeckung des Stricks	Übereinstimmung der Buchstaben in NICOLO und COLINO sowie deren Entdeckung; Rückkehr Piachis; Peitsche im Schlafzimmer	Überleben des Erdbebens und dessen Gefahren; Wiedersehen außerhalb der Stadt; Keulen in der Kirche
Institutionen Kirche und Staat sowie deren Einfluss und Befehlsgewalt; in blindem Gehorsam des Volkes unhinterfragte Endgültigkeit und Richtigkeit von Vertrag, Recht und Gesetz	Aufgrund Dessalines' Befehl zur Ermordung aller Weißen auf der Insel sieht sich das Volk zum Töten nicht allein berechtigt, sondern gar verpflichtet; Aufwiegelung des Volks durch den Staat unter Ausnutzung blinder Gesetzestreue und uneingeschränkten Pflichtbewusstseins desselben gegenüber Gesetzesbrüchigen zur Guillotinierung Gustavs bzw. stellvertretend Mariane	scheinheilige und geldgierige Mönche; trotz außergewöhnlicher Umstände Unwiderrufbarkeit der durch den Vertrag rechtsgültigen Besitzüberschreibung Piachis; Schutz des Findlings durch Korruption; Gesetz zur Erteilung der Absolution erst durch die Androhung weiterer Morde außer Kraft gesetzt	Aufwiegelung des Volks durch die Kirche gegen Jeronimo, Josephe und Philipp unter Ausnutzung dessen scheinheiligen Gottesglaubens, Handlungsbereitschaft gegen Gesetzesbrecher und der Suche jenes nach einem Sündenbock für die erfahrene Verluste und Unglück durch das Erdbeben
Umschlägigkeit von Situationen	Ruhe und Romantik während der Beobachtung des schlafenden Gustavs schlägt durch die zufällig verfrühte		auf die aussichtslose Situation der bevorstehenden Hinrichtung folgt nach Lebensrettung die

163

	Heimkehr Hoangos um in eine Atmosphäre akuter Gefahr		paradiesische Idylle vor der Stadt, auf jene wiederum Mord und Totschlag
Umschlägigkeit in Personen	Rollen- und Seitenwechsel Tonis von der „schwarzen Hure"[140] zur „weißen Braut"[141]	Wandlung Piachis vom gutmütigen Alten in einen unersättlichen Mörder	Wechsel der Gemüter des Volks jeweils nach Auszug aus und Rückkehr in die Stadt
Ausbleiben von (klärenden) Gesprächen	Aufzeigung des Desinteresses an der eigentlichen Persönlichkeit Tonis; Angewiesenheit des unwissend belassenen Gustavs auf Interpretationen eigener Beobachtungen bezüglich Tonis Verhalten	Aufzeigung des Desinteresses an den Persönlichkeiten der neuen Familienmitglieder; Angewiesenheit des wissbegierigen Nicolos auf Interpretationen eigener Beobachtungen Elvires Verhalten betreffend	Säumnis offener Aussprache der Befürchtungen Donna Elisabeths
Rollenerwartungen und Vermeidung von Individualität	Vermeidung von Gesprächen zur Unterdrückung des Individuums Tonis; Verwendung als Kriegswerkzeug bzw. als Ersatz der verstorbenen Mariane; ihr eigenmächtiger Ausbruch aus der Rollenerwartung erzeugt Gustavs Misstrauen	vorgegebene Verhaltensweisen durch die Erwartung adäquater Ersetzung geliebter Menschen durch unveränderte Ausfüllung der durch deren Tod freigewordenen, fest geformten Plätze der einstigen ‚Ursprungsfamilie'; der Ausbruch Nicolos aus der vorgegebenen Rolle erzeugt den Konflikt mit Piachi, der vermeintliche Ausbruch Elvires Nicolos Begehren	die Bindung Josephe – Jeronimo erregt den Unmut der Familie Asteron durch Übertretung und Verletzung der Standesgrenzen
absichtliches und unabsichtliches Verkennen von Situationen und Charakteren	der Wille zum (Nicht-)Wissen Gustavs gegenüber Tonis eigenem Charakter macht ihn blind für tatsächliche Begebenheiten	Verkennen der Individualität der Figuren der Familie ermöglicht Aufprägung von Rollen und verhindert die Erkenntnis der Notwendigkeit von Gesprächen; Hirngespinst Nicolos Elvires Zuneigung betreffend	im Glauben an die Stabilität der paradiesischen Utopie Verkennen der drohenden Gefahr bei Zusammentreffen Jeronimos und Josephe mit der Menge lässt sie die sichere Flucht vergessen und liefert sie deren Gewalt aus
Geringwertigkeit der familiären Bindung	Verleugnung der Vaterschaft betreffs Toni gegenüber	Piachi ermordet den Adoptivsohn	Jeronimos Vater identifiziert und erschlägt jenen kaltblütig

---

[140] Hansjörg Bay, a.a.O., S. 102
[141] ebd.

164

	Babekan; Babekan will Toni an Hoango verraten; Toni wendet sich zuletzt gegen beide und gewährt ihrer Liebe Vorrang		
Gewalttätigkeit und bereitschaft durch den Ausbruch gestauter Aggressionen als Befähigung zu grenzenloser Brutalität	das missverstandene Verhalten Tonis erzeugt in Gustav Enttäuschung, Verzweiflung und blinde Wut, deren Ausbruch sich – ausgelöst durch ihren Anblick – in ihrer Erschießung äußert	die durch die stete Beherrschtheit in Piachi unterdrückten Ärgernisse und Enttäuschungen bezüglich Nicolo veräußern sich in seiner unersättlichen und brutalen Rache	erneutes Hervorbrechen der unbefriedigt gebliebenen Rachsucht an den Gesetzesbrechern am Ende der Erzählung
unkritischer Gottesglaube	widersprüchliche Interpretationen des Geschehens als Eingreifen Gottes; Babekans Ansicht, Gott werde eher den Verrat Tonis an ihren Eltern bestrafen als deren vorherige Beihilfe zum Mord (Gebote: „(VI) [13]Morde nicht!"[142] und „(V) [12]Ehre Vater und Mutter! Dann wirst du lange in dem Land leben, das dir der Herr, dein Gott, gibt"[143], wobei Toni trotz der Abkehr von dem Tun ihrer Eltern stets darauf bedacht gewesen ist, dass jene unversehrt bleiben)		im Glauben, alles unerklärliche Geschehen sei Zeichen oder Handlung Gottes entsteht in dem Paar der Glaube, durch jenen gerettet worden zu sein, wodurch die Bedrohtheit in Vergessenheit gerät; im Volk hingegen erwacht die Überzeugung, Gott der eigenen Person gegenüber gnädig stimmen zu können, indem es versucht, so zu leben, wie es meint, dass es jenem gefallen könnte und sich – im Namen Gottes – zu Hinrichtung des Paares bzw. Niederstreckung verpflichtet sieht; den Bruch des Gebotes Gottes „(VI) [13]Morde nicht!"[144] und damit zugleich auch jenes „(III) [7]Missbrauche nicht den Namen des Herrn, deines Gottes, denn der Herr wird jeden bestrafen, der das tut."[145] bemerkt das

---

[142] Deutsche Bibelgesellschaft (Hrsg.); Die Bibel in heutigem Deutsch, a.a.O., Das 2. Buch Mose (Exodus) 20.
[143] ebd.
[144] ebd.
[145] ebd.

			scheinheilige Volk hierbei nicht
Erzwingung bzw. Verbot von Empfindungen der Zuneigung	Erzwingung der Liebe Tonis durch Projektion, an deren Macht Gustav letztlich selbst zweifelt	Verbot der Beziehung Nicolos zu Xaviera	Verbot der Bindung zwischen Jeronimo und Josephe
Fraglose Einigkeit betreffs geltender Gesetze	unkritische Masse in der Erzählung Gustavs über den Verlust seiner Braut im Zusammenhang mit den Geschehnissen der Französischen Revolution bietet sich dem Revolutionstribunal in seiner naiven Einigkeit als Objekt jeder Diktatur an, mit seinem Potenzial dessen politische Interessen durchzusetzen		die Masse qualifiziert sich selbst zur unkritischen Durchführung der Interessen der Obrigkeit (in diesem Fall kirchlicher) durch fraglose Übernahme und Verinnerlichung der vorgehaltenen Werte